# 대순진리회의 비극

# 도덕골이 아니라 도둑골

## (조철제의 고향 경남 함안군 칠서면 회문리)

대순진리회에서 옥황상제로 받드는 조철제는 도덕골이 아니라 도둑골 아래있는 회문마을에서 태어났음이 문헌기록과 실제답사결과 밝혀졌다. (자세한 내용은 158쪽)

라. 도둑골 : 대산면 대사리 및 산인면 운곡리

대사리에서 칠서, 칠원, 산인으로 통하는 그리 높지않은 고개가 도둑골이다. 옛날에는 산적이 많이 출몰했던 곳이라 하여 붙여진 이름이다. 활빈당골, 도덕골, 또는 대통골이라고 한다.

활빈당이란 의적이 있었다는데서 기인된 것이며, 왜정시대때 애국지사가 활동하던 곳이란 이야기도 전한다.

— 1055 —

답사결과 현지 주민들은 모두 도둑골임을 증언했으며 경남 함안군 칠서 면사무소에 보관되 있는 『함안군지』에도 도둑골임이 나타나고 있다.

# 부정리(扶鼎里)가 아니라 부정리(夫丁里)

시루와 솥에 비유한 종통교리를 조작하기 위해 지명(地名)마저 왜곡했다.
(자세한 내용은 106쪽)

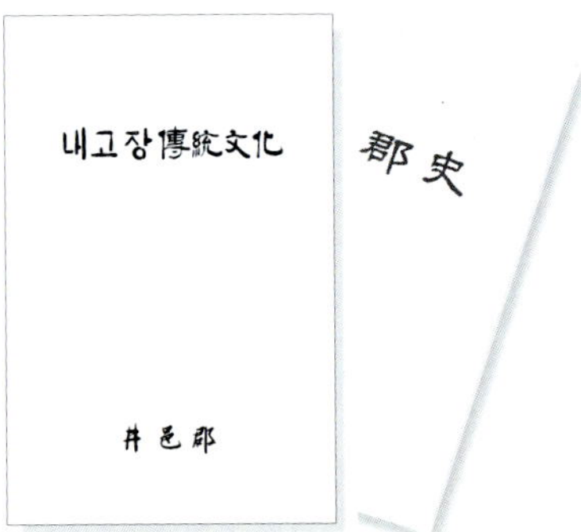


196 自然과 人文

| 里 | 聚落名 | 戶數 | 成村年代 | 主居姓氏 |
|---|---|---|---|---|
| 新月里 | 新松 | 66 | 200 年以上 | 晋州姜氏 |
| | 新月 | 24 | 300 〃 | 達城徐氏 |
| | 扶丁 | 5 | | 〃 |
| | 三峰 | 62 | 300 〃 | 全州李氏 |

신월리(新月里)

원래 달천면(達川面)으로 1914년 구역개편 당시의 분리는 신월(新月), 삼봉(三峰), 쌍봉(雙峰), 부정(夫丁), 송산(松山), 신기(新基)와 산우(山隅) 일부로 나누어졌다.

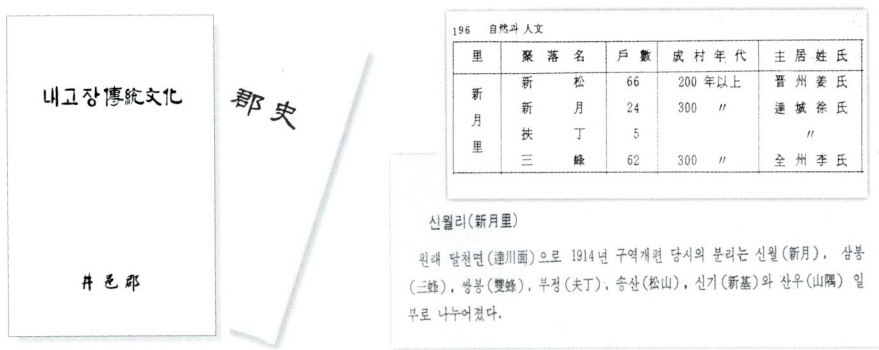

답사결과 현지 주민들은 물론 정읍군 덕천 면사무소에 보관돼 있는 군지 기록에도 부정(扶鼎)이 아닌 부정(夫丁) 혹은 부정(扶丁)으로 나오고 있다.

# 왜곡된 지명으로 종통을 조작하고 있는 『전경』

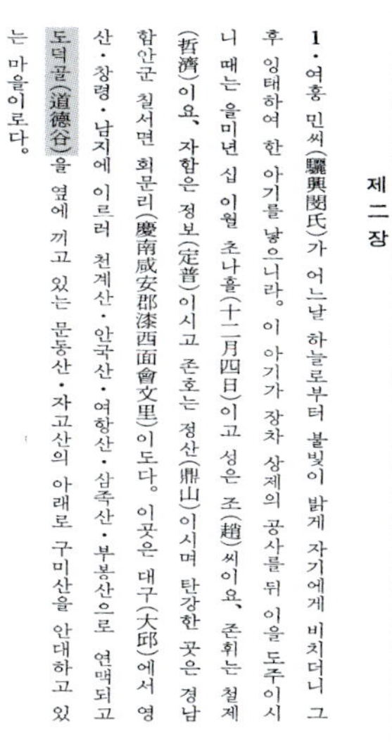

제二장

1. 여흥 민씨(驪興閔氏)가 어느날 하늘로부터 불빛이 밝게 자기에게 비치더니 그 후 잉태하여 한 아기를 낳으니라。이 아기가 장차 상제의 공사를 뒤 이을 도주이시니 때는 을미년 십 이월 초나흘(十二月四日)이고 성은 조(趙)씨이요、존휘는 철제(哲濟)이요、자함은 정보(定普)이시고 존호는 정산(鼎山)이시며 탄강한 곳은 경남 함안군 칠서면 회문리(慶南咸安郡漆西面會文里)이도다。이곳은 대구(大邱)에서 영산·창령·남지에 이르러 천계산·안국산·여항산·삼족산·부봉산으로 연맥되고 도덕골(道德谷)을 옆에 끼고 있는 문동산·자고산의 아래로 구미산을 안대하고 있는 마을이로다。

도둑골을 도덕골이라 왜곡하고 있다. 『전경』 190쪽

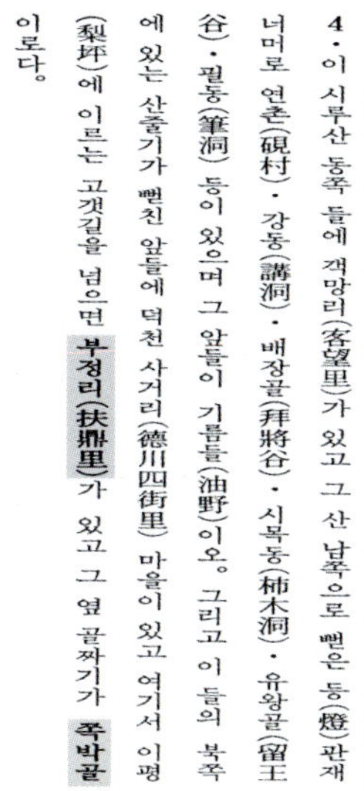

4. 이 시루산 동쪽 들에 객망리(客望里)가 있고 그 산 남쪽으로 뻗은 등(燈)판재 너머로 연촌(硯村)·강동(講洞)·배장골(拜將谷)·시목동(柿木洞)·유왕골(留王谷)·필동(筆洞) 등이 있으며 그 앞들이 기름들(油野)이오。그리고 이 들의 북쪽에 있는 산줄기가 뻗친 앞들에 덕천 사거리(德川四街里) 마을이 있고 여기서 이평(梨坪)에 이르는 고갯길을 넘으면 부정리(扶鼎里)가 있고 그 옆 골짜기가 쪽박골이로다。

부정리(夫丁里)를 부정리(扶鼎里)라고 왜곡하고 있다.『전경』 2쪽

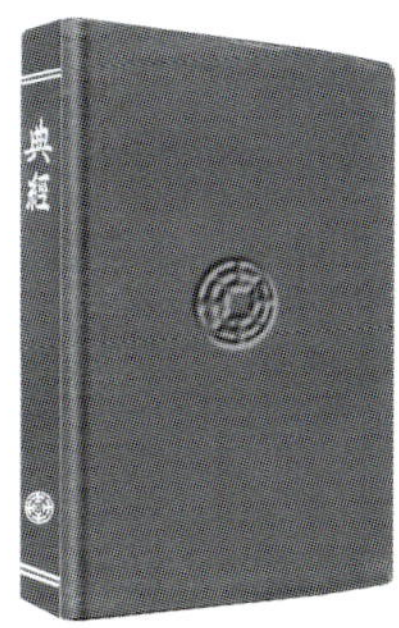


대순진리회 경전 『전경』

◀ **쪽박골이 아닌 좃박골**
시루산→부정리(扶鼎里)→쪽박골은 증산(甑山)→정산(鼎山)→박한경으로 이어지는 조작된 종통을 뒷받침하기 위한 구절이다. 실제 답사결과 부정리(扶鼎里)는 부정리(扶丁里)로 쪽박골은 좃박골임이 드러났다.

대순진리회 종통조작의 시발점이 된

# 금산사 미륵전 미륵불 아래에 있는 철수미좌

▲ 미륵불을 봉안했던 철수미좌의 현재 모습.

부분 부분 떨어져 나갔으며 부식이 진행중이다. 언뜻 보면 두 개의 물체가 서로 맞물려 있는 듯하지만 실제 가서 확인하면 옆 쪽과 같이 하나의 원통형이다. 불상과 수미좌 전문 연구가들의 주장에 따르면 위에서 10센치 정도 부근에 턱이 져 있는 것은 연꽃 무늬 장식을 붙였던 부분이라고 한다. 대순진리회는 불상아래에 시루가 있고, 또 그 아래에 솥이 있다는 등의 허무맹랑한 낭설로 수많은 사람들을 미혹하였다. 그러나 불상 아래에는 통으로 되어있는 시루형태의 철수미좌가 하나 있을 뿐이다.

鐵湏彌座

彌勒殿主佛像의座下에在한俗稱莫唏釜라하는것이다 釜之底에長方形의二個孔穴이잇는것으로보아立佛像을 安置하엿든湏彌座인것이分明하다推想컨대本是開山 當時에彌勒鑄像을安置하엿든것인데李朝仁祖五 年丁卯에彌勒尊像을塑像으로改造함에따러鐵湏彌 座는不必要함으로彌勒佛像의座下에廢置한것이다

▲ 철수미좌를 설명하고 있는 『금산사지(金山寺誌)』 157쪽

# 현재 남아있는 철수미좌의 모습

◀ 현재 미륵불상 아래에 폐치되어 녹이 슬어 있는 철수미좌의 모습. 지름이 약 3미터, 높이가 약 1미터, 두께가 7~10센치 정도이다. 천여년의 세월동안 숱한 병란과 화재를 거치며 화려한 금불상을 떠받쳤던 수미좌 본래의 모습과는 동떨어진 모습이다.

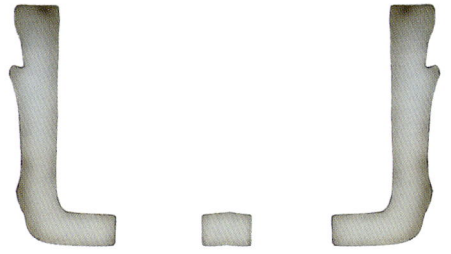

◀ 철수미좌의 단면도. 하나의 통으로 되어있다. 위부분에 턱이진 부분은 연꽃무늬나 기타 장식물을 붙였던 곳이라고 전문가들을 말하고 있다.

◀ 철수미좌의 밑바닥에 두 개의 큰 직사각형 구멍이 있다고 금산사지는 적고 있다. 영락없는 **시루**의 형상이다.

## 전문가의 도움을 받아 복원해 본 철수미좌

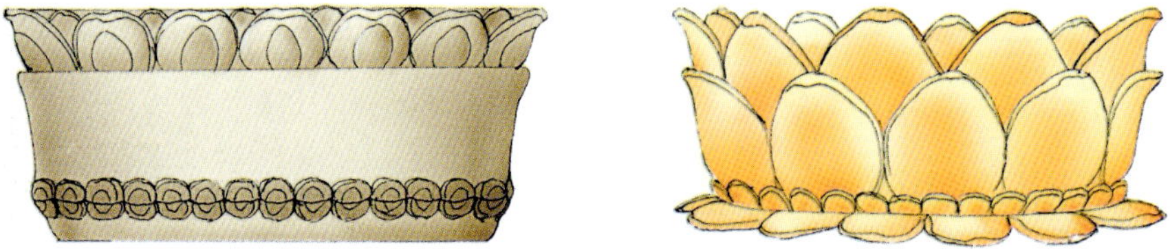

▲ 현존하는 철수미좌에 연꽃무늬 장식을 붙여 복원해본 모습,
미륵불상을 안치하려고 처음에 시도했던 석련대와 비교해보면 수긍이 가는 모습이다.
대부분의 전문가들은 다음 두가지 중에서 하나였다고 추정하고 있다.

## 철수미좌는 과연 솥인가 시루인가?

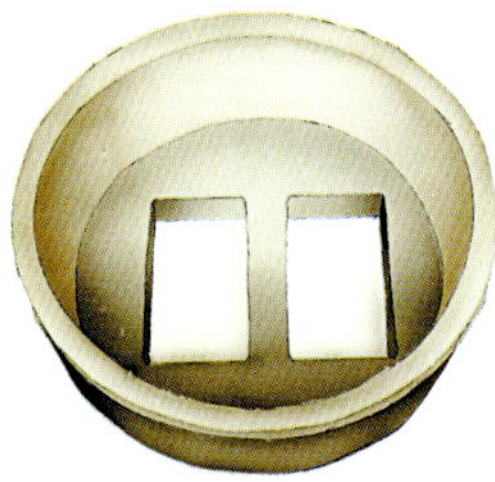

**▲ 솥 정**

솥 정(鼎)이란 한문 글자 모습에도 나타나듯 발이 세 개 달리고 귀가 두 개 달린 솥(일종의 제기)을 나타내는 글자이다.

**▲ 솥 부**

솥 부(釜)란 발이 없는 큰 솥을 의미하며 솥의 일반적인 통칭으로도 쓰인다.

**▲ 솥 증**

솥 증(甑)이란 시루 증 또는 솥 증의 두 가지 의미를 동시에 나타내는 글자이며 주로 시루 증의 의미로 알려져 있다

# 도둑골의 기운을 받아 대순진리회가 도용하여 만든 교육 자료 사례(1)

(자세한 내용은 본문 7장)

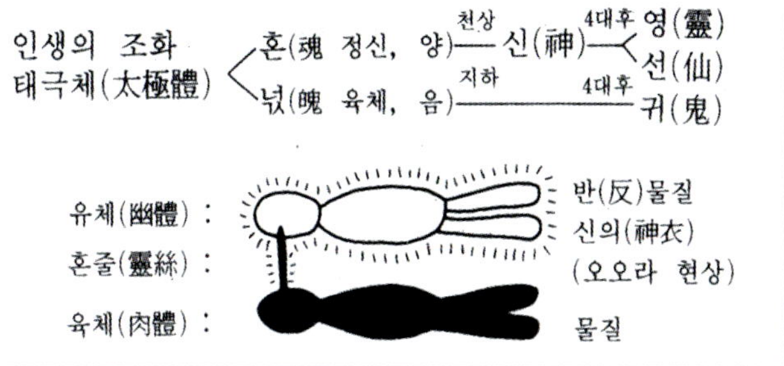


◀ 증산도에서 발행한 원본 내용
『증산도의 진리』 108쪽
『한민족과 증산도』 90쪽

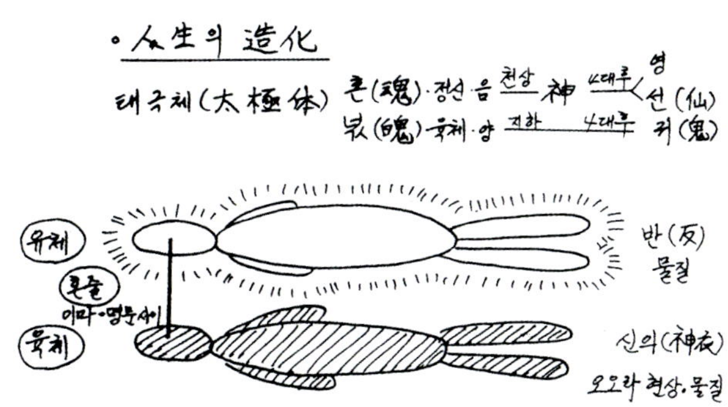


▲「증산도의 진리」 108쪽 무단복제
(대순진리회 교육자료 40쪽)

◀ 대순진리회가 증산도에서 발행한 책자에서 그대로 도용하여 만든 실례

▲ 대순진리회에서 도둑질하여 만든 교육자료

대순진리회는 비록 장병길이 몇 권의 책을 썼다고는 하지만 천지공사의 전면모를 체계적으로 밝히는 대중적인 교리책자 하나가 없는 형편이다. 따라서 대순의 몇몇 방면들은 80년대 중반이후 제법 신도들이 모여들자 증산도에서 발행한 각종 책자 속에서 많은 내용들을 도둑질하여 그들의 교육자료를 만들은 바 있다. 당연히 이러한 자료들은 발행처를 밝히지 않고 불분명한 경우가 대부분인데 위의 자료는 그 중의 하나이다. (대순진리회 교육자료 40쪽) 원본과 거의 똑같은데 혼과 넋의 음양 표시가 서로 바뀌어 있으며, 혼줄이 이마와 명문사이에 있다는 단서를 달고 있는 것이 다른 점이다.

# 도둑골의 기운을 받아 대순진리회가 도용하여 만든 교육 자료 사례(2)

▶ 증산도에서 발행한 원본
『한민족과 증산도』 98쪽

〈신명의 명칭과 역할〉

| 명 칭 | 역 할 | 명 칭 | 역 할 |
|---|---|---|---|
| 선영신 | 조상들의 영신 | 황극신 | 제왕을 지냈던 신명 |
| 황천신 | 자손을 둔 신 | 장상신 | 장상을 지냈던 신명 |
| 중천신 | 자손을 못둔 신 | 도통신 | 도통한 신명 |
| 삼 신 | 자손을 태워주는 신 | 문명신 | 인류문명을 개화시키는데 공헌했던 신명 |
| 화 신 | 불을 맡은 신명 | 원 신 | 원한 맺힌 신명 |
| 농 신 | 거짓과 허위로 일생을 살았던 신명 | 역 신 | 역성 혁명에 관계했던 신명 |
| 아표신 | 굶어 죽은 신명 | 지방신 | 각 민족의 주재신 |
| 척 신 | 그 집안이나 본인에게 원한이 있는 신명 | 보호신 | 자신을 보호해주는 신명 |

▼ 대순진리회에서 도둑질하여 만든 자료(45쪽)

80년대 중반이후 건물만 화려했지 진리의 알맹이가 빈곤하던 대순은 증산도에서 발행한 『이것이 개벽이다(상)(하)』책자를 겉표지만 떼어내고 자기 신도들의 교육자료 및 포교자료로 널리 활용하기 시작했다. 때문에 대순 신도 중에 분별있는 사람들은 서적 뒤에 적혀있는 증산도 전국 도장의 전화번호를 보고는 이 책자가 증산도에서 발행한 것임을 알고 상제님의 진법진리를 찾기도 하였다. 이처럼 증산도에서 발행한 각종 책자들은 80년대에 들어 늘어난 대순진리회 신도들의 진리 갈급증을 해소하는데 무차별 도용되었으며 이러한 사실이 진법을 찾아 대순에서 증산도로 들어온 사람들의 증언을 통해 수없이 밝혀졌다.

◎ 신명의 명칭과 역할

| 명칭 | 역 할 | 명칭 | 역 할 |
|---|---|---|---|
| 선영신 | 조상들의 영신 | 황극(천자)신 | 제왕을 지냈던 신명 |
| 황천신 | 자손을 둔 신 | 장상신 | 장상을 지냈던 신명 |
| 중천신 | 자손을 못둔 신 | 도통신 | 도통한 신명 |
| 삼신 | 자손을 태워 주는 신 | 문명신 | 인류문명을 개화시키는 데 공헌했던 신명 |
| 화신 | 불을 맡은 신명 | 원신 | 원에 맺힌 신명 |
| 농신 | 거짓과 허위로 일생을 살았던 신명 | 역신 | 역성혁명에 관계되는 신 |
| 아표신 | 굶어 죽은 귀신 | 지방신 | 각 민족의 주재신 |
| 척신 | 그 집안이나 본인에게 원한이 있는 신명 | 보호신 | 자신을 보호해 주는 신명 |

▲「한민족과 증산도」 98쪽 무단도용
(대순진리회 교육자료 45쪽)

# 단독불로 서 있던 금미륵불상의 원래모습

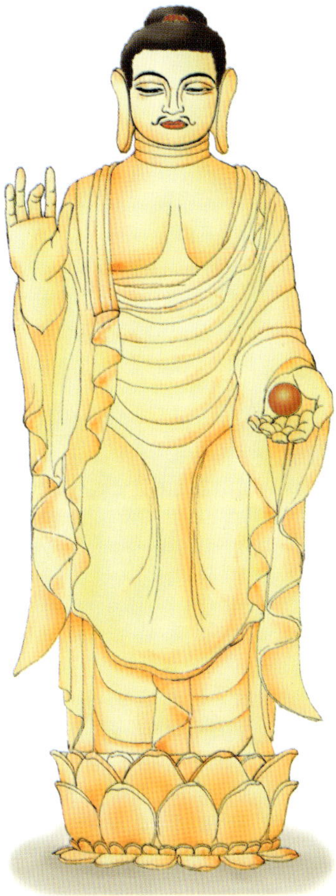

▲ 금미륵불상의 원래모습

진표율사는 좌우의 보처보살상 없이 금(金)미륵불상 단독불을 쇠(金)수미좌 위에 봉안하였다. 불상과 수미좌가 모두 쇠(金)로 되어 있는 것은 미륵불의 용화세계인 우주의 가을철 서방 금(金)기운을 의미한다. 그림에서 보이는 수미좌는 불상전문 연구가의 주장과 도움을 받아 현존하는 철수미좌에 연꽃무늬 장식을 복원한 모습이다.

▲ 금산사 미륵전에 봉안되어 있는 미륵불상

지금은 3존불이지만 본래 진표율사가 세운 것은 가운데 미륵불상 하나 뿐이었다. 좌우의 보처보살상은 조선시대 정유재란으로 금산사가 전소된 후에 제3자에 의해 세워진 것일 뿐이다. 대순진리회는 불상이 셋이므로 세 명의 종통 운운하지만 진표율사가 미륵불의 계시를 받아 세운 불상은 가운데 미륵불상 하나뿐인 단독불이었음을 분명히 알아야 한다. 증산 상제님은 이 금미륵불상에 30년 동안 성령으로 임어해 계시다가 1871년 동방의 조선 땅에 친히 강세하셨다.

# 한국 종교 사상 최대의 폭력사태

▶ 새천년의 벽두 2000년 1월 6일 새벽 4시 45분 여주 본부도장에서 발생한 대순진리회 신도들의 2차 집단 난투극 장면. 모두가 잠든 새벽에 빼앗고 강탈하는 전통은 일제시대 무극도(태극도의 전신)로 거슬러 올라간다.(관련내용ㅇㅇㅇ쪽 참조) 대순진리회에는 도대체 어떤 기운이 내면에 흐르고 있는가? 도덕골이 아니라 살인 강도골로 이름난 도둑골의 기운이 흐르고 있다.

▶ 손에 몽둥이를 들고 본부도장 앞에 서있는 대순진리회 신도들. 불과 1년 전만 해도 서로를 '도인'이라고 하던 사람들이 이제는 종통을 도둑질하려는 '도둑'이라고 말하며 생명을 건 싸움을 벌이고 있다. 대형트럭과 포크레인을 앞세워 공격하고 불도저와 대형버스를 내세워 방어하는 추태는 대순진리회만의 오명이 아니라 증산 상제님을 신앙하는 우리 모두에게 악영향이 미치고 있다.

▶ 경찰을 한가운데 놓고 서로 마주 대하고 있는 두 세력. 이러한 대치상이 세상에 알려지는 것이 부끄럽지 않느냐는 질문에 '도통이 나오려면 본래 시끄러운 법'이라고 천연덕스럽게 말하는 모습에서 이들을 무엇을 위해 그토록 싸우고 있는가를 알 수 있게 된다. 대순진리회의 모든 교리는 도통으로 통하고 있다.

# 대순진리회의 비극

대원출판

대순진리회의 비극

초판 1쇄 발행/단기4333(2000)년 4월 1일
초판 3쇄 발행/단기4342(2009)년 11월 15일
발행처/ 대원출판
발행인/ 안병섭
등록번호/ 제 44 호
135-617 서울 강남우체국 사서함 1775호
전화 425-5315 / 팩스 424-1607
http://www.daewonbooks.com

ISBN 89-7261-044 5 03200

잘못된 책은 구입하신 서점에서 바꾸어 드립니다.
값은 뒷표지에 있습니다.

## ■ 머리글

대순진리회는 태극도에서 분파되어 나온 박한경(1917~1996)이 1969년 서울시 성동구(현 광진구) 중곡동 143-1번지를 매입하여 본부도장을 짓고 교문을 연 후 오늘의 분열사태에 이르기까지 겉으로 보기에는 놀라운 교단 발전을 이룩한 증산 상제님 신앙계열의 한 단체이다.

그동안 대순진리회는 참으로 어떤 천지기운이 붙었던지 교단 창립 불과 20여년 만에 자칭 6백만이라는 많은 신도를 모았으며, 대학교와 고등학교, 그리고 종합병원 및 화려한 수도장을 여러 개 짓는 등 실로 타종교 단체에서는 흉내 내기 어려운 폭발적인 교세의 신장을 기록하였다.

그러나 1996년 교주 박한경이 태극도와는 차별되는 대순진리회라는 새 판을 차린 지 27년만에 사망하고, 다시 3년 뒤인 1999년부터 교단운영의 주도권을 놓고 상위 핵심 임원 및 그 휘하의 방면들이 생사를 건 싸움을 거듭하면서 이제 분열의 길을 가고 있는 비극적인 상황이 되고 말았다.

왜 교주 박한경은 교단을 창립한 지 정확히 27년만에 사망했는가? 그리고 그토록 화려한 발전을 거듭하던 대순진리회가 이토록 남부끄러운 주도권 다툼을 벌이며 분열의 길을 가고 있는가?

이제 증산 상제님 개벽의 도가 세상에 그 진면목이 드러나는 풍류주세

## ■ 머리글

백년진(風流酒洗百年塵)의 마무리 과정을 맞이하며 우리는 증산 상제님 말씀에 비추어 대순진리회를 어떻게 보아야 하는지 이를 최종적으로 정리해 보고자 한다.

일찍이 증산 상제님께서는 다음과 같은 말씀을 하신 바 있다.

* **아무리 큰 일이라도 도수에 맞지 않으면 허사가 될 것이요, 경미하게 보이는 일이라도 도수에만 맞으면 마침내 크게 이루어지느니라. (증산도 道典 4:23:3)**
* **홍성문(洪成文)이 회문산에서 27년 동안 헛공부를 하였다 하니 이로부터 이십칠 년 동안의 헛도수가 있노라.(증산도 道典 5:295:2)(대순진리회 전경 예시 53절)**

이 말씀이 바로 교주 사후 주도권 다툼을 벌이며 처절하게 분열되고 있는 대순진리회에 해당되는 도수 말씀이다. 왜 그토록 많은 사람을 모으고 화려한 건물을 지은 대순진리회가 끝판에 와서 교주의 사망과 함께 추악한 모습을 보이며 분열되고 있는 것인가?

그것은 한마디로 대순진리회가 증산 상제님을 신앙함에 있어 그 신앙의 근본이 잘못 되어있기 때문이다. 다시 말해 대순진리회는 신앙의 근본인 도조(道祖) 강증산 상제님의 생명말씀을 임의로 삭제하고 왜곡하였으며 하시지도 않은 말(없던 말)을 거짓으로 지어내어 자기들의 편의에 맞는 그릇된 경전을 꾸미고 이를 근거로 신앙하고 있기 때문이다.

무릇 모든 종교 신앙에 있어 신앙행위 일체의 표준이 되고 지침이 되는 것은 무엇인가? 그것은 그 종교 교단이 지은 화려한 건물이나 그 교단을 믿는 신도의 숫자와 같은 외형적인 것이 아니오 오로지 교조가 설파했던 생명의 말씀, 시간과 공간을 초월하여 살아 숨쉬는 진리의 말씀일 뿐이다. 이것은 세상의 어느 종교 신앙에도 적용이 되는 것이며, 더욱이 개벽을 집행하여 세계인종을 심판하고 후천 5만년 지상 선경세계를 세우시러 이 땅에 오셨던 오신 우주 주재자 증산 상제님의 도를 닦는 오늘의 우리들에게는 더욱 절실한 것이다.

증산 상제님은 누구이신가?

상제님은 삼계대권을 주재하여 「천지공사(天地公事)」라는 전대미문(前代未聞) 성업(聖業)을 집행하심으로써 60억 인류의 생사를 심판하고 후천 5만년 새 하늘 새 땅의 새 우주질서를 짜신, 사람으로 강세하신 하느님이시다. 상제님은 바로 예수 성자가 외쳤던 아버지 하느님이시며, 석가부처가 말법 시대를 당하여 오신다고 했던 미륵불이시다. 그렇다면 증산 상제님을 신앙의 도조로 받드는 오늘의 우리들에게 있어 증산 상제님의 성훈 성적을 올바로 기록한 「경전」은 어떤 의의를 지니는 것인가?

두말할 나위가 없이 절대적인 의의를 지니는 것이다.

증산 상제님께서 천지공사를 집행하시며 하셨던 말씀 한마디 한마디는 우주의 도수(질서)가 되어 일호일착도 없이 그대로 현실로 전개되어 나간다. 상제님 말씀은 우주운행의 법칙이며 역사전개의 법칙이다.

증산 상제님은 불과 100여 년 전에 이 땅에 생존하셨다. 상제님이 재세

## ■ 머리글

하시던 19세기 후반과 20세기 초반은 2~3천년전의 예수성자나 석가 부처가 가르침을 펴던 때와는 비교가 되지 않을 정도로 인쇄와 출판에 관한 문명이기가 발달되어 있었다. 더욱 중요한 점은 상제님을 직접 모시고 추종했던 대부분의 성도들이 상제님 어천(1909년) 이후에도 수십 년간 생존하며 교단을 만들고, 그들의 생생한 증언을 바탕으로 곧바로 초기 기록들이 문서화됐다는 사실이다.

일찍이 증산 상제님께서는 당신의 사후에 당신의 말씀을 거짓으로 조작하여 무수한 영혼들을 파멸로 끌어들이는 난법자들이 나타날 것을 미리 내다보셨다. 그리하여 이를 엄중하게 경계하시며 그들의 최후를 다음 같이 추상같은 말씀으로 심판 하셨다는 사실에 특별히 눈 여겨 주목할 필요가 있다.

*** 모든 일을 있는 말로 지으면 천지가 부수려 하여도 못 부술 것이요, 없는 말로 꾸미면 부서질 때에 여지가 없느니라. (증산도 道典 4:23:4)(대순진리회 전경 교운 제 1장 36절)**

증산 상제님은 왜 이 말씀을 하셨던 것일까?

그것은 후세에 증산 상제님의 언행을 「경전」으로 편찬할 때 상제님께서 하시지도 않은 말씀(없는 말)을 거짓으로 조작하지 말라는 엄중한 경계의 말씀이다. 그리고 한걸음 더 나아가 만일 없는 말을 만들어 그럴 듯한 교리를 만들어 아무리 사람을 많이 모으고, 화려한 건물을 짓고, 남들이 부러워하는 교단을 세운다 하여도 결국에는 성공하지 못하고 철저하게 부서지고 만다는 준엄한 심판의 말씀인 것이다.

이 책자에서 중점적으로 밝히려는 내용은 겉으로는 증산 상제님을 신앙한다고 하는 대순진리회가 어떻게 증산 상제님의 말씀을 왜곡하고 조작하고 날조하였는가 하는 전말(顚末)에 관한 것이다. 즉 증산 상제님께서 하시지도 않은 말씀을 어떻게 거짓으로 지어내어 자신들의 「경전」을 꾸미고, 이를 근거로 순진 무구한 사람들을 미혹케 하여 패가망신의 길로 이끌었는가 하는 말씀 조작의 전말, 교리 조작의 전말에 관한 것이다.

이 작은 책자가 증산 상제님의 올바른 진리를 찾으려는 몸부림치는 진실한 구도자에게 밝은 빛이 되기를 간절히 기원한다. 또한 가족 중에 대순진리회라는 난법 단체에 미혹 당하여 천륜을 끊고 가출한 일원이 있어 어떻게 해야 사랑하는 피붙이를 밝은 세상으로 인도할 수 있을까 고뇌하는 많은 사람들에게도 좋은 안내자가 되기를 간절히 기원한다.

본래 이 책자의 원고는 『증산도 문화소식』지에 연재되었던(1999년 8월호~2000년 3월호) 내용을 중심으로 더욱 자료를 보충하여 재편집한 것이다. 끝으로 지면을 빌려 문화소식지 관계자 여러분에게 감사의 말씀을 전한다.

2000년 3월 5일 편집자

■ 차례

■ 차례

# 제 1장

## 교주 사후 표류하던 대순진리회, 왜 분열되고 있는가?

▶ 2000년 1월 6일 새벽 4시 45분에 발생한 2차 신도 집단 난투극 사태. 아침부터 KBS, MBC, SBS 등 TV 뉴스를 타고 하루종일 방송됨으로써 이제 대순진리회 사태는 전국민이 아는 사안이 되고 말았다. 들려오는 얘기로는 이 살인적인 집단 난투극을 계기로 일부 신도들은 크게 동요하고 있지만 다른 일부는 개벽이 가까웠으며, 진짜 도통군자를 추리는 마지막 관문이라며 더욱 신앙심이 굳어지고 있다고 한다. 이 정도가 되면 정상적인 사리분별을 잃고 오로지 도통에 미친 도통병자로 봐야한다. 대순진리회의 분열사태가 과연 어디까지 갈 것인지 자못 궁금할 뿐이다.

## 새천년의 시작과 더불어 또다시 터져 나온 살인적인 폭력사태

동서양의 온 세상이 새천년의 첫해가 밝았음을 기뻐하며 새로운 각오를 다지고 있던 2000년 1월 6일 새벽, 대순진리회 여주 본부도장에서 또다시 신도끼리 난투극을 벌이며 수십 명이 부상당하는 2차 폭력사태가 발생하였다.

지난해 7월 16일 새벽의 1차 폭력사태와는 달리 KBS, MBC, SBS 등의 TV 뉴스를 비롯한 모든 일간지와 인터넷 매체를 통하여 전국에 알려진 이 신도충돌은 보는 이로 하여금 치열한 전쟁터를 방불케 하는 전율과 살의를 느끼게 하였다.

도장을 빼앗겠다고 대형 트럭을 앞세우고 화염병과 돌을 던지며 공격하는 모습과 버스로 바리케이트를 치

고 포크레인을 앞세워 방어하는 양상은 더 이상 증산 상제님 해원(解冤) 상생(相生)의 도를 닦으며 인류를 구원한다는 도인의 모습이 아니고 다만 시정의 깡패와 주먹세계에서나 찾아볼 수 있는 주도권 쟁탈전의 저질 행태일 뿐이었다.

이번 2차 폭력사태는 여주 본부도장에서 쫓겨나간 이유종 측이 경석규 측이 불법으로 본부도장을 점거했으니 강제퇴거를 해 달라고 법원에 낸 '퇴거 명령 및 가처분 신청'이 지난 12월 24일 각하되면서 발생하였다고 한다.

더 이상 법적인 방법으로 본부도장을 차지할 길이 막히게 되었다고 판단한 이유종 측은 1월 6일 죽은 박한경도전의 화천치성을 치르기 위하여 경석규 측의 핵심 임원들이 속초 도장으로 간 사이에 여주 본부도장이 비었다고 판단하고 기습을 했다는 것이다.

# 대순진리회 주도권 다툼 소용돌이

## 작년 집단지도체제 금가
## 법원판결 불복 무력충돌

◇7일 오전 대순진리회 여주본부도장에서 집회를 갖고 있는 여신도들. 대순진리회 분규의 양측은 6일 새벽 여주도장에서 무력충돌을 빚었다.
/全基炳기자 gibong@chosun.com

대순진리회(大巡眞理會)의 분규가 지난해 말 법원 판결을 계기로 급박하게 돌아가고 있다.

여주본부도장에서 밀려난 이유종 여주본부도장 원장측은 6일 여주도장의 강제 접수를 시도했고 이 과정에서 경석규 종무원장측과 무력충돌이 빚어졌다. 이유종 원장측의 물리력 행사는 법원이 지난 12월 24일 이 원장이 낸 '퇴거명령 등 가처분 신청'을 기각함에 따라 자체의 힘으로 여주도장을 되찾으려는 것이다.

대순진리회는 종단을 세우고 절대적 지도력을 발휘했던 박한경 도전(都典)이 지난 96년 명확한 후계구도를 만들지 않고 세상을 떠난 후 집단지도체제로 운영돼 왔다. 그러나 99년 6월 이유종 원장측이 종단 대표자 명의를 경석규 종무원장에서 자신으로 변경하면서 분규에 싸이게 됐다. 경석규 종무원장측은 7월 여주본부도장을 점거했고 이유종 원장측은 종단이 시작됐던 서울 중곡동 도장에 자리잡고 법원에 경 종무원장측의 강제퇴거를 요청했던 것이다.

그러나 법원은 경석규 종무원장이 이유종 원장측의 주장대로 종무원장 직에서 해임됐다고 볼 근거가 없으므로 종단 대표자는 경 종무원장이며 따라서 이 원장이 퇴거명령을 요청할 수 없다고 판결했다. 이에 따라 공권력에 의한 여주본부도장 탈환이 불가능하게 된 이 원장측이 2500명의 지지 신도를 동원해 강제 접수를 시도했던 것이다.

분규 초기에는 대순진리회에서 가장 조직이 큰 천안 방면(方面)과 서울-성주 방면 등의 지지를 받은 이유종 원장쪽이 수적으로 우위를 점했다. 그러나 법원 판결 이후 이유종 원장을 추종하는 천안 방면을 제외한 상당수가 태도의 변화를 나타내고 있다. 6일의 여주도장 진입 시도도 천안 방면이 단독으로 추진한 것으로 알려졌다.

앞으로 대순진리회의 분규는 법적인 우위를 바탕으로 사태 해결의 주도권을 잡으려는 경석규 종무원장측과 이에 반발하는 이유종 원장측, 중간 입장에 선 서울-성주 방면의 '도정(道正)회복위'의 3자 구도로 전개될 것으로 보인다. 경 종무원장측과 도정회복위는 그동안 물밑 접촉을 해 왔으며 대화에 의한 분규 해결 가능성을 배제하지 않고 있다. 반면 이 원장측은 강경한 입장을 고수하며 물리적 공세를 계속하고 있다.

대순진리회는 여주, 중곡동, 포천, 토성(강원도 고성), 제주 도장을 비롯해 전국에 3000여개의 도장이 있으며 대진대학교, 대진고등학교, 제생병원(분당-동두천) 등을 운영하고 있다. 종단측은 신도가 190만 가구에 이른다고 주장하며 국민은행 여주지점에 2700억원의 예금을 갖고 있을 정도로 막강한 재력을 보유하고 있다.

/李先敏기자

## 주도권 다툼을 벌이고 있는 두 세력의 실체는 무엇인가?

대순진리회 조직은 일종의 마피아 패밀리 조직에 피라밋 점조직을 가미한 대단히 폐쇄적이고 음적인 조직이다. 그들이 흔히 「방면」이라고 부르는 패밀리(Family)의 최고 우두머리는 「수임선감」이다. 현재 대순진리회에는 여러 방면이 있는데 특히 두각을 나타내는 곳은 조직과 자금이 앞선다고 알려진 성주방면(수임선감 안영일), 70년대 초부터 주로 부녀계층을 파고들어 여자 신도가 대다수인 천안방면(수임선감 이유종), 그리고 젊은 청년 계층이 다수 있는 부전 방면(수임선감 정대진), 안동방면(수임선감 정훈봉), 서울방면(교감 전호덕) 등이 있다고 한다.

이번 대순진리회 분열사태는 제법 큰 패밀리의 하나인 천안방면(수임선감 이유종)을 중심으로 한 세력과

◀ (옆 페이지) 2000년 1월 6일에 있은 2차 집단 난투극이후 대순진리회의 분열양상이 3파전으로 갈 것임을 예견하고 있는 조선일보 1월 8일자 기사내용.

◀ 수임선감은 수선감 또는 꼭대기 선감으로 불리며 수하에 여러 명의 선감을 거느리고 있는 패밀리(방면)의 우두머리이다. 수임선감이 되면 세상의 장·차관이 부럽지 않은 명예와 인권과 권세를 누린다고 알려진다. 물론 모든 방면의 수임선감이 다 그렇지는 않을 것이다. 대순진리회에서도 진실하게 도를 닦으려고 하는 진정한 도인들이 왜 없겠는가?

▼ 한 사람이 대순진리회에 입도 하게되면 그는 자동적으로 자신을 인도한 사람이 속한 패밀리(방면)의 일원이 되며 그 방면의 이름은 신앙을 그만두지 않는 한 계속 따라다닌다고 한다. 즉 OO방면의 홍길동 하는 식이다. 따라서 설혹 부모형제부부간이라도 인도자가 달라 방면이 달라지면, 그 방면에 속한 서로 다른 회관이나 연락소에 나가게 되므로 같은 공간에서 신앙을 하지 않는다고 한다. 이처럼 대순진리회 조직은 인맥을 따라 상하의 질서가 분명한 철저한 피라밋 조직이다. 인도한 사람은 '선각'이라고 하고, 인도된 사람은 '후각'이라고 하여 선후의 상종(相從)관계가 되는데 이를 대순진리회 용어로는 '연운'이라고 한다.

부전방면(경석규를 전면에 내세우고 있으나 실질적인 영향력을 행사하는 자는 부전방면 정대진이라고 한다)을 중심으로 한 세력과의 주도권 싸움이라고 알려지고 있다.

경석규는 1996년에 죽은 박한경 도전의 처남이다. 그는 박한경이 부산의 태극도에서 분열되어 나와 서울 중곡동에 대순진리회를 만들고 오늘에 이르기까지 박한경 수하에서 종무원장을 맡아온 인물이다. 그는 명실공히 대순진리회 종무원장은 자신이며 대순의 어느 방면, 어떤 선감이 되었든지 간에 다 자기 영향권 아래서 도를 받았다고 주장하며 자기를 중심으로 뭉치라고 외치고 있다. (그러니까 대순진리회 용어로 경석규는 최고 선각이 된다.)

그럼 이유종(李有鍾, 61세)은 누구인가?

대순진리회는 90년대에 들어서 여주에 본부도장을, 포천과 속초에 각각 화려한 수도장을 세우고 1993년 2

▼ **서울 중곡도장(좌)과 포천의 대진 대학교 옆에 있는 포천 수도장(우).** 중곡도장은 69년에 기공식을 해서 72년에 소위 영대 건물을 짓고, 76년에 나머지 모든 건물을 지어 현판식을 했다고 알려지며, 포천 수도장은 92년 3월에 기공식을 해서 그해 7월에 완공하였다고 알려진다. 현재 중곡도장은 이유종 세력이 차지하고 있고 포천 수도장은 이유종과 같이 삼위상제론을 주장하고 있는 서울방면의 전호덕 세력이 차지하고 있다고 한다.

〈 서울 중곡도장 〉

〈 포천 수도장 〉

월 본부를 서울의 중곡 도장에서 여주군 강천면 가야리의 현 여주 도장으로 옮긴바 있다. 이때 박한경 도전은 여주 본부도장의 관리책임을 대순진리회 발전에 가장 공이 큰 성주방면 수임선감인 안영일에게 맡겼으나, 그가 건강상의 이유로 고사하자 그 다음으로 공이 큰 천안방면 수임선감에게 맡겼다는 것인데 그가 바로 이유종인 것이다. 그런데 여주 본부도장의 운영책임을 맡은 원장은 포천과 속초의 수도장 운영책임을 맡은 원장과는 달리 전신도의 성금을 취합하는 등 대순진리회의 모든 실질적인 종무를 관장하여 왔다는 것이며 따라서 이유종은 자기가 대순진리회의 종무원장이라는 주장이다. 따라서 이유종은 자기를 중심으로 대순진리회가 굴러가야 한다고 주장하고 있다.(대순진리회 도헌에 따르면 최고 지도자인 도전 사후에는 종무원장이 대행한다고 되어 있다고 한다. 따라서 경석규와 이유종 양측은 서로 자기가 종무원장이라고 주장하고 있다)

▼ **여주 본부 도장(좌)과 속초에 있는 소위 금강산 수련도장(우).**
여주도장은 86년에 기공식을 해서 90년에 완공했다고 알려지며, 속초 수도장은 95년에 기공식을 시작해서 박한경이 죽던 96년에 완공하였다고 알려진다. 현재 여주 도장은 경석규를 지지하는 부전방면을 중심으로 한 여러 세력들이 들어와 있으며 속초 수도장은 안동방면 정훈봉 세력이 차지하고 있다고 한다. 속초 수도장에는 죽은 박한경의 무덤이 있다.

〈 여주 본부도장 〉

〈 속초 수도장 〉

▲ 박한경(朴漢慶,1917~1996)

1917년 11월 30일 충북 괴산에서 출생했다. 수안보 보통학교를 졸업하고 농업에 종사하다가 27세(1943)에 일본으로 건너가 청삼(靑森)에 있는 한 해군기지에서 일했으며 8·15 해방 후 귀국하였다. 그가 부산의 태극도에 입교한 것은 1946년. 그는 천지개벽과 구원의 십승지 부산, 그리고 도통을 내세운 태극도 교리에 심취하여 남달리 포교에 힘썼으며 조철제가 죽기 직전에는 태극도 내에서 가장 큰 세력으로 부상하였다고 한다. 당시 태극도의 조직도 지금과 똑 같은 방면 조직이었다. 그의 호 우당(牛堂)은 조철제가 지어준 것이다. 1958년 조철제가 사망한 후 우여곡절 끝에 교주자리를 차지하고 조철제의 뒤를 이어 태극도의 대표격인 도전(都典)으로 10년간 있다가 1968년 분파되어 나와 1969년 서울 성동구 중곡동에 대순진리회를 차렸다. 그리고 그로부터 27년이 지난 1996년 1월 23일 대순진리회 발전 절정의 순간에서 뚜렷한 후계자 지명 없이 사망하였다.

**교주의 사망과 함께 이미 예정되어 있던 대순진리회 분열사태**

이번 대순진리회 분열사태의 발단은 어디로부터인가? 그것은 개벽기에 신도들에게 도통을 내려 주기로 믿어 오던 교주 박한경이 1996년 1월 23일 뚜렷한 후계자 지명 없이 갑자기 사망함으로써 비롯된 것이다.

하긴 그가 죽기 얼마 전에 건강이 안 좋아 사망이 가까웠다는 소문이 간간이 떠돌았다. 그러던 중 좀처럼 사회에 얼굴을 내밀지 않던 대순진리회의 교주가 후계자에 대한 어떠한 말도 없이 죽었다는 소식은 대순진리회 신도들에게 큰 충격과 함께 전해졌다고 한다.

왜냐하면 박한경은 사망해서는 안 되는 존재였기 때문이다. 즉 그들이 그 동안 주장했던 교리 내용으로 보아 박한경 도전은 인존(人尊)으로서 살아서 개벽기에 도통을 내려 주어야 하는 절대적인 존재였기 때문이었다. 그런 박 도전이 돌연 사망해 버렸으니 이게 보통 일이 아니었다.

그러나 그 후 얼마 안 있어 대순진리회에서는 박한경이 도통을 주기 위해서 천상으로 올라갔다는 얘기가 흘러 나왔다. 그것은 교주의 예상치 못한 갑작스런 죽음을 어떻게 해서든지 합리화해서 신도들의 동요를 무마하고 현 조직을 유지하기 위한 어쩔수 없는 해석이었던 것 같다. 그런데 이 사망합리화 교리는 어느 정도 신도들에게 받아들여진 듯하다. 박한경 사후 대순진리회는 몇 년 동안 그럭저럭 넘어가는 듯 보였다.

그렇지만 교주를 정점으로 하는 강력한 중앙집권적인 종교 조직의 생리를 아는 많은 사람들의 눈에는 대순진리회의 앞날이 니전투구의 주도권 다툼으로 치달을 것은 불을 보듯 뻔한 것이었다고 한다. 다만 남은 것은 그것이 언제 어떻게 터질 것이냐 하는 시간의 문제뿐이었다는 것이다. 그러다가 박한경의 3년 상이 끝나면서 드디어 일이 터지고 만 것이다.

교주가 죽은 후 교단의 운영이 세속의 정치판에서나

▼ "왜 (박한경 도전이) 죽어서는 안된다고 생각하십니까?" "인간 상제이기 때문에, 도통을 직접 내려주는 사람이 죽기 때문에 그건 말이 안되는 소리입니다."(박한경이 죽은 지 한 달여가 지난 1996년 3월 5일, MBC PD 수첩 '대순진리회를 아십니까?' 의 한 장면). 박한경의 돌연한 죽음으로 일부 신도들은 신앙심을 잃고 떨어져 나갔다고 전해진다.

볼 수 있는 집단지도체제로 운영되고, 그 상층부의 일부가 교단의 주도권을 잡기 위해 자기 방면의 신도들을 동원하여 집단 난투극을 벌인다는 것은 무엇을 말하는 것인가?

그것은 한마디로 대순진리회가 증산 상제님의 의통성업을 이루어내는 진법(眞法)교단이 아니라 세상을 미혹하게 하고, 어지럽히는 난법(亂法)단체라는 것을 의미한다.

신문에 보도된 바에 의하면 집단 난투극의 한 원인이 죽은 박한경의 위상을 상제(上帝)의 반열에 올리느냐 마느냐였다고 한다. 왜 이런 웃지 못할 코미디 같은 얘기가 나오는 것일까? 그것은 천지인(天地人) 삼계대권을 주재하여 우주를 다스리는 상제님(하느님)은 오직 한 분 뿐이라는 것을 모르고, 난법교단을 이끌기 위해 상제관을 철저히 왜곡하여 교리를 조작해 왔기 때문이다.

▶ 박한경이 생존할 당시 이미 신도들간에 통용되던 교리상으로 상제는 3명이었다고 알려진다. 강증산 상제님은 하늘상제, 조철제는 땅상제 그리고 박한경 도전은 천지인 삼재논리에 의하여 도통을 내려주는 인간상제였다는 것이다. 그러나 공식 교리 책자 등에는 박한경이 상제라는 얘기는 없었다. 그런데 이제 그가 죽자 그를 상제로 받들어야 하는 파와 그것이 불가하다는 파로 나뉘고 있다.

그 동안 대순진리회의 교리에 의하면, 강증산 상제님은 구천상제이며 하늘상제, 조철제는 옥황상제이며 땅상제 그리고 박한경은 천지인 삼재(三才) 논리에 의해 암묵적으로 인간상제였다. 따라서 박한경은 당연히 죽지 않고 살아서 후천개벽기에 수많은 대순진리회 신도들에게 도통을 주어야 하는 존재로 되어 있었다. 이처럼 박한경은 교리 상 개벽이 되기 전까지는 죽어서는 안 되고, 또 죽을 수도 없는 위치에 있었던 것이다. 그런데 그렇게 하늘같이 받들던 인간상제가 세상을 달리해 버린 것이다.

## 두 세력이 싸우는 원인은 무엇인가?

양쪽의 갈등이 매스컴을 타고 세상에 표면화되기 시작한 것은 지난해 1999년 7월 17일자 경향신문과 중앙일보 등의 일간지가 대순진리회 집단 난투극 기사를 내보내기 시작한 때부터이다. 당시 경향신문 기사에 의하면 7월 16일 새벽 2시 15분에 정대진 지지신도 1500여명이 여주 본부도장에 기습적으로 쳐들어가 여주 도장에 있던 이유종 원장과 그 수하 100여명을 건물 밖으로 내몰고 본부도장 건물을 물리적으로 점거했다는 내용이었다.

그런데 이때 여주 본부도장에서 쫓겨난 이유종 세력은 비록 숫적인 열세로 본부도장을 내어 주고 말았지만 그 동안 자기들이 관리하여 오던 전신도 성금통장을 비롯한 여러 개의 예금통장을 챙겨 가지고 나갔다는 것이다. 그리고 자기휘하의 천안방면 신도들에게 긴급히 여주로 올라오라는 연락을 취하였고, 드디어 16일 오후 4시 여주 본부도장에는 3000여명의 대순신도들이 두 편으로 나뉘어 본부도장의 점거를 위해 험악한 대치를 했으며, 아울러 한국 종교사상 최대규모로 벌어진 이 신도대립을 저지하기 위해 경찰병력 15개 중대가 투여되는 등 참으로 해괴한 일이 벌어졌던 것이다.

▼ 소위 영대(靈臺)란 대순진리회의 신단 건물을 일컫는다. 영대에는 증산 상제님을 비롯하여 그들이 진법주에서 외우는 자칭 옥황상제 조철제를 비롯한 여러 신위가 모셔져 있다. 사진은 중곡도장의 영대건물이다.

현재 표면적으로 드러난 주도권다툼의 원인으로는 다음 몇 가지가 제기되고 있다. 하나는 여주 본부도장의 책임을 맡았던 이유종 원장이 일관도를 신앙하는 자불(自

不)이라는 자 아래서 해인굿이라는 배도행위를 함으로써 대순진리회 신도의 자격을 스스로 박탈하는 도저히 용납할 수 없는 난법 행각을 저질렀다는 것이다. 또 하나는 이유종 여주도장 원장이 박한경의 3년상이라는 자숙 기간을 이용하여 대순진리회 전체 종무원장을 사칭하며 교권을 손에 넣으려고 했다는 것이다.(이상 경석규 측의 주장) 그리고 또 하나의 원인으로 죽은 박한경 도전을 어떻게 받들 것이냐 하는 위상정립의 문제가 거론되고 있다.

여주 본부도장을 살림 맡아 오던 이유종 측은 죽은 박한경을 상제(上帝)의 반열로 추대하여 여주 본부도장의 영대(靈臺는 그들이 주장하는 구천상제인 증산 상제님 및 자칭 옥황상제 조철제와 석가모니를 비롯한 여러 신위를 모신 대순진리회 신단을 일컫는 용어)에 봉안해야 한다고 주장하였다. 이에 대해 경석규 측은 박한경 도전 스스로도 살아 생전에 "영대는 어느 누구도 손을 못 댄다. 영대는 옥황상제이신 조철제 도주께서 체계 잡아 놓은 것이라 나 자신도 어쩔 수 없는 곳이다"라고 말하며 상급임원들에게 훈시를 내렸다는 주장을 내세워, 이

▶ 경석규의 양위상제파에서 모시고 있는 영대의 신단구조.
신단 가운데는 증산 상제님이, 오른쪽에는 자칭 옥황상제 조철제가, 왼쪽에는 석가모니가 모셔져 있다. 이렇게 신단구조를 꾸민 것은 태극도 시절의 조철제였다고 한다.(61쪽 참조) 태극도에서 갈라져 나온 박한경은 이 신단체계를 그대로 답습했으며 생전에 자칭 옥황상제 조철제가 만들어 놓은 것이므로 자신도 손을 못 대는 곳이라고 말했다고 한다. 바로 이 주장을 내세우는 곳이 경석규를 중심으로 한 여주도장 점거파들이다.
사진은 96년 3월 5일 MBC가 방송한 PD수첩 '대순진리회를 아십니까'의 화면들

유종 측의 행동은 죽은 박한경 도전의 유지를 어기는 중차대한 행위라고 반박하고 있다는 것이다.

그러나 신문사 종교기자로서 수년간 대순진리회를 지켜보았다는 몇몇 기자들의 전언에 따르면 박한경의 위상정립에 따른 대립은 사실상 이번 주도권 싸움의 핵심이 아니라는 것이다. 문제의 핵심은 그 동안 대순진리회가 벌여놓은 각종 학원사업과 병원사업 등의 경제 주도권 및 이를 좌지우지 할 수 있는 교권을 쥐기 위한 싸움이라는 것이다.

지금 양측은 서로가 차지하고 있는 중곡동 도장과 여주 도장을 자기측 신도들을 동원하여 굳게 지키면서 팽팽한 대립을 보이고 있다. 여주의 경석규, 정대진 측은 방면을 초월하여 누구든지 여주에 와보면 이유종의 비리와 교권을 움켜쥐려 했던 모든 전말을 알게 된다고 주장하고 있고, 중곡동의 이유종 측은 대순의 가장 큰 방면들인 천안, 성주, 서울방면 도인들이 함께 이유종 원장을 지지하며 공동보조를 취하고 있으므로 수(數)적으로 우세한 자기들이 승리한다고 말하고 있다.

◀ 이유종 · 안영일의 삼위상제파에서 모시고 있는 영대의 신단구조. 경석규 파와 비교해 보면 석가모니를 떼어내고 그 자리에 죽은 박한경 도전을 갔다 놓았다. 들리는 말에 의하면 성주방면은 박한경이 죽기 오래 전부터 석가모니의 후신이 진묵대사이며 진묵대사의 후신이 박한경이라는 방면 자체의 교리를 가지고 있었다고 한다. 따라서 그들이 박한경이 죽은 다음 석가모니의 신위를 떼고 박한경을 갔다 놓은 것은 당연한 일이라고 할 수 있다. 대순진리회 신도중에는 이 신단의 배열과 금산사 미륵전의 세 금불상과 연결시켜 그것이 종통이라고 믿는 사람이 많다고 한다. 이에 대한 허구는 3장과 5장에서 자세히 밝혀진다.

## 현재 주도권 다툼을 벌이는 두 세력 비교

| | 여주 본부도장 점거파 |
|---|---|
| 우두머리 | 경석규(82, 죽은 박한경의 처남, 종무원장)<br>정대진(부전방면 수임선감, 대순진리회 재단 이사장) |
| 중심방면과 점거 도장 | 부전 · 안동방면<br>(여주 본부도장, 속초 수도장) |
| 주도권 행사 주장내용 | 대순진리회를 대표하는 종무원장은 경석규다. 경원장은 1696년 박한경이 종단창설과 함께 임명했으며, 임기에 제한을 두지 않는 종신직이다. |
| | 이유종 측은 박한경도 어쩔 수 없어 생전에 건드리지 못했던 영대의 석가모니 자리에 박한경을 모셨다. 이는 박한경의 유지에 어긋난다.<br>⇒ **양위상제론** 고수 |
| 기타주장 | • 이유종 측이 도법을 파괴하여 영대(신단)를 건드려 신위의 체계를 바꾸고 진법주 주문과 배례법을 바꾸었다. 이것이 바로 난법난도이지 우리의 실력행사는 이를 저지하기 위한 불가피한 행동이었다.<br>• 정대진 선감의 개인비리를 말하는지 몰라도 그러한 비리라면 우리가 폭로를 안해서 그렇지 이유종 일당도 수없이 많다는 것을 스스로 알지 않느냐? |

| 중곡동 도장 점거파 |
| --- |
| 이유종(천안방면 수임선감, 전 여주본부도장 원장)<br>안영일(성주방면 수임선감, 중앙종의회 의장) |
| 천안 · 성주 · 서울 방면<br>(중곡동 도장, 포천 수도장, 제주 도장) |
| 대순진리회를 대표하는 종무원장은 여주본부도장 원장인 이유종이다.<br>박한경이 죽기 4개월 전 조회에서 "이제 원장을 새로 내야 되겠다."고 하면서 이유종 선감을 여주본부도장 종무원장에 임명했다. |
| 박한경이 대순진리회 창시자이므로 당연히 그를 상제의 반열에 올려(박성상제) 영대에 새로 모셔야 한다.<br>⇒ **삼위상제론** 제창 |
| • 경석규, 정대진 측이 종권에 눈이 어두워 행동대원을 시켜 흉기를 들고 7월 16일 새벽 2시에 신성한 본부도장에 난입하여 팔과 목뼈가 부러지는 중상해를 입히고, 여신도들의 머리카락을 자르고 성폭행하는 등 난법난도를 행했다.<br>• 정대진은 박한경 도전 상중(喪中)에 수십억 성금을 유용하여 개인 문중의 재실을 짓고 왕릉과도 같은 자신의 가묘를 만들고 그 비문에 스스로가 대순의 우두머리라고 쓰고 있다. 이런 불경한자가 여주도장을 점거한 세력의 핵심인물이다. |

## 이번이 처음이 아닌 헤게모니(주도권) 쟁탈전

太極道組織体系

# 生神은 왜 잠적했나

또다시 物議 일으킨 太極村분쟁

암투는 昨年 兩派

金塊行方등

▲ 부산일보 68. 8. 6
(기사전문은 7장 참조)

# 太極村에 主導權暗鬪

都典 朴씨 金塊갖고 도주?

中學施設平準化위해

▲ 부산일보 68. 8. 4
(기사전문은 7장 참조)

교주가 죽은 이후 교단의 주도권을 놓고 신도들간에 질시와 반목, 암투가 벌어진 것은 이번이 처음은 아니다. 이미 대순진리회는 그 모체인 태극도에서 갈라져 나온 60년대 말 당시 치열한 교권 다툼을 수년간 치렀던 전력이 있다.

증산 상제님은 구천상제이고, 자신은 자칭 옥황상제이며, 증산 상제님은 시루(甑)이고 자신은 솥(鼎)으로, 솥이 없는 시루란 아무 소용이 없으며, 시루와 솥은 일체라는 논리를 내세워 자신에게로 종통이 전해졌다고 종통계승을 내세운 태극도의 교주 조철제(호:정산)가 사망한 것은 1958년이었다.

그런데 당시 태극도 내의 큰 세력을 형성하고 있던 박한경은 조철제가 죽기 얼마 전 신임을 받아 조철제의 시봉을 맡은 시봉원(侍奉院)의 책임자인 시봉도전(侍奉都典)이 되었다가, 다시 종래의 도전과는 다른 총도전이 되었으며, 죽음에 임박한 조철제의 유명(遺命)에 의

▶ 폭력사태를 수반하는 주도권 다툼은 태극도 시절로 거슬러 올라간다. 그것은 조철제와 박한경으로 이어지는 그들 단체의 운명적(?) 전통이다.

하여 조철제로부터 교권을 전수받았다고 주장하였다.

그러나 이에 대해 지금도 잔존해 있는 태극도 측은 전혀 상반된 주장을 하고 있다. 즉 조철제는 죽기 직전에 박한경의 머리채를 잡고 흔들며 도적놈이라고 외쳤다고 말하며 박한경의 주장을 완전히 부인하고 있는 것이다.

▲ 사진은 96년 3월 5일 MBC에서 방송한 PD수첩 '대순진리회를 아십니까' 의 화면들

조철제가 죽자 우여곡절 끝에 태극도의 주도권을 손에 넣은 박한경은 자신에게 불만을 품고 도전하는 간부임원들에게 폭행을 가하는 등 범죄행위를 저질렀다고 한다. 그러나 끝내 자신의 신격화에 반대하는 간부들과의 불화가 깊어지고 신도들간의 내분이 진정되지 않자, 신도들에게 보내는 성명서를 자기 서랍에 넣어두고 치성금과 조철제가 모아둔 금궤를 가지고 1968년 돌연 잠적하였다고 알려진다.(7장의 당시 신문보도문 참조)

이렇게 자취를 감춘 박한경은 처남 경석규를 비롯한 자신의 추종자들과 함께 서울에 올라와 1969년 새로운 교단을 차리는데 그 교명을 처음에는 「태극진리회」, 그 뒤에 「정신회」라고 했다가 다시 「대순진리회」로 고쳐 불러 오늘에 이르고 있다.

太極道朴教主연행문초
暴行한 네敎徒도
오늘拘束할듯
帳簿압수 「誠金」의使用處따져

▲ 한국일보 65.3.4 (기사 전문은 7장 참조)

한편 도전 박한경이 서울로 잠적하자 태극도는 부전(副典)이었던 유철규(柳喆珪)가 도전 서리에 취임하였다. 그러나 태극도 내의 박한경 반대세력과 추종세력간의 충돌과 데모가 연일 끊이질 않고 사태가 더욱 악화되자 끝내는 경찰이 출동하였다. 결국 경찰의 중재로 양측의 대표 수명이 합의하여 조철제의 셋째 아들인 조영래(趙永來)에게 사태수습의 전권을 위임하게 되었으

▲ "조철제 도주가 사망할 때 (손으로) 박한경 도전의 머리채를 잡았다. 이것을 대순에서는 손을 없은 것으로 말하지만 직접 목격한 분들에 의하면 말렸는데도 (조철제가) 손을 안 놓고 머리카락이 뽑히도록 잡고…" (태극도 전도부장 정원용씨의 말)

나, 이미 상황은 박한경이 돈과 금궤를 가지고 사라져 버린 뒤였다. 이후 태극도는 만신창이가 되었고 차츰차츰 교세 쇠락(衰落)의 길을 가게 되었다는 것이다.

한편 이 당시 서울 근교로 옮겨왔던 박한경은 안양 등지에 숨어살며 태극도 내에 있는 자신의 추종자들과 은밀하게 연락을 취하며 배후에서 이들을 조정하여 태극도 내의 분규를 부추겼다는 의혹을 크게 받았다.

도대체 해원 상생을 부르짖으며 천하의 도덕단체라고 표방하는 대순진리회는 왜 그 모체인 태극도 시절부터 오늘에 이르기까지 이렇게 폭력이 난무하는 추악한 주도권 다툼을 반복하고 있는 것인가? 도대체 대순진리회의 내면에는 어떠한 난법 기운이 흐르고 있는가?

이 문제에 대한 해답을 찾아 나가는 것이 바로 이 책자의 주제이다. 이 글을 끝까지 정독하는 독자들은 대순진리회가 오늘의 사태에 이를 수밖에 없는 필연적인 이유를 확인하게 될 것이다.

▼ "박한경 도전이 자신도 도통을 받을 사람이지, 줄 사람이 아니라는 각서를 썼다."

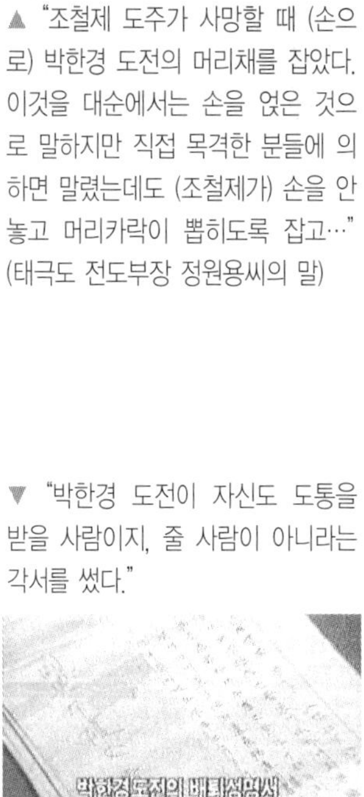

暴力판치는太極道村

警察에 呼訴해도 감감소식

1萬住民恐怖에 떨어

離脱者엔 테로·린치등 처절한報復

洞會長도 깡패에 맞고 脅迫에 못이겨 辭職도

郷軍分會長등린치

警察의解決못바라

테로戰術도갖가지

被害者는過去信者

먹을것달래자拷問

專擔刑事가 수사중

◀ 한국일보 65. 3. 2

세상 사람들은 아무리 큰 역사적 사건이라고 해도 시간이 지나면 망각해 버리고 만다. 옆의 신문기사는 1965년에 한국일보가 부산의 태극도 폭력사태를 집중 취재하던 연재기사 중에 하나이다. 자세한 전문내용은 7장에 수록하였다. 물론 모든 신문기사를 다 사실로 믿을 수는 없다. 하지만 수십 년에 걸쳐 똑같은 행태로 내려오는 폭력집단에는 그럴 수밖에 없는 기운이 뿌리로부터 내재되어 있다고 봐야한다.

◀ 옆 페이지와 다음 페이지

96년 3월 5일 MBC에서 방송한 PD수첩 '대순진리회를 아십니까'의 화면들

▶ 1996년 1월 29일자 경향신문 기사. 이미 4년 전인 그 당시 박한경의 사망과 함께 종단의 내분 및 분종사태까지 치달을지 모른다는 우려를 기사화하여 쓰고 있다. 이러한 예측은 당시 모든 일간지의 공통된 견해였다. 모든 종교조직에서 가장 핵심이 되는 것은 그 종교를 이끌어 가는 지도자라고 할 수 있다. 지도자의 정통성과 도덕성은 그 종교조직의 사활을 가름한다. 오늘의 대순진리회 분열 사태는 박한경의 사망과 더불어 필연적으로 싹텄다고 봐야한다.

▶ (우측 페이지 사진) 박한경의 돌연한 사망을 무마하고 있는 천안방면 계열의 한 집회장면.

"만수도인들이 도전님께서 어찌 보이지 않습니까? 할 때 뭐라 대답하겠느냐? 도전님께서는 좋은 세상을 만들기 위해, 다시 오시기 위해 잠시 인신을 감추셨을 것입니다. 그렇기 때문에 멀지않아 도전님께서는 다시 오실 것이다. 그런 답변이 되리라고 봅니다. 모든 사람들이 동요없이 도전님을 믿고 도전님께서 다시 오셔서 앞으로 여러분들에게 후천선경을 열어 주시고 운수(도통)을 주신다는 사실을 깊이깊이 가슴속에 다시 한번 새겨 주시기를 당부드리는 바입니다."

죽은 박한경이 다시 와서 도인들에게 도통을 준다고 말하며 신도들을 안심시키고 있다. 일부 신도들은 박한경의 사망과 함께 신앙을 포기하였으나 대부분의 신도들은 이 말을 믿고 도통의 운수마당이 곧 열릴 것을 더욱 확신하였다고 전한다.

### 종단 창립자 朴漢慶도전 化天

# 대순진리회 「次期」 관심

창립자이자 최고지도자인 朴漢慶도전(都典)의 화천(化天)으로 종단 대순진리회의 앞날에 관심이 쏠리고 있다. 창교 역사가 짧은 종교의 경우 초대지도자의 사망 직후 종단의 흥망이 가름되는 예가 많았기 때문이다.

특히 종통계승문제를 둘러싸고 일어날지도 모르는 분쟁은 그 종단의 내분 또는 분종사태까지 유발할 수 있다는 점에서 누가 다음 지도자가 되느냐의 문제는 적잖은 관심을 불러일으키고 있다.

대순종단은 이 같은 우려를 반영하듯 朴도전 사망 이틀 뒤에야 이 사실을 발표했다. 그 사이 鄭大珍 재단법인이사장을 위원장으로 장의위원회를 꾸리는 한편 향후 종단을 수습할 8인공동대책위원회를 구성한 것으로 알려졌다.

대책위에는 입법기관인 종의회 安永日의장을 비롯한 원로의원들과 慶錫圭종무원장, 鄭이사장 등이 참여하고 있다.

朴도전이 생전에 후계자를 지목하지 않았기 때문에 대순종단은 당분간 이들 대책위원들의 합의에 따라 공동운영될 것으로 보인다.

정신적 권위를 중시하는 종교적 특성상 朴도전의 사후에 대한 준비가 전혀 없는 것은 물론 차기지도자 선출 등의 절차조차 정하지 못한 것으로 종단관계자는 전했다.

대순진리회는 趙鼎山(본명 趙哲濟) 道主가 창교한 태극도의 종통을 계승한 朴도전이 종단내분으로 인해 서울로 활동무대를 옮겨 69년 창립한 종단이다. 姜甑山(본명 姜一淳)을 구천상제(上帝), 도주 鼎山을 옥황상제로 모시며 40개가 넘는 증산계열 종단 가운데 가장 큰 규모의 종단이다. 70~80년대에 비약적 교세성장을 보인 대순진리회는 경기 여주의 본부도장을 비롯한 5개 도장과 3,500여개의 회관 및 회실이 있고 신도수는 1백20만명을 넘는 것으로 종단측은 밝히고 있다.

대순종단은 포교뿐 아니라 교육·의료사업 등을 활발히 전개해 대진대학교와 대진고 등 6개 고교, 분당제생병원, 대진의료재단 등을 거느리고 있으며 동두천에 1,600병상 규모의 종합병원을 건축중이다.

<徐華東기자>

경기 여주에 있는 대순진리회의 본부도장.

## 후계자 낙점안해 당분간 공동운영
## 승계 순조롭지 않을땐 분쟁소지도

만수도인들이 도전님께서 어찌 보이지
않습니까 할 때 뭐라 대답하겠느냐?

도전님께서는 좋은 세상을 만들기 위해
다시 오시기 위해 잠시 인신을 감추셨을
것입니다

그렇기 때문에 멀지않아 도전님께서는
다시 오실것이다, 그런 답변이 되리라고
봅니다

모든 사람들이 동요없이 도전님을 믿고
도전님께서 다시 오셔서

앞으로 여러분들에게 후천선경을 열어
주시고 운수(도통)을 주신다는 사실을

깊이 깊이 가슴속에 다시 한번
새겨주시기를 당부드리는 바입니다

# 제 2장

# 양위상제 교리의 허구성은 무엇인가?

## 대순진리회 신문 성명서에 등장하는 「양위 상제」란 무엇을 뜻하는가?

일찍이 대순진리회는 상제관을 왜곡 조작하여 두 명의 상제를 만들어 소위 그들의 영대에 모셔놓았다. 그런데 이번에 박한경이 죽자 다시 상제관을 어떻게 추가로 조작할 것인가를 놓고 싸우고 있다. 이유종 측은 박한경을 상제의 반열에 올려 세 명의 상제로 교리를 바꾸어야 한다(三位上帝)고 주장하고, 경석규 · 정대진 측은 그것이 불가하다고 집단 난투극을 벌였다는 것이다(물론 이런 교리 조작 논쟁의 이면에는, 금권 다툼과 이권 투쟁의 암투가 내재되어 있음을 간과할 수 없다). 이번 주도권 다툼이 어떤 식으로 결론이 나든 대순진리회 상제관 자체가 이미 근본적으로 왜곡되어 있기 때문에, 그 결과는 오십보백보이다. 이제 대순진리회 상제관이 얼마나 철저히 왜곡되어 있는가를 살펴본다.

▼ 1999년 8월 14일 자로 이유종 측이 낸 신문 성명서는 '양위 상제님과 도전님'이라는 문구로 시작한다. 이 양위상제가 무엇을 뜻하는지를 알면 대순진리회의 모든 허구가 벗겨지기 시작한다.

# 성 명 서

## "종단 대순진리회 만수도인에게 고합니다"

**양위 상제님**과 **도전님**의 유지 · 유법을 받들어서 후천선
하고자 진심갈력해온 수도인들은 지금 현 도정 현실에 참담
금할 수가 없습니다.

우리의 진리는 상극을 해소하고 상생대도의 무한, 무량한

여주 본부도장이 어떠한 곳입니까?

천지의 도수를 돌리는 시학 · 시법공부가 봉행되면서 일분일초도 주문이 끊이지 않던 우리의 신성한 성지요, 한사람의 도인을 만나도 방면을 초월하여 서로에게 지극한 예우로서 대하며, 상제님의 도문소자로서 소원하던 우리의 영적 보금자리가 아니었던가요?

한 사람도 빠뜨리지 않고 후천의 복록을 받을 수 있게 손잡고 참배하던 우리의 본부도장이 지금은 포정문마저 굳게 닫혀 있습니다.

양위 상제님께서 이룩하신 천지공사를 우리는 성 · 경 · 신으로 받들어 왔으며, 도주님의 유명으로 종통을 계승하신 도전님께서는 대순진

만수도인 여러분!

어떠한 이유로서도 폭력과 폭언은 용납될 수 없는 일입니다. 하물며 상제님의 해원상생 대도의 길을 가는 도인에게는 두말 할 나위가 없는 것입니다. 양위상제님과 도전님께서 계신 도장은 절대로 협상과 타협의 도구가 될 수 없습니다. 도장을 수호하지 못하고 상제님의 뜻을 받들지 못한 죄송스러움을 어찌 말로 형언할 수 있겠습니까만 도장을 바로 세우는데 뜻을 모아서 불법적으로 자행되는 모든 사태를 하루빨리 돌려잡고 도정의 정상적인 회복을 이룩하여 상제님의 덕화를 천하에 널리 펴 나가야 할 것입니다.

**이에 우리는 만수도인 여러분께 다음과 같이 고하고자 합니다.**

1. 도장을 불법적으로 점거하여 상제님의 덕화를 손상시키는 불의한 세력은 즉시 철수하라.
2. 더 이상 도장을 불법의 장소로 방치할 수 없으며, 신성한 도장을 수호하는 것은 도인의 권리이자 의무이다. 따라서 불의한 세력을 몰아내고 도정을 회복하여 도장으로서의 본 기능을 되찾는데 전 도인들은 일심단결 하자.
3. 이 사태를 획책 · 선동하는 일부세력의 불순한 의도에 현혹되지 말며 여주 도장에 머무르는 도인들은 각자 방면으로돌아가서 도전님께서 맡겨주신 책무인 포덕사업에 진심 갈력할 것을 당부한다.
4. 누구든 시비를 조장하고, 분열을 획책하는 자는 상제님의 대도에 정면으로 도전하는 행위이므로 천지에 용서를 빌 곳이 없다. 어리석음을 멀리하고 청정무구한 마음으로, 사소한 시비에 이끌려서 대도의 가르침을 망각하지 말라.
5. 도장은 사욕으로 점거되며 이용할 수 없는 영대가 모셔진 성전이다. 일부 세력의 비열한 목적에 수 많은 도인들이 선동되어 과연 무엇을 지킨다는 말인가? 우리 수도인들은 혹세무민과 비리괴려를 엄금해야 하며, 오직 상생대도의 진리를 깨달아서 지극한 정성으로 부족함을 채워나가야 할 것이다.
6. 우리는 오늘날의 불충하고 불미스런 사태에 대한 책임을 통감하고 더욱 더 해원상생을 실천하는 수도인의 자세로 돌아가 화합과 단결에 최선을 다합시다.

대순 129년 · 1999년 8월 14일

『양위 상제님과 도전님의 유지 · 유법을 받들어서 후천선경를 이룩하고자 진심갈력해온 수도인들은 지금 현 도정 현실에 참담한 심정을 금할 수가 없습니다. 우리의 진리는…』

이것은 여주 본부도장에서 쫓겨난 이유종 측이 신문에 낸 그들 성명서의 첫 구절이다. 그런데 여기 첫머리에 등장하는 '양위상제(兩位上帝)' 란 무엇을 의미하는가?

이 '양위 상제' 란 네 글자의 말이 무엇을 뜻하는지 알게 되면 대순진리회가 왜 난법 단체인지를 금방 알게 된다. 양위(兩位)란 두 분을 말하는 것이고 따라서 양위상제란 두 분의 상제를 지칭하는 말이 된다. 그럼 대순진리회에서 말하는 두 분의 상제란 누구를 말하는가? 그들의 용어로 말한다면 구천상제인 증산 상제님과 증산 상제님으로부터 종통을 전해 받았다는 조성옥황상제(조철제)를 말하는 것으로 바로 대순진리회는 조철제를 옥황상제라고 받들고 있다는 사실이다. 조철제가 옥황상제라니 이것이 도대체 무슨 소리인가?

고전(古典)에 익숙한 독자중에는 이 대목에서 고개가 갸우뚱해지며 머리가 혼동스러운 분이 있을 것이다. 왜냐하면 상제(上帝)란 옥황상제(玉皇上帝)를 간단히 줄여서 부르는 약칭으로, 그 용어가 의미하는 그대로 '임금은 임금이되 더 이상이 없는 최상의 임금' '하늘 천상에서 우주 만유를 주재하는 천제(天帝)이신 하느님' 을 뜻하며 그분은 오직 한 분이어야 하는데, 대순진리회는 두 명의 상제를 말하며 한 분은 구천상제(구천응원뇌성

▼ 아래에 보이는 두 화면은 대순진리회에서 모시고 있는 증산 상제님 모습이다. 왼쪽은 각 방면에서 운영하는 회관의 제일 꼭대기 층(봉심전이라고 한다)에 모셔져 있는 증산 상제님의 모습이고 오른쪽은 중곡도장의 영대 안에 모셔져 있는 증산 상제님의 모습이다. 대순진리회에서는 '증산 상제님' 이라는 용어보다는 '구천응원뇌성보화천존상제' 줄여서 '구천상제님' 이라는 용어를 즐겨 쓴다고 한다.
사진은 96년 3월 5일 MBC에서 방송한 PD수첩 '대순진리회를 아십니까' 의 화면들

보화천존상제의 줄임말)라고 부르고 조철제를 옥황상제(조성옥황상제)라고 말하고 있기 때문이다. 도대체 그들이 주장하는 '구천상제' 는 무엇이고 '옥황상제' 는 또 무엇이란 말인가?

결론부터 먼저 말하면, 대순진리회는 '시루와 솥' 이라는 그들의 조작된 종통 교리에 근거하여 상제관을 조작하여 두 명의 상제(시루상제인 강증산 상제님과 솥상제인 조정산상제)를 만들었으며, 이렇게 조작된 상제관에 지금 이 순간에도 수많은 대순 신도들이 교묘히 세뇌되어 사리를 분별하는 이성이 마비되어 있으며, 결과적으로 참법을 보는 눈을 잃어 버렸다는 사실이다.

그런데 이제 박한경이 죽자 이유종측은 한 걸음 더 나아가 박한경을 상제로 받들어야 한다는 삼위상제를 주장하고 있다. 박한경이 상제가 되어야 하는 이유로는, 시루와 솥으로 떡을 찌려면 밑에서 불을 때야 하는데 바로 박한경의 성(姓)에 나무 목(木)자가 들어가기 때문이라는 것이다. 이 주장의 허구성은 3장에서 자세히 다루기로 하고 우선 양위상제 교리의 허구성을 알아본다.

## 상제님은 오직 한 분이며, 증산 상제님이 바로 옥황상제이시다

먼저 『증산도 도전』 속에 나오는 증산 상제님의 원 말씀을 통해 이 부분에 대해 정리를 해 보자.

▼『증산도 도전(道典)』
장장 20여 년의 세월에 걸쳐, 기존의 모든 상제님 관련 기록물을 비교 검토하고, 상제님의 가족과 추종 성도들의 후손들을 일일이 추적하여 새로운 말씀을 채록하였으며, 수 십 차례에 걸친 철저한 현장 답사를 통해 과거 기록의 오착을 최대한 바로 잡았다. 총 11편으로 이루어져 있으며 1편에서 10편까지는 상제님의 생애와 생명 말씀이 총 집대성 되어있고 마지막 11편에는 증산 상제님의 종통 계승자인 태모 고수부님의 생애와 말씀이 수록되어 있다. 증산 상제님 신앙 100년 역사의 총 결실인 도전의 초판 출간은 1992년에 이루어졌다.

**＊ 증산께서 말씀하시기를 "이제 온 천하가 큰 병(大病)이 들었나니, 내가 삼계대권을 주재하여 조화로써 천지를 개벽하고 불로장생(不老長生)의 선경(仙境)을 건설하려 하노라. 나는 옥황상제(玉皇上帝)니라." 하시니라.**

**선천은 상극(相克)의 운(運)이라. 상극의 이치가 인간과 만물을 맡아 하늘과 땅에 전란(戰亂)이 그칠 새 없었나니, 그러므로 천하를 원한으로 가득 채우므로, 이제 이 상극의 운을 끝맺으려 하매 큰 화액(禍厄)이 함께 일어나서 인간 세상이 멸망당하게 되었느니라.**

**이에 천지신명이 이를 근심하고 불쌍히 여겨 구원해 주고자 하였으되 아무 방책이 없으므로, 구천(九天)에 있는 나에게 호소하여 오므로 내가 이를 차마 물리치지 못하고 이 세상에 내려오게 되었느니라. 그러므로 이제 내가 큰 화를 작은 화로써 막아 다스리고 조화선경을 열려 하노라.** (道典 2:12:1~10)

이 성구 말씀을 통하여 정리해 보면,

우선 "내가 삼계대권을 주재하여…"라는 말씀에 비추어 볼 때 이 우주 곧 천 · 지 · 인 삼계를 주재하시는 절대자는 오직 한 분, 증산 상제님이라는 사실이다. 그리고 "나는 옥황상제(玉皇上帝)니라." 하신 말씀에서 증산 상제님이 바로 옥황상제이심을 알 수 있다.

따라서 이 우주에서 증산 상제님을 제외한 그 누구에게도 옥황상제 또는 상제라는 호칭은 붙일 수가 없다는 점이다.

그런데 위 성구 가운데 "구천에 있는 나에게 호소하여 오므로"라는 말씀을 통해, 증산 상제님께서는 1871년 이 지상에 강세하시기 전에 천상 신명계의 가장 높은 하늘인 구천에 계셨다는 것을 알 수 있다. 바로 이 성구로 인해서 대순진리회는 증산 상제님을 구천 상제라고 부르고 있단 말인가? 설령 그들의 주장이 그렇다고 이해한다 해도 위 성구 말씀을 모두 종합해 보면 구천상제는 곧 옥황상제이며 이는 바로 증산이라는 존호를 가지고 지상에 강세하신 증산 상제님이라는 것을 알 수 있다.

그런데 증산 상제님께서는 당신 스스로를 '옥황상제'라고 말씀하셨을 뿐 '구천상제'라는 용어로 부르신 적이 단 한 번도 없다는 사실이다. 구천상제라는 용어는 '구천응원뇌성보화천존상제'의 줄임말로 오직 대순진리회에서 쓰고 있는 술어일 뿐이다.

그러면 대순진리회는 언제부터 구천상제라는 술어를 사용했는가? 이 문제는 대순진리회의 모체인 태극도와 그 뿌리인 무극도로 거슬러 올라가며 조철제가 1925년부터 사용했던 말임을 알게된다.

◉ **을축년에 구태인 도창현(舊泰仁 道昌峴)에 도장이 이룩되니 이 때 도주께서 무극도(無極道)를 창도하시고 상제를 구천응원뇌성보화천존상제(九天應元雷聲普化天尊上帝)로 봉안하고 종지(宗旨) 및 신조(信條)와 목적(目的)을 정하셨도다. (대순진리회 전경 교운 제 2장 32, ☞을축년은 1925년, 도주란 조철제를 의미한다)**

▲ **구태인 도창현에 있던 무극도 건물.** 당시는 일제의 잔악한 식민통치가 진행되던 시기이다. 살아생전 단 한 번도 증산 상제님을 뵌 적이 없는 조철제는 증산 상제님을 구천응원뇌성보화천존이라는 48신장의 한 이름을 본떠 호칭하고는 스스로를 옥황상제라고 망상하고 있었음이 관련 기록 검토에서 확인되고 있다. 증산 상제님을 직접 모신 70여 성도 중에서 그 어느 누구도 스스로를 옥황상제라고 칭한 경우는 단 한 건도 없다. 왜냐하면 살아생전 증산 상제님께서 당신 스스로를 옥황상제라고 말씀하시는 것을 누누이 들었기 때문이다. 오직 초패왕 도수를 받아 1변 도운 개창 사명을 맡았던 차경석 성도가 스스로를 천자(天子)라고 했을 뿐이다.(사진은 『조정산 전기』 59쪽)

그런데 이 구천응원뇌성보화천존이라는 술어는 조철제가 역사상 처음으로 지어 부른 술어가 아니라는 사실이다. 예로부터 전해내려 오는 도가의 옥추경(玉樞經)에 48신장(神將)의 이름이 등장하는데 그 가운데 맨 처음에 나오는 신장의 이름이 바로 구천응원뇌성보화천존 신장이다.

이것은 무엇을 암시하는 것인가?

한마디로 증산 상제님의 정체를 알지 못하는 조철제가 그저 구천(九天)이라는 말과 천존(天尊)이라는 말에 이끌려 구천응원뇌성보화천존이라는 용어에다 상제(上帝)라는 말을 덧붙여서 지어냈을 것이라는 점이다.

옥추경을 보면 48신장 가운데 천존(天尊)이란 호칭이 붙은 신장은 3명이나 된다. 천존과 상제는 그 위격이 근본적으로 다르다. 증산 상제님은 이 48신장을 사역시켜 개벽을 집행하는 분이다. 그러므로 증산 상제님을 구천응원뇌성보화천존이라는 신장의 이름으로 부르고 이를 다시 구천상제라는 그럴듯한 말로 부르고 있는 대순진리회는 천존(天尊)이 뭐고 상제(上帝)가 뭔지 모르는 난법 집단일 뿐이다.

云」等語 可知此俗 古今一般也 且如今俗 盲人經客 將欲讀經 則於槐黃紙條(以槐花水染白紙 帶微黃色)用朱砂 書四十八神將名號 九天應元雷聲雷聲普化天尊 上天靈寶天尊 大清道德天尊 萬法教主 東華教主 大法天師 神功妙濟許眞君 弘濟丘天師 許靜張天師 旌陽許眞君 海瓊白眞人 洛陽薩眞人 主雷鄧天君 判府辛天君 飛捷張天君 月孛朱天君 洞玄教主辛祖師 淸微教主祖元君 淸微教主魏元君 洞玄傳教馬元君 混元教主路眞君 混元教主葛眞君 神霄傳教鐘呂眞仙 火德謝天君 玉府劉天君 窩任二大天君 雷門苟元師 雷門畢元帥 靈官馬元師 都督趙元帥 虎丘王高二元帥 混元龐元帥 仁聖康元帥 太歲殷元帥 先鋒李元帥 猛烈鐵元帥 風輪周元帥 地祇楊元帥 朗靈關元帥 忠翊張元帥 洞神劉元帥 豁落王元帥 神雷石元帥 監生高元帥 素車白馬大將軍

▲ 이능화(李能和, 1868~1945)가 쓴 『조선도교사』를 보면 「옥추경(玉樞經)」에 등장하는 48신장(神將)의 이름이 낱낱이 나온다. 그 48신장 가운데 천존이란 호칭이 붙은 신장은 3명이나 되며, 48신장의 첫 신장이 바로 구천응원뇌성보화천존신장이다. 증산 상제님은 48신장을 사역하여 개벽을 집행하시는 분이다. 인용부분에는 '뇌성(雷聲)'이라는 글자가 두 번 들어가 있지만, 본래의 원문에는 다음 다음 페이지에서 보이는 것처럼, 구천응원뇌성보화천존(九天應元雷聲普化天尊)이다.

*** 48장(將) 늘여 세우고 옥추문(玉樞門)을 열 때에는 정신차리기 어려우리라. (증산도 道典 7:49:2) (대순진리회 전경 예시 78절)**

일찍이 증산 상제님께서는 천지공사를 집행하실 때 앞으로 자칭 옥황상제라고 칭하며 세상을 미혹케 하는 자가 나타날 것을 경계하시며 궁극에는 이들을 모두 거두어들이시는 공사를 집행하신 바 있다.

*** 대흥리에 계실 때 하루는 상제님께서 양지 몇 조각에 각기 옥황상제(玉皇上帝)라 쓰시고 측간에 가시어 후지(后紙)로 사용하시니라.**

**한 성도가 여쭈기를 "지금 옥황상제라 쓰시어 후지(后紙)로 쓰시니 어인 연고입니까?" 하니, 말씀하시기를 "천지에 감히 누가 이와 같이 할 수 있겠느냐? 만일 옥황상제라 자칭하는 자가 나타나면 천지신명이 그 목을 베고 몸을 찢어 죽일 것이니라. 이 뒤에 대도를 거스르고 패역하는 자가 있어 세상을 그르치며 백성을 상하게 할 것을 경계하는 것이니라." 하시니라. (증산도 道典 6:59:3~7)**

너무도 당연한 얘기이지만 이 우주 천, 지, 인 삼계를 주재하시는 상제님은 오직 한 분이다. 지극히 상식적으로 생각해 보아도 하다못해 초등학교의 한 학급을 대표하는 반장은 한 명이고, 군부대의 지휘자인 사단장도 한 명이며, 한 나라의 대통령도 둘이 아닌 한 명으로 이 세상 어느 조직이나 사회단체의 최고 리더는 오직 한 명이 아니던가. 그 상제님을 한민족은 배달과 고조선 시대부터 우주의 삼신 성령을 주재하여 다스리시는 상제님이란 의미로 삼신상제(三神上帝)라고 불렀었다.

그러던 후 중국 남송 때의 대 유학자인 주자(朱子, 1130~1200)는 우주의 창조원리인 리(理)를 맡아 주재하시는 인격적인 절대자를 옥황대제(玉皇大帝) 곧 옥황상제(玉皇上帝)라고 말했는데(『주자어류』 권 79 제 46조), 옥황(玉皇, Jade Emperor)은 송나라 때 도교에서 쓰이던 하늘의 임금을 뜻하는 말이었고 대제(大帝)는 상제(上帝)란 용어와 동일한 의미로서 유교에서 우주의 절대자를 호칭하던 말이었다.

그리하여 언제부터인지는 정확하지 않지만 옥황상제란 호칭은 이 우주를 주재하는 통치자의 공식호칭으로 자연스럽게 유교와 도교의 동방 문화권에 자리를 잡았고 민간에서는 이를 간단히 줄여서 상제(上帝)라고 불러왔던 것이다.

지금부터 129년 전에 이 땅에 사람으로 강세하시어 증산(甑山)이라는 존호를 쓰신 증산 상제님은, 우리 한민족 본래의 종교인 신교(神敎)에서 신앙해온 그 삼신상제님이시며, 유교나 도교에서 말하여온 바로 그 옥황상제님이시다.

▲ 이능화(李能和, 1868~1945)가 쓴 『조선도교사』
266쪽에는 48 신장(神將)의 이름이 자세히 나오는데 첫 신장이 '구천응원뇌성보화천존' 신장이다.

구천응원뢰성보화천존(九天應元雷聲普化天尊)·상천영보천존(上天靈寶天尊)·대청도덕천존(大淸道德天尊)·만법교주(萬法教主)·동화교주(東華教主)·대법천사(大法天師)·신공묘제허진군(神功妙濟許眞君)·홍제구천사(弘濟丘天師)·허정장천사(許靜張天師)·정양허진군(旌陽許眞君)·해경백진인(海瓊白眞人)·낙양살진인(洛陽薩眞人)·주뢰등천군(主雷鄧天君)·판부신천군(判府辛天君)·비첩장천군(飛捷張天君)·월패주천군(月孛朱天君)·통현교주신조사(洞玄教主辛祖師)·청미교주조원군(淸微教主祖元君)·청미교주위원군(淸微教主魏元君)·통현전교마원군(洞玄傳教馬元君)·혼원교주로진군(混元教主路眞君)·혼원교주갈진군(混元教主葛眞君)·신소전교종려진선(神霄傳教鐘呂眞仙)·화덕사천군(火德謝天君)·옥부유천군(玉府劉天君)·영임이대천군(甯任二大天君)·뇌문구원수(雷門苟元帥)·뇌문필원수(雷門畢元帥)·영관마원수(靈官馬元帥)·도독조원수(都督趙元帥)·호구왕고이원수(虎丘王高二元帥)·혼원방원수(混元龐元帥)·인성강원수(仁聖康元帥)·태세은원수(太歲殷元帥)·선봉이원수(先鋒李元帥)·맹렬철원수(猛烈鐵元帥)·풍륜주원수(風輪周元帥)·지기양원수(地祇楊元帥)·낭령관원수(朗靈關元

## 조철제가 자칭 옥황상제로 둔갑하게 되는 첫 번째 사건

▲ 조철제(趙哲濟, 1895~1958). 경남 함안에서 출생. 호는 정산(鼎山). 어려서 부친을 따라 만주 유하현(지금의 봉천지방)에 이주하여 당시 보천교 신자 김혁을 만나 상제님 진리를 처음으로 접하고 보천교에 입교하였다. 그 후 21세 때인 1916년에 귀국하여 (1917년이라는 설도 있다) 충남 안면도에 거주하다가, 마침 그 지방을 순회하던 이치복 성도를 만나 상제님의 행적에 관한 얘기를 전해들었다. 1917년에는 상제님의 누이동생인 20여 년 연상의 선돌부인을 유혹하여 천생연분이라고 속여 동거를 시작하고 1918년에는 김형렬 성도 교단에 가입하여 김형렬 성도를 모시다 1919년에는 약장과 궤를 도둑질하고 1921년 도통과 도판을 석권할 욕심이 발동하여 증산 상제님의 성골을 파헤쳐 도굴까지 범하고, 1925년 4월에 전북 구태인에서 독자적으로 무극대도교를 설립하였다. (사진은 96년 3월 5일 MBC PD수첩 '대순진리회를 아십니까'의 화면사진

지금도 명맥을 유지하고 있는 부산 태극도에서 발행한 책들을 종합해서 살펴보면 조철제가 스스로를 옥황상제라고 생각하기 시작한 것은 1918년 그의 나이 24살 때부터인 것으로 드러난다. 이 때는 조철제가 만주에서 고국으로 돌아온 그 다음해로 당시 조선사회에 열풍같이 불고있던 증산 상제님의 개벽의 도를 찾기 위해 전라도 이곳 저곳을 왕래하고 있을 때이다.

태극도에서 발행한 『조정산 전기』(1992년 발행)와 『진경전서』(1987년 발행), 『진경』(1989년 발행)을 보면 당시 조철제와 함께 수도를 하던 한 사람이 허령이 들리면서 조철제를 옥황상제라고 외치게 되는 다음과 같은 사건이 나온다.

【무오(戊午, 1918)년 정월에 정산(鼎山, 조철제를 지칭함)이 이상우(李商雨)에게 포덕(布德)을 명하니 그의 종제 이상식(李商植)과 이웃 주민 30명이 입도하였다. 정산은 그들에게 기도주(祈禱呪)와 태을주(太乙呪)로 수도(修道)를 하게 하였는데 7일째 되던 날 박봉운(朴奉云)이 갑자기 큰 소리로 '나는 뵈었노라. 옥황상제님을 뵈었노라' 하며 춤을 추기도 하고 크게 웃기도 하며 환희에 넘쳤다. 그러자 같은 방에서 공부하던 사람들이 이상히 여겨 이를 제지하였으나 그의 힘이 너무 세어서 당할 수도 없고 처음 보는 일이라 당황하였다. 이 때 옆방에 있던 정산이 이를 보고 '봉운아' 하고 부르니 이에

봉운이 놀라며 움직이지 않고 서 있다가 정산에게 나아가 '옥황상제님께 배례 올리옵나이다' 하며 4배를 올리는 것이었다. 봉운이 정신을 가다듬고 모두에게 말하기를 '아무에게나 함부로 발설하지 못 할 일이나 내가 천상에 계신 옥황상제님을 뵈었는데 바로 이 어른이 그 어른이시니 함께 다시 4배를 올립시다' 하므로 일동이 신기하게 여기며 4배를 올렸다. 정산께서 '오직 천기(天機)라.' 라 하시고 모두에게 입을 무겁게 가지라고 하였다. 이후로 봉운이 여러 차례 그러한 행동을 하니 정산이 말하기를 '네가 비록 옳게 보았어도 이는 허령이니 이를 거두노라' 하며 중지를 시켰다.】

(『진경』348~349쪽, 『진경전서』225쪽, 『조정산 전기』37쪽)

조절체가 무극도를 만들면서 증산 상제님을 구천응원뇌성보화천존상제(줄여서 구천상제)로 봉안한 것이 1925년의 일이다. 따라서 이 기록과 비교해 보면 이미 7년 전인 1918년에 자기 스스로를 옥황상제라고 망상(妄想)하고 있었다는 것을 알 수 있다.

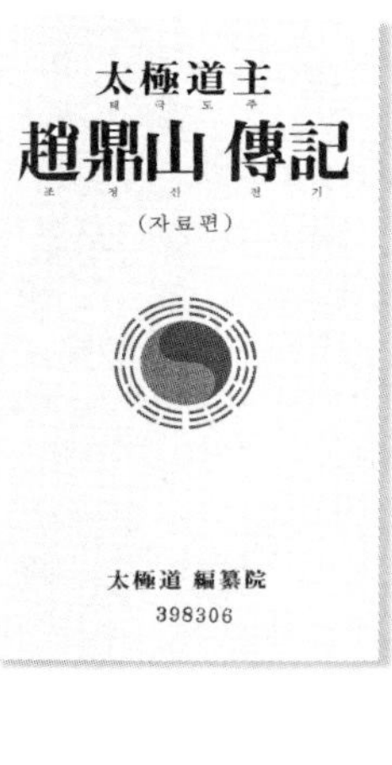


◀ 태극도에서 발행한 『조정산 전기』

## 조철제가 자칭 옥황상제로 둔갑하게 되는 두 번째 사건

태극도에서 발행한 『진경』등의 내용을 보면 조철제가 자칭 옥황상제로 둔갑하게 되는 두 번째 사건을 다음과 같이 기록하고 있다. 때는 6 · 25 한국동란이 끝나고 2년 뒤인 1955년 부산 태극도 시절의 일이다.

【4월 초 어느 날 박중하(朴重夏)가 도장의 상비원과 함께 철야로 시종(侍從)을 하다가 새벽에 한 꿈을 꾸었다. 그런데 꿈속에서 도주 정산이 면류관을 쓰고 곤룡포를 입고 천상 옥경(玉京)의 용상(龍床)에 앉아 있었는데, 얼굴이 일월처럼 빛나고 좌우에는 선관선녀가 시립하고 있었다. 박중하는 꿈속에서 부지불식간에 4배를 올리고 엎드리니 정산이 소리를 내어 질책 같기도 하고 호령 같기도 한 말을 하였지만 그 뜻을 모르고 꿈을 깨었다. 그런데 똑같은 꿈이 연 3일 계속되므로 하도 신이(神異)하고 민망하여 어찌할 바를 모르다가 이용직 포감에게 상의하였다. 이용직이 말하기를 "이 꿈이 천

▼ 1955년 무렵 부산시 서구(지금의 사하구) 감천동에 있던 태극도 신앙촌의 모습.
6 · 25 한국전쟁은 조철제의 태극도 교세확장에 큰 영향을 주었다. 『조정산 전기』에 의하면 1954년 박한경을 비롯한 충주방면 임원들은 신도들에게 과도한 성금헌납과 태극도 본부가 있는 부산으로의 이주를 강행하게 되는데 이 과정에서 유언비어를 퍼뜨리는 용공분자의 소행으로 오인되어 국가보안법 위반 혐의로 충북도경에 체포되기에 이르고 고문을 못이긴 박한경은 혐의사실을 시인하여 조철제의 연루를 자백하게 됨에 따라 조철제가 청주로 거동하게 되는 일이 있었다고 한다.
(사진은 『조정산 전기』 128쪽의 자료사진)

하의 대몽이며 천기에 속하며 또한 도로써도 큰 도수인 듯 하오. 과거 태인도장 완공 전에는 정산(鼎山)님으로 호칭하다가 완공 후부터 비로소 도주(道主)님으로 호칭하였으니 이번에는 그 이상의 도수가 있을 몽조(夢兆)리라." 하였다. 그러자 이 말을 들은 박중하가 다시 말하기를 "구천상제님께서도 평천하는 내가 할 터이니 치천하는 너희들이 하라 치천하 50년 공부니라 하셨으니 우리가 용상도 마련하여 도주님을 지존(至尊)의 위(位)에 봉대(奉戴)함이 당연한 도리인 듯 하오이다." 하니 이용직도 뜻을 같이 하였다. 그 후 전 임원을 소집하여 이를 공의(公議)에 붙였더니 모두 찬성하였다.

이에 따라 큰 의자를 사서 용상으로 하고 새 도포를 한 벌 지어 용포로 한 다음 4월 27일 조회(朝會)때에 박중하와 박한경, 임규오, 이윤섭 등이 신도들을 대표하여 도주 조정산 앞에 나가 부복하여 말하기를 "이제 태극의 진리가 이광대도(以光大道)하고 이홍대업(以弘大業)할 기틀이 성취되었으니 도주님께서는 지존위에

▶ 태극도 신앙촌이 있던 감천동의 현재 모습

등극하셔서 덕화를 만방에 베풀어 주시옵소서. 이 의자는 지존위에 등극하실 용상이옵고 이 도포는 용포로 올리오니 즉위하옵소서." 하였다. 그러자 이 말을 듣고 조정산은 "너희가 지금 무슨 말을 하느냐. 속히 물러가라."하였다. 그러나 박한경, 박중하 등이 연 3회 계속하여 간원(懇願)하므로 조정산이 "그만하면 알았으니 내려가라" 하였다.

이에 임원들이 이 사실을 모든 도인들에게 선포하니 일제히 환호하였고 이때부터 조정산 도주를 지존(至尊)으로 호칭하였다.

그 다음날 4월 28일 봉천명일을 기하여 영대 봉안치성을 올리는데 조정산은 치성에 앞서 영대를 설위하며 그 위차에 배례의 회수를 정하니 다음과 같다.】

| 靈位 | 拜禮回數 | 拜禮順次 |
|---|---|---|
| 關聖帝君 位影 | 平再拜 | 四 |
| 玉皇上帝 位紙 | 平四拜 | 二 |
| 九天上帝 眞影 | 法四拜 | 一 |
| 釋迦如來 位影 | 平三拜 | 三 |
| 七星大帝 位影 | 平再拜 | 五 |

▲ 『진경전서』373~374쪽, 『진경』533~535쪽, 『조정산 전기』118~119쪽

◀ 이때 조철제가 꾸며놓은 이 신단체계를 후일 박한경은 그대로 가져다가 대순진리회의 소위 영대 건물에 차려 놓았다. 현재 두 파로 나뉘어 싸우고 있는 쟁점중의 하나가 바로 이 신단체계를 그대로 유지하자는 경석규 파와 석가모니를 떼고 박한경을 모시자는 이유종 파로 나뉘어진 것이다. 이와 같이 대순진리회의 근본적 잘못의 뿌리는 바로 태극도로 거슬러 올라가는 것이다.

## 조철제가 자칭 옥황상제로 둔갑하게 된 내력을 말하고 있는 『진경』 원본 533~534쪽

▶ 1955년 4월 조철제의 측근 박중하가 꾼 꿈 사건이 조철제를 옥황상제로 둔갑하게 만드는 한 계기가 되었다. 그가 새벽에 한 꿈을 꾸었는데 그 속에서 조철제가 천상 옥경의 보좌에 면류관과 곤룡포를 입고 앉아 있었다는 것이며 이 꿈 얘기를 이용직에게 말하자 그는 엉뚱하게도 이 꿈이 조철제를 지존(옥황상제)의 위에 오르게 하라는 도수라고 말하며 전체 임원을 소집, 이를 공의에 붙여 만장일치로 찬성을 얻어냈다는 것이다. 그리고 즉시 큰 의자를 사서 용상(龍床, 임금이 앉는 평상)으로 삼고 도포를 마련하여 용포(龍袍, 임금이 입는 곤룡포)로 한 다음 박한경을 위시한 4명이 대표로 조철제 앞에 나가 지존(옥황상제) 위에 등극하라고 말했다는 것이다. 그런데 참으로 재미있는 구절은 처음에는 조철제가 '너희가 지금 무슨 말을 하느냐'고 사양(부정?)하다가 연 삼회 계속해서 간청하니 '그만하면 알았으니 내려가라'고 말했다는 내용이다.

여기서 '상제'는 태극도와 대순진리회에서 옥황상제로 받드는 조철제를 가르키는 말이다.

八 四月初 어느날 重夏가 山亭 工夫室 옆 房에서 常備員과 함께 徹夜 侍從하다가 새벽에 한
꿈을 얻으니 上帝께서 冕冠龍袍로 玉京 龍床에 臨御하셨는데 龍顔이 日月처럼 빛나시고 左右에
仙官仙女가 侍立하니라 不識間에 四拜 俯伏하니 上帝께서 叱責도 같고 號令도 같이 말씀하시되
그 뜻을 모르고 꿈을 깨니라 이러한 夢事가 連三日 거듭되므로 神異하고 憫憫하여 할 바를 모르
다가 龍植 布監에게 夢事를 말하고 그 뜻이 무엇이며 우리는 어찌 하여야 옳은지를 酬議하니 李
布監이 『그 꿈이 天下의 大夢이로다 이는 天機에 屬하며 또한 道로서도 큰 度數니라 過去 泰仁道場
營建 前에는 道主님을 鼎山님으로 奉稱하다가 營建 後부터 비로소 道主님으로 奉稱하였으니 이

番에는 그 以上의 度數가 있을 夢兆리라』하니라 重夏가 다시 『九天上帝님께서도 平天下는 내가 할 터이니 治天下는 너희가 하라 治天下 五十年 工夫니라 하셨으니 道主님을 至尊의 位에 奉戴하고 龍床도 마련하여 人德度數에 맞추어드려야 함이 우리의 當然한 道理인듯 하오이다』하니 李布監도 同意하므로 全任員을 召集하여 이를 公議에 붙인 바 全員 贊同하니라

九 任員들은 即時 큰 交椅 하나를 사서 龍床으로 하고 새 道袍 한 벌을 마련하여 龍袍로 한 다음 二十七日 朝會 前에 重夏 奎五 允燮 漢慶이 道人 代表로 道場 上層 尊前에 올리고 俯伏 上告하기를 『이제 太極의 眞理가 以光大道하고 以弘大業할 기틀이 成就되었사오니 道主님께옵서 至尊位에 登極하셔서 德化를 萬方에 베풀어 주옵소서 이 交椅는 至尊位에 登極하실 龍床이옵고 道袍는 龍袍로 올리오니 即位하옵소서』하니라 上帝께서 『너희가 只今 무슨 말을 하느냐 速히 물러가라』하셨으나 重夏 等이 連三回 繼續하여 懇願하니 『그만하면 알았으니 내려가라』하시니라 任員들이 이 事實을 全道人에게 宣布하니 一齊히 歡呼하고 自此以後 上帝를 至尊으로 奉稱하니라

一〇 上帝께서 다음날 奉天命日을 期하여 道場營建과 靈臺奉安 致誠을 아울러 奉行하시며 工

## 조철제가 자칭 옥황상제로 둔갑하게 되는 세 번째 사건

지금까지 알아본 두 사건은 조철제가 사람들 앞에서 대놓고 자신이 옥황상제라고 말한 것은 아니다. 그런데 이상과 같은 일들이 있은 후 조철제 자신이 직접 옥황상제임을 밝히는 사건이 있었으니 이는 그가 사망하기 1년 전인 1957년 9월 그의 나이 63세 때의 일이었다.

【9월 13일 아침에 정산의 셋째 아들 영래가 사진기를 가지고 정산의 방에 들어가 책을 읽고 있는 정산의 사진을 촬영하였다. 그러나 이는 자신도 모르게 무의식중에 한 일로서 촬영 후에야 무엄하게 저지른 일임을 깨닫고 당황하였으나 정산은 아무 말도 하지 않았다. 이날 낮에 정산은 박중하에게 명하기를 "오늘 아침에 영래가 한 일은 저도 모르고 한 일이나 도수에는 맞았느니라. 사진사를 불러 내 사진을 정식으로 촬영하여 확대하되 4장을 마련하라"고 하였다.

▶ 조철제는 사망하기 1년 전인 1957년 스스로 옥황상제라고 칭하며 이 건물에서 등극했다. 옆 페이지의 사진은 현대식 건물로 개조하여 남아있는 모습이다. (사진은 『조정산 전기』 180쪽)

9월 18일 들어 상급임원들을 영대 안에 불러 세우고 조정산은 직접 영대의 옥황상제 위패의 위지를 떼어 불사른 다음 그 위에 미리 준비하였던 정산 자신의 사진을 붙였다. 그러자 이를 지켜본 상급임원들은 정산의 이 같은 뜻을 헤아릴 수 없어 감히 아무 말도 여쭈지 못하였다.〔이 사실은 참으로 종교신앙상 중대한 의의를 갖는 일이다. 종교학에서 규정한 모든 신(또는 부처)은 스스로 자기를 계현(啓現:계시하여 나타내다)함으로써 그때부터 비로소 신(神)으로서의 위격(位格)을 지니는 것이다. 그러므로 이 일은 도주님께서 몸소 옥황상제이심을 계현하는 무언(無言)의 선언이셨던 것이다.〕(대괄호 안의 내용은 조정산 전기에만 나오는 내용임)

하지만 이날 포장과 호장 등의 상급임원들은 이심전심으로 지난 1955년 도주 정산에게 '지존(至尊)위에 등극하옵소서' 라고 했던 일이 생각났다. 이에 일동은 다시 그렇게 주청(奏請)하여 명확한 윤허(允許)를 받들기를 결의한 다음 밤 9시경에 중급 임원들을 회관에 시

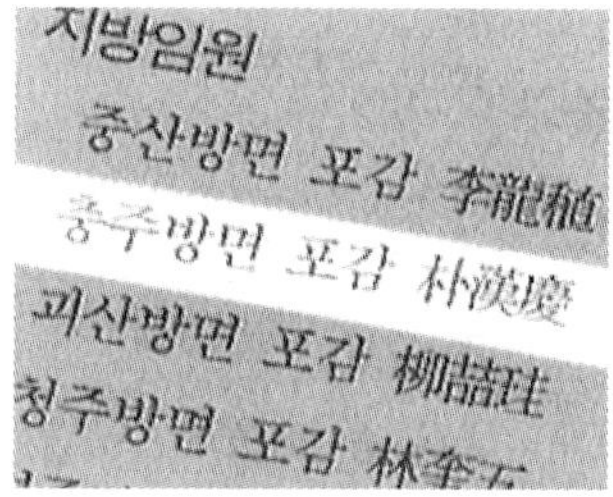


▲ 해방후 귀국하여 농사를 짓다가 30세가 되던 1946년 4월에 안상익(安商翼)의 인도로 태극도에 입도한 박한경은 비결과 동요 등을 인용한 시한부적인 말세론을 유포하며 포교에 힘써 1949년에 충북지방의 차포감이 되고 1955년 안상익이 죽은 이후 그의 뒤를 이어 충주방면의 포장이 된다. 1954~5년 당시 태극도 내의 여러 방면 중에서 가장 많은 유공(특성금)을 내고 신도들을 부산지역으로 가장 많이 집단이주 시킨 방면이 바로 박한경의 충주 방면이었다고 한다. 조철제가 죽던 1958년 박한경은 도전에 임명되는데 이때 그의 연운 산하에서 부전을 비롯하여, 총 12명의 포장가운데 5명의 포장과 총 5명의 호장 가운데 2명의 호장이 있어 교단 내에 가장 큰 세력을 형성하고 있었다고 한다. 사진은 96. 3. 5 MBC PD수첩 '대순진리회를 아십니까' 의 화면사진

립(侍立)시켜 놓고 상급임원 전원이 조정산 앞에 나아가 "지존께옵서는 상제(上帝)위에 등극하옵소서"라고 엎드리고 말하였다. 하지만 조정산은 대답치 않으므로 자정이 지나 치성시간이 되도록 재삼 재사 반복 상주하였다. 이에 조정산은 "치성이 늦겠으니 그만 하라"하며 치성음식 진설(陳設)을 명하므로 끝내 윤허의 말씀은 받들지 못했다.

임원들이 치성음식을 진설하다가 진반(進飯, 메를 올림)순서가 옥황상제 위지를 떼어내고 조정산의 사진을 붙인 상 앞에 이르자 진설을 담당하던 이윤섭이 마음속으로 '과거 옥황상제 위패와는 달리 생존하신 도주님 진영 앞에는 메를 올릴 수 없지 않을까' 하는 생각이 나서 주저하다가 마지못해 정산에게 여쭈니, "너희들이 그렇게 미련하냐. 답답하도다. 뜻대로 하라" 하므로 진반하고 치성을 봉행하였다.

치성 다음날 정산은 보수동 도장으로 가서 영대의 옥황상제 위지를 떼어 불사르고 그 자리에 자신의 사진을 봉안하며 "그대들이 일전에 나의 제위 등극을 주청한 일이 도수임을 알고 그렇게 한 것인지 어쩐지는 모르지만 그대들의 인덕(人德)으로 내가 도수를 잘 보았노라" 하셨다. 임원들은 이때부터 도주님께 사배를 올렸으나 진의(眞意)를 깨닫지 못하더니 화천하신 후에서야 비로소 도주님께서 옥황상제이심을 깨달았으며 .....】

(『진경』654~656쪽, 『조정산 전기』196~198쪽)

## 증산 상제님은 당신 스스로의 정체를 어떻게 밝히셨는가?

증산 상제님은 누구이신가? 인간의 몸으로 오시어 천, 지, 인 삼계 대권을 주재하여 후천 5만년 새하늘과 새땅의 천지 질서를 짜신 증산 상제님은 당신 스스로를 어떻게 밝히셨는가? 이 문제는 증산 상제님을 신앙하는 모든 사람들에게 가장 중요한 질문의 하나이다. 과연 대순진리회에서 주장하는 대로 증산 상제님께서는 당신 스스로를 구천상제(혹은 구천응원뇌성보화천존상제)라고 말씀하였던 것인가?

한마디로 '아니다' 라는 것이다. 증산 상제님을 직접 모셨던 핵심 성도들의 증언에 의하면 증산 상제님은 당신 스스로를 '옥황상제' 라고 말씀하였음이 명백히 드러난다. 이제 그것을 알아본다.

### ▶ 금산사로 찾아간 성도들의 일화에 나타나는 옥황상제

증산 상제님께서 당신 스스로를 '미륵불' 이라고 말씀하셨다. 증산 상제님이 불교의 도맥을 따라 금산사 금미륵불에 응하시어 이 땅에 강세하셨음은 초기기록인 『대순전경』을 포함한 여러 교단의 경전에 공통적으로 나오는 내용이다. 그런데 상제님이 어천하신 직후 방황하던 성도들의 행적 기록 가운데는 상제님이 미륵불이시며 동시에 옥황상제이심을 알려주는 내용이 나온다.

증산 상제님께서 사람으로 오시어 인존천주님으로서 천, 지, 인 삼계 대권을 주재하는 중통인의의 전무후무

▶ 금산사 미륵전에는 가운데 미륵불상과 좌우의 보처불상, 이렇게 불상이 셋 서있다. 그런데 문제는 대순진리회 신도 중에는 불상이 셋이므로 그들이 주장하는 세 명의 종통을 상징하고 있다고 믿는 사람들이 많다는 점이다. 즉, 불상 셋은 증산 상제님, 조철제, 박한경을 의미한다고 보는 것이다. 참으로 어처구니없는 일이 아닐 수 없다. 본래 1300여 년 전 진표율사가 생명을 건 구도 끝에 미륵부처님의 계시를 받고 세운 불상은 가운데 미륵불상 하나뿐이었다. 이렇게 단독불상만으로 1000여 년을 내려오다가 이조 선조 때에 정유재란으로 금산사가 불타 없어지자, 인조 임금 때에 수문대사가 절을 재건하면서 좌우의 보처불상을 세우게 됨으로써 오늘날과 같이 불상 셋이 된 것이다. 대순진리회가 주장하는 종통은 증산 상제님의 천지공사 말씀이 아니라 누군가 금산사에 관련하여 꾸며낸 이야기가 대부분을 차지한다. 다음 장에서 알아볼 시루와 솥과 숯의 비유도 그러하다. 문제는 꾸며낸 얘기들이 듣는 이로 하여금 매우 그럴듯하게 들린다는 점이다. 하지만 증산 상제님의 종통은 누가 그럴듯하게 꾸며낸다고 되는 것이 아니다. 상제님의 종통은 천지공사의 수부(首婦)라는 한마디로 다 끝난 이야기다.(수부에 대해서는 4장을 참조) 이제 대순 신도들은 더 이상  금산사에 얽힌 조작된 이야기에 현혹되서는 안 된다. 상제님의 천지공사의 말씀을 찾아야 한다. 그래야 진정한 살 길이 열린다.

한 도통문을 여신 것은 1901년 7월 7일의 일이었다. 상제님께서는 이해부터 천지공사를 집행하기 시작하셨는데 상제님을 직접 모신 성도들은 그 다음해인 1902년 임인년부터 1909년 어천하시기까지 수십 명에 이르고 있다.

하지만 1908년의 고부화란(백의군왕 백의 장상도수) 끝에 많은 숫자가 배반을 하였고 1909년 6월 24일 어천과 더불어 대다수의 성도들은 믿음을 버리고 일단 흩어지게 되었다. 그리하여 끝까지 믿음을 변치 않고 남은 성도는 김형렬, 차경석, 박공우 등 불과 수명에 불과하였다. 상제님의 어천 이후 부모를 잃은 어린아이들처럼 방황하던 당시 성도들의 행적을 『증산교사』에서는 다음과 같이 기록하고 있다.

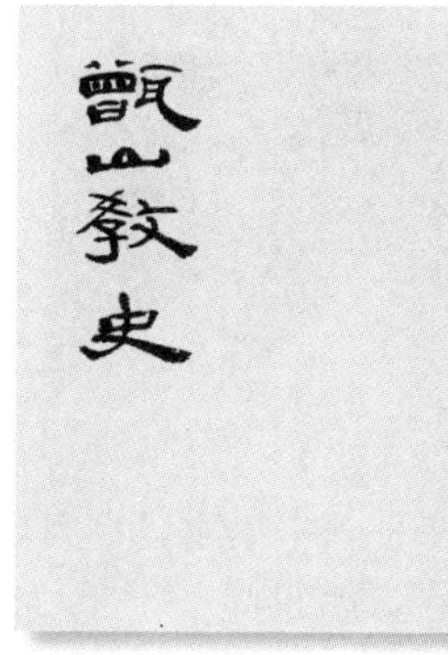

▲ 이정립이 쓴 『증산교사』에는 1909년 증산 상제님이 어천하신 후 종통을 계승하신 고수부님이 교단을 처음 열으신 과정이 비교적 소상하게 밝혀져 있다. 즉, 어천후 1911년 고수부님이 최초로 교단을 열었으며 1935년 선화하시기까지 상제님으로부터 부여받은 세 살림 도장 개척을 어떻게 이끌어 나가셨는가를 큰 틀에서 말하고 있다. 만주에 가 있던 조철제가 귀국한 1917년에는 이미 종통을 계승한 고수부님의 교단 개창 및 초패왕 도수를 받은 차경석의 1변도운이 활발하게 진행되고 있을 때이다. 그러나 이정립은 『증산교사』에서 해방이후 안운산 종도사님을 총사수로 하여 전개됐던 제2변 도운의 생생한 역사를 의도적으로 완전히 삭제하여 근본적으로 말살하려 했다는 의혹을 남겼다.

【기유년(1909년) 7월 그믐께 차월곡(월곡은 차경석의 호)과 김광찬이 김형렬을 방문하여 장래 일을 의논하던 중 월곡이 말하기를 '상제님께서 당신이 곧 미륵불이라고 말씀하셨고 또 어천 하실 때에 금산사로 들어가리라 하였으니 우리가 이제 금산사 미륵전에 참배하여 당신을 대한 듯이 정성을 들여 취할 길을 생각하면 반드시 당신의 감화(感化)를 받아 깨달음이 있으리라' 말하니 모두 옳게 여겨 치성물을 준비하여 금산사에 들어가니 한 늙은 여승이 돌문 밖에서 기다리다가 환영하며 말하기를 '어젯밤에 금산사 여러 부처님과 오백나한과 호위신장들이 일제히 돌문 밖에 나와서 어느 거룩한 행차를 맞아들이는데 그 행차 뒤에 그대들이 따라 오는 꿈을 꾸었으므로 이제 여기 나와서 기다리더니 그대들의 이름을 보게되니 어찌 기이한 일이 아니리오' 하였다.

김형렬 일행이 미륵전에 들어가 참배하고 종이에 '옥황상제지위(玉皇上帝之位)' 라고 써서 미륵불 몸에 붙이고 치성을 올린 뒤에 그 위폐 종이를 떼어 앉고 사실(私室)에 가서 벽에 붙이고 각기 정심(正心)하여 상제

▲ 1변도운 개척 사명을 맡은 차경석 성도(1880~1936)

경석(京石)은 상제님이 내려주신 도명(道名)이며 본명은 윤홍(輪洪)이다. 1907년 27살의 젊은 나이로 상제님을 만나 어천하시기까지 짧은 시간 동안 상제님을 모셨다. 하지만 상제님은 동학혁명에 참여한 장군의 아들이며 기국이 큰 차경석 성도를 동학신명 30만명의 원한을 해소하는 두목으로 삼으시고, 그에게 고수부님이 씨뿌린 1변 도운을 번창시키는 중대한 사명을 맡기셨다. 상제님의 종통을 계승하신 상제님의 부인인 고수부님과는 이종남매지간이며 이러한 상황이 대순진리회 『전경』에도 다소 등장한다. 상제님이 차경석과 박공우를 만나신 후에 '이제 만날 사람 만났으니 통정신이 나온다'고 말씀을 하신 것으로 보아 적어도 두 사람에게는 상제님 당신의 우주적인 정체를 밝히셨음을 짐작할 수 있다. 차경석 성도는 상제님으로부터 옥황상제라는 말씀을 여러번 들었음을 보천교 60방주의 한 사람이었던 이상호에게 분명히 증언한 바 있으나 후일 이상호는 증산 상제님을 옥황상제로 호칭하지 않고 자기

님을 사모하더니 김형렬이 문득 신안(神眼)이 열리거늘 대장전에 들어갔다. 석가불이 책을 들고 입을 열어 가르치려 할 즈음에 미륵불이 들어와서 책을 빼앗고 입을 막는지라 김형렬이 할 일없이 물러 나와 일행에게 사유를 말한 후 공부를 파하고 돌아오니 이 날이 8월 1일인 것을 깨달았다.】

(『증산교사』 41쪽)

이 기록에 의하면 상제님을 직접 모신 성도들은 상제님을 미륵불이시며 동시에 옥황상제라고 인식하였음을 알 수 있다. 그러면 이러한 옥황상제라는 인식은 어디에서 비롯된 것일까?

### ▶ 700백만 구도자를 모은 1변 도운 보천교의 교주 차경석 성도가 증언한 옥황상제이신 증산 상제님

차경석 성도가 증산 상제님을 모시기 시작한 것은 1907년, 상제님이 어천하시기 2년 전의 일이었다. 1907년은 증산 상제님의 9년 천지공사에 있어 특히 중요한 해가 된다. 왜냐하면 바로 이해에 증산 상제님은 동학혁명 당시 왕후장상을 꿈꾸다 그릇 죽은 동학신도 30만 원혼의 철천의 원과 한을 해소하며 1변 도운을 감당할 기국 있고 뱃심 있는 차경석 성도를 직접 만나셨고, 차경석을 통해 병겁 심판기의 신명대장 박공우를 만나셨다. 그리고 궁극적으로는 차경석 성도를 통하여 상제님의 종통을 계승하여 이 땅에 증산 상제님 신앙을 처음으로 씨뿌리시는 당신의 반려자, 고수부님을 만나

셨다.

그런데 증산 상제님께서는 차경석과 박공우를 만나시고는 다음과 같은 의미심장한 말씀을 하신 적이 있다.

**＊ 상제님께서 경석과 공우에게 이르시기를 "이제 만날 사람 만났으니 통정신(通情神)이 나오니라. 나의 일은 비록 부모형제 처자라도 모르는 일이니 나는 서양 대법국 천개탑 천하대순이라. 동학주문에 '시천주조화정(侍天主造化定)'이라 하였으니 나의 일을 이름이라. 내가 천지를 개벽하고 조화정부를 열어 인간과 하늘의 혼란을 바로잡으려고 삼계를 둘러 살피다가 너의 동토에 그친 것은 잔피(殘疲)에 빠진 민중을 먼저 건져 만고에 쌓인 원한을 풀어 주려 함이니 나를 믿는 자는 무궁한 행복을 얻어 선경의 낙을 누리리니 이것이 참 동학이라. (증산도 道典 3:129:7~12) (대순진리회 전경 권지 1장 11절)**

이 말씀을 잘 살펴보면 증산 상제님께서는 1907년에 차경석과 박공우 두 성도에게 천주님(하느님, 상제님)이신 당신의 정체를 밝히고 계시다는 사실이다. 즉 차경석과 박공우는 9년 천지공사의 후반부에 상제님을 모신 성도들이지만 어느 성도 못지 않게 증산 상제님이 누구이신지 그 우주적 정체를 파악하고 있었다는 말이 된다.

차경석과 박공우는 증산 상제님의 어천 이후에 각각 교파를 세우게 되는데 그들이 세운 교단의 신앙대상은 한결같이 옥황상제이신 증산 상제님이었다. 그런데 이

멋대로 천사(天師)로 호칭하게 된다. 한편 차경석 성도가 일으킨 보천교의 교전에 준하는 『보천교지』에는 증산 상제님께 드리는 심고 요령을 다음과 같이 적고 있다. '옥황상제님 하감 진지(혹은 청수) 흠향하옵소서. 성명(○○○) 천지간 많이 지은 죄를 사하여 주옵시고 성덕지하에 도성덕립 광제창생 소원성취케 하옵소서'

렇게 증산 상제님을 옥황상제님으로 받든 것은 그들의 개인적인 추측이나 생각에서가 아니라 증산 상제님께서 살아생전 당신이 옥황상제임을 누누이 말씀하셨기 때문이라는 사실이다. 후일 700백만 구도자가 모여든 보천교를 세운 차경석 성도는 1934년 10월 10일 조선총독부 관방문서과의 일본인 촉탁 무라야마 지준(촌산지순, 村山智順)과의 대화에서 증산 상제님이 생전에 당신이 옥황상제이심을 말씀하셨다고 다음과 같이 밝히고 있다.

▼ 1934년 보천교 교주 차경석 성도가 사망하기 2년전, 조선총독부 관방문서과 일본인 촉탁 무라야마 지준 과의 대화 내용을 담고 있는 보천교 교전 508쪽

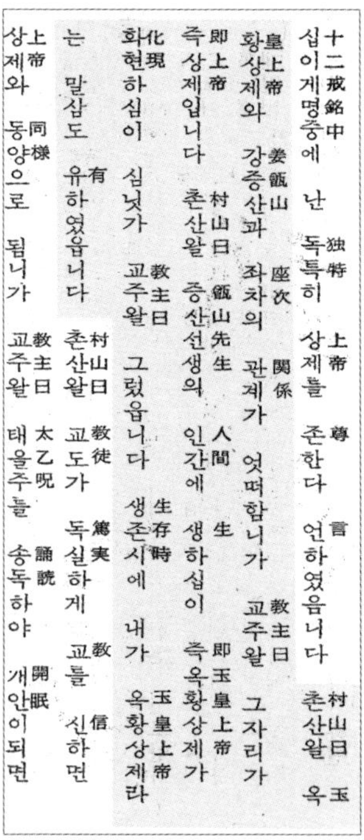


> **촌산** : 옥황상제와 강증산과의 관계가 어떠합니까?
>
> **차교주** : 그 자리가 곧 상제입니다.
>
> **촌산** : 증산 선생이 인간에 생(生)하심이 곧 옥황상제가 화현하심입니까?
>
> **차교주** : 그렇습니다. 증산께서 생존시에 내가 옥황상제다라는 말씀도 계셨습니다.

한편 1935년 보천교의 이영호(李英浩)가 쓴 『교조약사』에도 증산 상제님께서 당신 스스로를 옥황상제라고 말씀하셨다는 기록과, 증산 상제님이 어천하신 직후 모든 성도들이 허망한 마음으로 흩어져 돌아갈 때 오직 차경석 성도만은 비룡산에 올라가 땅을 치며 하늘을 향해 옥황상제님을 찾으며 통곡하였다는 기록을 보이고 있다.

신축년으로부터 천지공사를 행하실새 상제의 권능을 임의로 행하시고 내가 옥황상제라는 말씀이 유(有)하셨다. 그 기행이적은 필설로 진기케 불능하고 다만 무능명 삼자로써 형용할 수밖에 없더라. (교조약사 3쪽)

하신후 유시호(有時乎) 비룡산(飛龍山)에 등(登)하샤 옥황상제(玉皇上帝)를 호(呼)하면서 고지(叩地) 통곡(痛哭)하시고 유물인 약장 앞에 가서 배례를 헌(獻)하시다.(교조약사 13쪽)

▼ 증산 상제님이 옥황상제님이심을 밝히고 있는 이영호의 『교조약사』. 여기서 교조란 보천교의 신앙대상인 강증산 상제님을 가르키는 말이다. (오른쪽이 3쪽, 왼쪽이 13쪽)

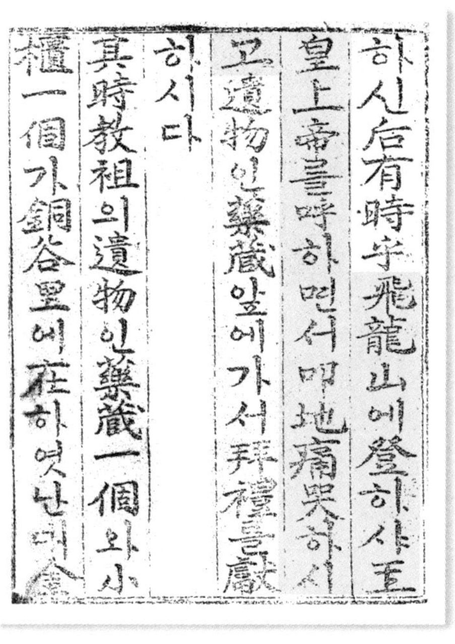
하신后有時乎飛龍山에登하샤玉
皇上帝를呼하면서叩地痛哭하시
고遺物인藥藏앞에가서拜禮를獻
하시다
其時敎祖의遺物인藥藏一個와사
櫃一個가銅谷里에在하엿난데

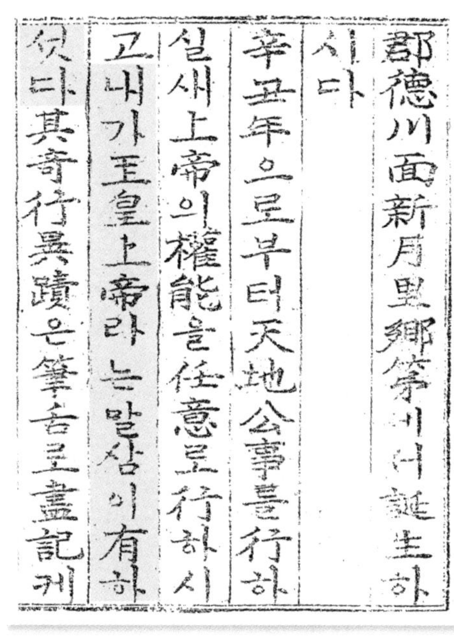
郡德川面新月里鄕第이서誕生하
시다
辛丑年으로부터天地公事를行하
실새上帝의權能을任意로行하시
고내가玉皇上帝라는말삼이有하
셧다其奇行異蹟은筆舌로盡記케

### ▶ 1922년 동아일보 기사 내용이 증언하는 옥황상제이신 증산 상제님

1922년이라고 하면 증산 상제님께서 어천하신지 불과 13년 밖에 안되는 해이다. 하지만 이미 증산 상제님의 종통을 계승하신 태모 고수부님이 교단을 창립했으며(1911년) 이후 태을주의 주문소리가 전국을 메아리치던 제 1변 도운의 중심시간대이다. 특히 증산 상제님으로부터 초패왕 도수를 맡은 차경석 성도가 보천교를 일으켜 그 위세를 크게 떨치고 있을 때이다. 한편 만주에서 귀국한 조철제는 1921년 증산 상제님의 초빈을 헤치고 상제님의 성골을 도굴하여 이준세 재실에 모셔두고 도통을 꿈꾸며 수도를 하다가 문공신 성도의 공격을 받아 대전으로 도망을 치던 때였다.

그런데 이 당시 보천교의 위세가 얼마나 컸던지 동아일보는 당시 강증산 상제님을 신앙하는 이 엄청난 종교열풍을 외면하지 않고 1922년 2월 21일부터 4회에 걸쳐 기사화 하여 연재하였다. 이 기사내용은 당시 경전이 없던 초기 신앙시절 민중들이 증산 상제님을 어떻게 알고 신앙하였는지를 보여주는 귀중한 자료이다. 다음에 소개하는 기사는 1922년 2월 23일 자에 나오는 동아일보의 내용이다.

風說이 傳하는 太乙敎 (三)

「去病解寃」의 信條

신축년에도통을한강일순 자칭옥황상뎨의션언한말

奇異한 呪文

風雲造化를 任意로

◀ 1922년2월 23일자 동아일보.
당시 민중들 사이에 무섭게 퍼지던 이 신앙열풍을 동아일보 담당 기자는 그리 달갑지 않은 시각으로 쓰고는 있으나 상제님 진리의 알맹이는 모두다 망라하여 다루고 있다. 선천과 후천의 개념, 후천선경의 비전, 천지를 근본적으로 뜯어고치신 천지공사, 해원의 이념, 괴질병겁과 구원의 주문 태을주, 그리고 특히 눈에 띄는 것은 증산 상제님께서 스스로를 천지를 주재하는 옥황상제라고 말씀하셨다는 내용이다. 증산 상제님의 성훈과 성적을 기록한 최초의 종합적인 기록인 『증산천사공사기』가 1926년에 발행되었으니 이 기록은 그보다 4년 앞선 기록이다.

▶ 교단의 명칭

증산 상제님의 종통을 계승하신 고수부님께서 1911년 9월에 상제님을 추종하던 성도들을 소집하여 첫 교단을 개창하실 때 뚜렷한 교명을 제시한 적이 없으나 당시 세간에서는 신도들이 태을주를 읽는 교단이라는 뜻에서 「태을교(太乙教)」 또는 태을주의 첫머리를 따서 「훔치교(吽哆教)」 등으로 일컬었다. 후일 고수부님께서 첫째 살림인 대흥리 교단을 떠나신 후에 차경석 성도가 정식으로 교명을 선포한 것이 1922년의 일이었는데 본래 차경석 성도가 당시 교단공개의 전권을 위임한 이상호에게 명한 교명은 「보화교(普化教)」였으나 이상호가 자기 임의대로 「보천교(普天教)」라는 이름으로 세상에 알림으로써 보천교라는 이름이 등장하게 되었다.

**풍설이 전하는 태을교(3)**

「거병해원(去病解寃)」의 신조(信條)

신축년에 도통을 한 강일순 자칭 옥황상제의 선언한 말

그때에 조선에는 정치의 부패가 심하여 폭민압정으로 일을 삼는 수령방백(守令方伯)이 팔도에 편만하여 인민은 도탄에 들고 원성이 창천하였으며 몇백년 이래로 고질이 된 반상의 계급 빈부의 계급은 도처에 비참한 현상을 일으켰으며 한편으로 외국의 침해가 시작되든 때이라. 이와 같이 세상에 원통한 기운이 가득한 것을 보고 여러 가지로

노심초사하며 유교와 불교와 선교(仙教)에 관한 서적을 읽어 무슨 새 종교를 발견코자 하다가 지금으로부터 이십이년전 신축(辛丑)년에 도통이 되었노라하고 유교와 불교와 선교를 합하여 한 종교를 창설하고 거병해원(去病解寃, 병을 버리고 원통한 것을 푼다)이라는 주의를 창도하고 자기는 천지만물을 주재하는 옥황상제(玉皇上帝)로서 세상에 탄강하였노라 자칭하고 말하되 대개 하늘과 땅과 만물이 일종 물질인데 그것을 주재하는 무엇이 있으니 그것이 곧 옥황상제이요

옥황상제는 곧 자기인데 이때까지 내가 세상에 하강하기 이전은 선천(先天)이요 내가 세상에 하강한 후는 후천(後天)이라. 그런데 선천의 원리는 상극의 이치를 주장하여 불평과 원한이 충만하였으되 금후부터는 내가 천지를 주장하는 이치를 상생(相生)의 이치로 고치

어 서로 사랑하고 서로 도웁게 하며 사람의 마음 가운데 있는 모든 못된 욕심을 없이하여 크게 어질고 크게 옳은 사람들이 되게 하여 거병(去病)의 주의를 실행하고 지금은 세상의 빈부(貧富)의 차별(差別) 강약(强弱)의 차별(差別) 귀천(貴賤)의 차별(差別) 남녀의 차별 등이 있어 사람들이 서로 원망하여 원통한 기운이 천지에 가득하니 이후부터는 그런 일이 없도록 하고자 천지이치를 근본적으로 고치어 모든 원통을 풀게한다 하고 다시 말하되 금후로 몇해 후에 천지가 한번 개벽이 되고 세상은 꽃피고 새울며 서로 기뻐하는 신선의 지경이 될 터인데 그러자면 일시 괴상한 병이 유행하여 사람이 무수히 죽을 터인바 가만히 앉아 있다가도 툭툭 쓰러져 죽는 사람이 있을 터이라 나의 가르침을 따라 주문을 외고 경문을 외는 사람은 구원을 얻으리라 하였다는데 그 주문이란 것은 어떠한 것이며 그가 옥황상제이라고 행한 일은 과연 무엇인가

**풍운조화를 임의로**

49일 동남풍과 가뭄에 비까지 나려.

스스로 말하기를 옥황상제로 천지공사(天地公事)를 행한다 칭하고 신축년부터 그가 죽은 기유년까지 아홉해 동안에 행한 일은 비를 오라 하면 맑은 하늘이 금시에 흐리어 비가 오고 바람이 불으라 하면 금시에 바람이 대작하여 …

## 증산 상제님을 '옥황상제'로 호칭하지 않고 '천사(天師)'로 그릇 호칭한 이상호, 이정립 형제

▲ 이상호(李祥昊, 1888~1966)
전남 해남에서 출생하여 16세까지 한학을 배웠으며 20세부터 3년간 해남미산중학에서 공부한 후 다시 상해 북경 등지로 나가 외유하다가 27세 되던 1915년에 귀국하여 당시 고수부님이 주재하던 대흥리 교단에 입교하였다. 차경석이 고수부님을 밀어제치고 교권을 잡은 1918년 이후에도 계속 남아 후에 보천교 60 방주의 한 사람이 되었으며 1921년 경성 진정원장을 지내며 대외적인 업무를 맡기도 했다. 그러나 1924년, 예전부터 누적되어 오던 차경석 교주와의 갈등이 터져 나오자 보천교를 배반하고, 공금을 횡령하여 중국으로 망명하였다.
1925년 귀국하여 김형렬 성도의 미륵불교에 입문, 이때 김형렬 성도로부터 상제님의 성적을 듣고는 교경 편찬의 뜻을 갖는다. 그후 1년여 동안의 자료 수집과정을 거쳐 1926년,

증산 상제님의 성적과 말씀을 기록한 최초의 책자는 이상호가 1926년에 펴낸 『증산천사공사기』이다. 이상호는 증산 상제님을 직접 모신 김형렬과 차경석 두 성도의 증언을 바탕으로 이 책을 썼는데 그는 삼계대권의 주재자이신 증산 상제님을 상제(上帝)로 호칭하지 않고 천사(天師)라는 전혀 상식 이하의 호칭으로 부르는 근본적이고도 중차대한 잘못을 저질렀다.

하지만 증산 상제님을 천사(天師)라고 한 것은 이상호가 처음이 아니다. 이미 3년 전인 1923년 이상호의 동생 이정립이 보천교 간부로서 있으면서 발행했던 『보광(普光)』이라는 종교잡지에서 천사(天師)라는 호칭을 썼기 때문이다. 즉 상제님을 천사(天師)라고 부르게 된 것은 이정립으로부터 비롯된 것이라는 것이 학자들이 공통된 주장이다.

상제님을 직접 모셨으며 보천교를 만든 교주 차경석이 증산 상제님이 바로 옥황상제님이심을 증언하였는데도 불구하고 어찌하여 차경석 성도를 교주로 받드는 보천교의 일개 간부인 이정립은 증산 상제님을 옥황상제 혹은 상제라는 호칭으로 부르지 않고 천사라는 애매한 호칭을 했던 것인가?

이것은 이정립의 천박한 옥황상제 관(觀)에서 기인한다고 할 수 있다. 이정립이 쓴 『대순철학』을 보면 그가 옥황상제라는 호칭을 어떤 수준에서 이해하고 있는지

를 알게 하는 다음과 같이 내용이 나온다.

『이제 고전기록을 검토하건대 중국인의 기록에는 중국민족의 최초시조 반고씨(盤古氏)가 죽어서 옥황상제가 되었는데 양목(兩目)은 빠져서 일월(日月)이 되고 사지(四肢)는 분리(分離)하여 사악(四岳)이 되었다 하였으니 중국인의 신(神) 옥황상제는 그 시원추장(始原酋長) 반고씨를 신격화(神格化)한 휘호(徽號. 아름답게 부름)에 불과한 것이요, 조선인의 기록 삼국유사에는 상제(上帝) 환인(桓因)이 자(子) 웅(雄)을 보내어 삼위태백(三危太白)에 강(降)하였다 하였으니 조선인의 신 하느님은 민족의 시원추장 환인의 음편적 전음에 불과한 것이요, 일본인의 기록에는 천조대신(天照大神)이 즉 일본민족의 시원추장이었다고 상세히 서술되었으며, 구약서(舊約書) 창세기(創世記)에는 여호아가 흙을 빚어서 아담이라는 남자를 만들고 아담의 우륵골(右肋骨) 1개을 추출하여 이브라는 여자를 만들고 이 남녀의 자손이 번성하여 이스라엘 민족을 형성하였다는 계보를 상술하였으니 이스라엘 민족의 신 여호아도 또한 그 민족의 시원추장을 신격화한 휘호(徽號)에 불과한 것이다. 이것을 미루어서 검토하면 세계 어느 지방 민족의 신개념이라고 모두 그 민족시원추장을 신격화하였음에 불과한 것이다.

이렇게 우리의 재래 상식적 신개념은 우주의 창조자도 아니요, 세계의 통일적 주재자도 아니요, 시원추장의 영체를 중심으로 일족의 정열이 교회집중하여 일종

예전에 차경석 성도로부터 들은 이야기와 주로 김형렬 성도로부터 들은 이야기를 묶어서 『증산천사공사기』를 발간하고 3년 뒤 1929년에 『대순전경』 초판을 발간하였다.
대두목 꿈을 꾸며 야심을 가졌던 그는 1928년에 독자적으로 동화교를 만들고 정통성을 확보하기 위하여 1931년부터 종통계승자이신 고수부님을 2년간 모시기도 했으나 심법을 바로 쓰지 못해 돌이킬 수 없는 많은 잘못을 저질렀다고 하며 1945년 해방이 되었을 때는 이미 앞을 보지 못하는 청맹과니가 되었다고 알려지고 있다. 그러나 1945년 젊은 안운산 종도사님이 총사수가 되어 제 2변 도운을 부흥시킬 때 교경을 편찬한 업적으로 동지적 위치로 대우받아 그 생명력을 유지하는 듯 했으나, 한국전쟁 후 단체를 차지하기 위하여 또다시 안운산 종도사님을 배척함으로써 끝내 타고난 자기성품의 한계를 넘지 못했다고 알려진다. 1966년 79세로 타계하였다.

역적 중추로 결성되어 각자 지구를 수호하고 또 후래 역대 영준자의 영체가 부융결합하여 신통체계를 조성하여 그 민족의 명운을 재율하는 동인이 되는 것이니 그러므로 이것을 지방신단이라 칭한다】

(이정립의 『대순철학』 123~124쪽)

▲ 이정립(李正立, 1895~1868)

이상호의 동생으로 20세인 1914년 당시 고수부님이 주재하던 대흥리 교단에서 신앙을 시작했고, 이해 일본으로 건너가 동경사범학교 지리역사과를 다니다 1919년 귀국하여 보천교에서 60방주를 조직할 때 동지방주(冬至方主)가 되었다. 1923년 보천교 잡지 『보광』 편집책임을 맡기도 했으나 1924년 시대일보사 사건을 계기로 보천교 혁신 운동을 일으켜 교적을 박탈당하고 형 이상호를 따라 중국으로 망명하였다. 이후 귀국하여 1928년 형 이상호가 동화교를 창건하자 이에 동참하였고 1931년부터 2년간 고수부님을 모시기도 했다.

형 이상호가 주로 한학을 배운 것과는 달리 당시 일본으로 유학하여 신학문을 배웠으며, 이러한 그의 학문적 전력이 이상호가 『증산천사공사기』 및 『대순전경』을 편찬할 때 큰 영향을 준 것이 아닌가 여겨진다. 특히 1945년 대순전경 3판을 발행할 때 이미 이상호가 청맹과니였다는 사실로 보아 대순전경 3판 이상

이상의 내용을 보면 이정립은 옥황상제라는 호칭을 중국민족이 자기민족의 시조인 반고씨를 신격화하여 부르는 지방신 정도로 인식하고 있었음을 보여준다. 따라서 이런 관념을 가지고 있던 그가 증산 상제님이 바로 옥황상제님이라고 증언한 차경석 교주의 말을 곧이 듣지 않은 것은 당연한 것이며 결국 자기 멋대로 격에 맞지않는 천사(天師)라는 표현을 썼던 것이다. 그리하여 『증산천사공사기』에는 '천사'라는 호칭이 나오고 『대순전경』 초판에는 상제님을 '선생', 『대순전경』 2판에는 '당신'이라고 하는 등 돌이킬 수 없는 잘못을 저질렀던 것이다.

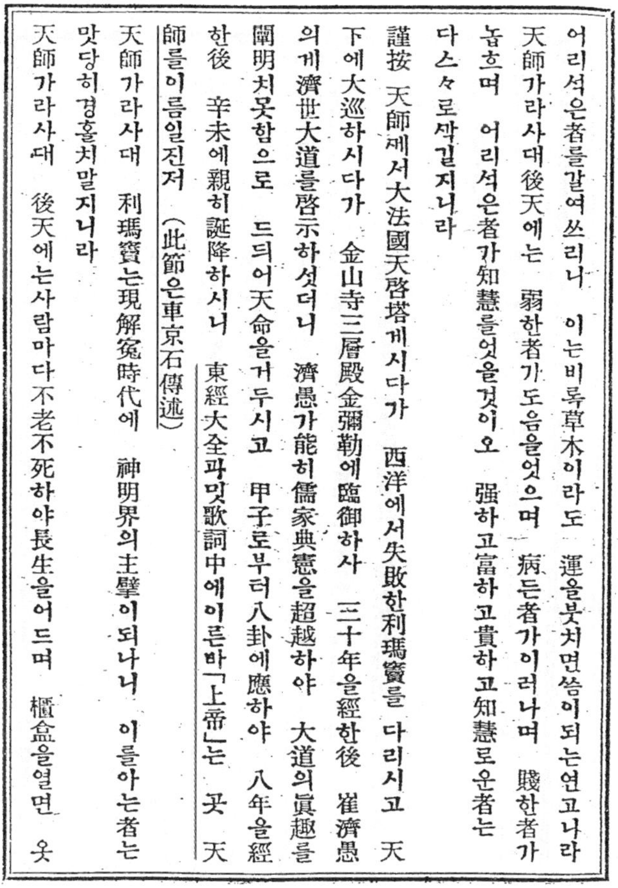

어리석은者를갈여쓰리니 이는비록草木이라도 運을붓치면씀이되는연고니라
天師가라사대後天에는 弱한者가도음을엇으며 病든者가이러나며 賤한者가
놉흐며 어리석은者가知慧를엇을것이오 强하고富하고貴하고知慧로운者는
다스々로싹길지니라
謹按 天師께서大法國天啓塔께시다가 西洋에서失敗한利瑪竇를 다리시고 天
下에大巡하시다가 金山寺三層殿金彌勒에臨御하사 三十年을經한後 崔濟愚
의게濟世大道를啓示하셧더니 濟愚가能히儒家典憲을超越하야 大道의眞趣를
闡明치못함으로 드듸어天命을거두시고 甲子로부터八卦에應하야 八年을經
한後 辛未에親히誕降하시니 東經大全과밋歌詞中에이른바「上帝」는 곳天
師를이름일진저 (此節은車京石傳述)
天師가라사대 利瑪竇는現解寃時代에 神明界의主擘이되나니 이를아는者는
맛당히경홀치말지니라
天師가라사대 後天에는사람마다不老不死하야長生을어드며 櫃盒을열면 옷

▲『증산천사공사기』 11쪽

이상호가 보천교의 간부로 있던 시절 차경석 교주로부터 들은 약간의 내용과 후일 보천교를 탈퇴하고 김형렬의 미륵불교에 들어가 김형렬 성도로부터 들은 내용을 합하여 1926년에 발행한 증산 상제님의 생애와 천지공사에 관한 최초의 기록이다. 주로 김형렬 성도의 증언을 토대로 기술하였는데 11쪽을 보면 차경석 성도의 전술이라는 말과 함께 강증산 상제님의 정체가 동경대전과 용담유사에 나오는 바로 그 상제님이라는 기록이 등장한다. 즉 차경석 성도는 이상호에게 강증산 상제님의 정체를 옥황상제라고 증언하였는데도 이상호는 이를 무시하고 자기 임의대로 천사(天師)라는 호칭을 하였음을 확인할 수 있다.

의 편집은 주로 그의 손에서 작업이 이루어 진 듯하다. 그리고 형 못지않게 야심이 있던 그도 대두목의 꿈을 가지고 있었다고 알려지며 형과의 관계정립에 일평생 큰 마음의 부담을 가지고 있었다고 알려진다. 특히 그는 상제님의 성적을 편찬할 때 성도들의 증언을 무시하고 자기 임의로 천사(天師)라는 호칭을 사용했으며, 상제님의 종통 계승자인 고수부님에 관한 핵심 기록을 죽기 3년 전인 1965년에야 비로소 대순전경 6판에 올리는 등 시간적인 잘못을 범했으며, 특히 『증산교사』를 쓸 때 해방후 이상호씨와 동지적 입장에서 손을 잡고 안운산 종도사님이 총사수로써 일으킨 제 2변 도운의 자세한 내용을 의도적으로 모두 삭제하였다는 비판을 받고 있다. 1968년 74세로 타계하였다.

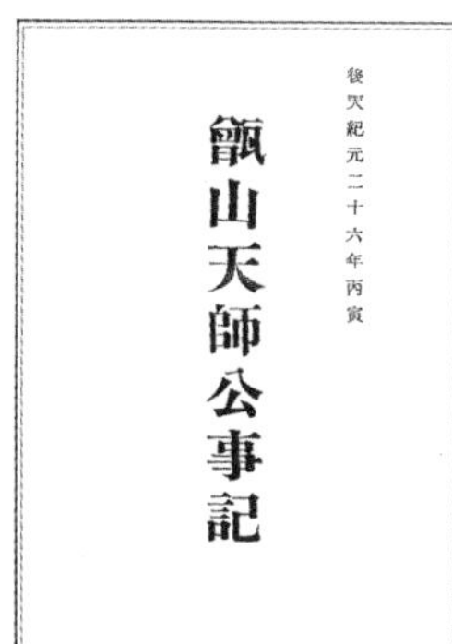

# 제 3장

## 시루와 솥의 비유로 조작한

## 종통교리의 허구성은 무엇인가?

## 대순진리회는 헛된 도통공부 「27년 헛도수」를 받은 단체

증산 상제님께서는 9년 천지공사를 마무리하시고 어천하시기 직전 무렵인 1909년 기유년 4월에 다음과 같은 의미심장한 공사를 집행하셨다.

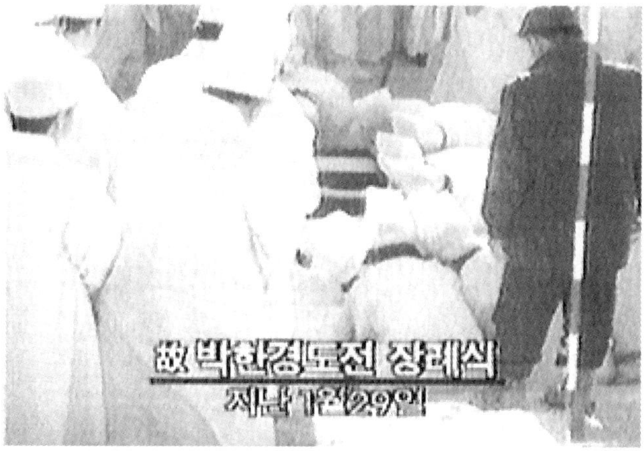

◀ 1996년 1월 29일에 있은 박한경 도전의 하관식과 오열하는 여신도들. 그 당시 비록 80세의 고령이었지만 최 측근을 제외한 그 누구도 박한경 도전이 사망할 것이라고 예상한 신도들은 없었다고 알려진다. 그는 '도통을 내려줄 인존(人尊)'으로서 곧 임박한 개벽과 함께 살아서 도통을 내려 주기로 예정되어 있던 절대적인 존재, 신적인 존재였기 때문이다. 그런데 박도전의 돌연한 사망으로 잠시 흔들리는 듯 하던 신도들의 믿음은 오히려 더욱 굳어졌다고 한다. 그의 죽음은 진짜 그를 믿어온 사람들을 추리는 마지막 관문으로 이 관문을 통과해야만 그토록 바라던 1만 2천 도통군자의 대열에 낄 수 있다는 새로운 말들이 만들어 졌기 때문이다. 그때와 마찬가지로 오늘날 여주도장을 중심으로 폭력사태가 발생하여 전 국민의 비난이 쏟아지는 이 시점에도 이번에야말로 마지막 1만 2천 도통군자를 추리는 마지막 도수라는 말이 나돌며 이탈하는 신도들의 마음을 붙잡고 있다고 한다.

**＊ 또 양지에 '이십칠년(二十七年)'이라 쓰시므로 그 뜻을 여쭈니 말씀하시기를 "'홍성문(洪成文)이 회문산에서 27년 동안 헛공부를 하였다' 하니 이로부터 이십칠 년 동안의 헛도수가 있노라." 하시니라. (증산도 道典 5:295:1~2)**

☞ 홍성문: 구체적인 생몰연대는 밝혀지지 않았으나 상제님과 동시대에 살았던 승려이며 풍수지리에도 능한 사람으로 알려져 있다. (증산도 도전 각주 5:295:2)

이 말씀은 신앙의 목적으로 도통을 내세워 수많은 사람을 모으고 온갖 패륜적인 방법으로 성금을 거출하여, 장학사업을 한다느니, 병원과 대학을 짓는다느니 하다가 교주가 죽은 이후 급속히 분열 과정을 겪고 있는 오늘의 대순진리회에 대한 도수 말씀이다.

박한경은 허울뿐이던 태극도 도전 자리를 내팽개치고 서울에 올라와 1969년 서울시 성동구 중곡동에 새판을 차렸는데 이것이 대순진리회의 시작이었다. 그런데 교단 창립 후 대순진리회에는 참으로 어떤 천지기운이 붙었는지 승승장구를 거듭하였고 불과 20여 년만에 자칭 6백만 신도를 자랑하는 놀라운 교세로 성장을 하였다. 그러나 박한경은 1996년 1월 23일 대순발전 절정의 순간에서 80세의 나이로 후계자 지목 없이 돌연 사망한다. 이는 태극도에서 떨어져 나와 새판을 차린 지 정확히 27년 만이었다. 이러한 배경을 안고 상제님의 말씀을 다시 한번 알아보자.

**▲ 1996년 1월 29일에 있은 박한경의 장례식.**
박한경 도전은 대순진리회를 창교한 1969년으로부터 정확히 27년 만인 1996년 1월 23일 돌연 사망했다. 그런데 이러한 '박한경의 27년 대순진리회' 운명은 이미 87년 전인 1909년 4월에 증산 상제님께서 천지공사를 집행하시면서, '앞으로 헛된 도통공부 27년 헛도수 공사가 있다'고 하신 말씀과 부절 같이 맞아 떨어지면서 많은 사람들을 놀라게 했다.

## 왜 대순진리회가 「27년 헛도수」를 받은 단체인가?

홍성문은 상제님과 동시대를 살았다고 알려진 승려로 도통을 하기 위해 27년 동안 수도했으나 뜻을 이루지 못하고 죽었다고 알려져 있다. 상제님께서는 결실을 못 맺고 끝나버린 그의 27년 도통공부를 헛공부라고 말씀하시면서, 이것을 천지공사의 한 도수로 취하시어, 상제님 어천 이후 누군가 이 도수를 받아 27년 동안 헛된 도통공부를 하게 된다는 공사를 보신 것이다.

대순진리회가 왜 27년 난법 헛도수를 받은 단체인가?

그 첫 번째 이유는 교주 박한경의 활동기간이 교단의 창립에서 사망에 이르기까지 정확히 27년간(1969~1996)이라는 사실에 기인(起因)한다.

지난 100여 년의 증산도사(甑山道史)를 돌아볼 때 홀생홀유(忽生忽有)하며 명멸(明滅)해간 수많은 증산계열 교단 가운데 교주의 교단 창립에서 사망에 이르기까지 정확히 27년 동안을 채우며, 화려한 교단의 발전을 이룩한 곳은 오직 한 군데 바로 대순진리회뿐이라는 사실이다.

증산 상제님은 비록 27년 헛공부 헛도수를 홍성문 일 개인의 차원에서 말씀하셨지만, 이 도수가 현실의 역사적 사건으로 이화되어 나오는 것은 한 개인 차원이 아니라 그를 정점으로 하는 종교조직이 생겨 그의 삿된 기운에 휘말리는 수많은 사람들이 모여들어 이 헛된 도통공부의 운명을 함께 받아 누린다는 교단 차원에 초점을 맞추어야 한다는 점을 염두에 두어야 한다.

대순진리회를 27년 헛도수를 받은 난법 단체로 규정하는 두 번째 이유는 대순진리회의 종지가 다름 아닌 도통(道通)이며, 이는 27년 헛도수를 '헛된 도통공부'의 '헛도수'라고 하신 상제님의 말씀과 너무도 정확히 들어맞기 때문이다.

상제님 말씀을 보면 "홍성문이 회문산에서 27년 동안 헛공부를 하였다"고 하셨다. 여기서 27년이란 헛된 도통공부를 한 기간을 말씀하심이요, 헛공부란 상제님과 동시대를 살았다고 알려진 승려 홍성문이 개인적인 도통을 꿈꾸며 도통공부를 하였으나 결국 도를 통하지 못하고 죽고 만 사실을 말씀한 것이다.

대순진리회는 태극도(太極道)를 모체로 해서 갈라져 나왔다. 그런데 태극도의 신앙 목적은 한마디로 '진리의 도통'이었다. 대순진리회는 종지로 네 가지를 내세웠는데 이는 '음양합덕(陰陽合德)·신인조화(神人調化)·해원상생(解冤相生)·도통진경(道通眞境)'이다. 결국 대순진리회도 도통을 종지로 한 것이다(굳이 이러한 종지를 떠나서도 대순진리회를 신앙하는 모든 신도들의 의식의 밑바닥에는 도통에 대한 강한 열망이 있으며 신도 누구나 도통이 신앙의 목적이라고 스스럼없이 말하고 있다).

하지만 도통을 내려 준다고 믿어오던 박한경은 교단 창립 후 27년만에 사망하고 오로지 도통의 운수마당이 열리기만을 기다리던 자칭 6백만 대순 신도들 중에 어느 누구도 도통을 하지 못한 채 교단이 두 쪽으로 분열되어 있는 것이 오늘의 상태이다.

대순진리회를 27년 헛도수를 받은 난법 단체로 규정하는 세 번째 이유는 그들이 부르짖는 모든 교리내용이 헛도수(虛度數)라는 허(虛)자의 의미와 부합되기 때문이다.

상제님 천지공사에 있어서 도수(度數)란 향후 역사전

▶ 태극도에서 발행한 『조정산 전기』를 살펴보면 도통을 신앙의 목적으로 하는 대순진리회의 근원이 바로 대순진리회의 모체인 태극도에서 비롯됨을 확인할 수 있다. 139쪽을 보면 조철제는 1956년 「태극도통감」이라는 태극도 최초의 공식 교리 문서를 만들어 인쇄, 공포하였는데 여기에 신앙의 목적을 '진리의 도통'으로 명시하고 있는 것이다.

**'도통과 강령'의 내용은 다음과 같다.**

**∘ 도명 : 태극도.**
**∘ 도주 : 조정산.**
**∘ 도의 원천(源泉) : 태극의 진리.**
**∘ 신앙의 대상 : 구천응원 뇌성보화 천존상제.**
**∘ 신앙의 목적 : 진리의 도통.**
**∘ 수도의 요강 : 1. 안심 · 안신 · 경천 · 수도.**
**2. 성 · 경 · 신.**
**3. 무자기(無自欺).**

▶ 태극도에서 갈라져 나온 대순진리회가 신앙의 목적을 도통에 두고 있음은 문일석이 지은 박한경 도전의 어록집 『남을 잘되게 하라』 50페이지에서 확인해 볼 수 있다.

**도통을 중요시하는 종단**

박도전은 도인들의 수도 생활을 지도하면서 수도의 목적이 '도통(道通)'에 있음을 강조했다. 그는 "수도의 목적은 도통이니 수도를 바르게 하지 못했을 때는 도통을 받을 수 없다."고 단호하게 말했다. 그래서 대순진리회 도인들은 타 종교와 달리 도통을 중요시하고 있다.

개의 한 질서 혹은 프로그래밍을 의미한다고 볼 수 있다. 그런데 상제님께서는 수많은 천지공사의 도수 가운데 오직 '27년 헛공부 도수'만을 빌 허(虛)자를 붙이시어 '헛도수'라고 말씀하셨다. 그렇다면 27년 헛된 도통공부의 헛도수도 분명 상제님께서 처결하신 도수임이 분명한데 왜 상제님께서는 그 앞에다 빌 허(虛)자를 붙이셨던 것인가?

그것은 빌 허(虛)자의 일반적인 용례를 사전에서 찾아 확인해 보면 쉽게 수긍이 간다.

**허례(虛禮): 겉으로만 꾸며 정성이 없는 예절**
**허명(虛名): 실속이 없거나 사실 이상으로 알려진 명성**
**허무(虛無): 아무 것도 없이 텅 빔**
**허상(虛像): 렌즈나 반사경 따위로 발산된 광선을 반대 방향으로 연장하였을 때 이루어지는 가짜 상**

빌 허자의 용례는 이외에도 많지만 결론적으로 빌 허자가 갖는 의미는 '진짜가 아니고 가짜다, 실속이 없다,

▲ 대순진리회 사람들은 '도통 받는 것'을 다른 말로 '운수 받는다' 혹은 '운수 마당이 열린다'라고 표현하기도 한다. 그 운수를 누가 주는 것인가? 박한경 도전이 죽기 전에는 그가 도통을 내려 준다고 대순진리회 신도들은 굳게 믿고 있었다. 대순진리회 신도들이 이 도통에 대해 얼마나 강한 열망을 가지고 있었는가 하는 것은 70년대 천안방면에 소속되어 신앙하면서 선감의 지위에까지 이르렀던 한 여성의 충격적인 증언에서도 확인해 볼 수 있다.(자세한 내용은 6장 참조) 대순진리회의 모든 교리는 궁극적으로 도통으로 귀결한다고 해도 과언이 아니다. 대순진리회를 27년 헛도수를 받은 단체로 보는 이유도 헛도수의 구체적 내용이 바로 헛된 도통공부(헛공부)의 헛도수이기 때문이다.(사진은 96년 3월 5일 MBC에서 방송한 PD수첩 '대순진리회를 아십니까' 화면들)

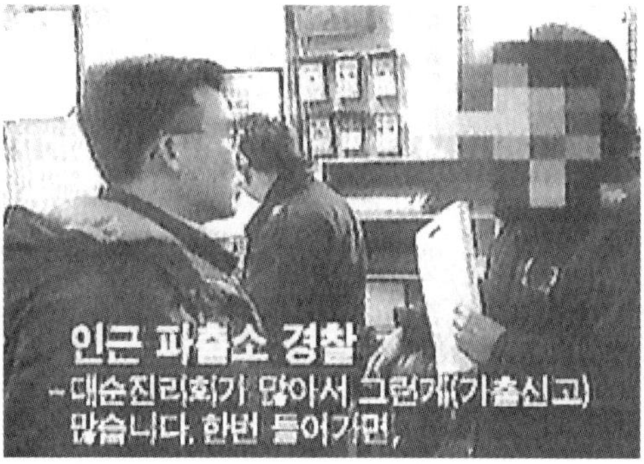

▲ 대순진리회 옛 본부도장이었던 중곡도장 근처의 파출소에는 하루에도 몇 번씩 가출한 아내와 자식들을 찾으려는 사람들이 방문했다고 한다. 사진은 96년 3월 5일 MBC PD수첩 '대순진리회를 아십니까'의 자료화면이다. 그런데 묘한 것은 중앙 본부도장을 찾아 와도 신도를 찾을 수가 없었다는 사실이다. 그래서 가족들은 근처의 파출소에 들러 신고를 하였지만 가출한 가족을 찾은 사람들은 극히 극소수였다고 한다.

빈쭉정이다' 라는 의미로 요약된다.

그렇다면 대순진리회가 세속 사람들의 눈에는 증산 상제님을 도조(道祖)로 받들며 해원 상생 보은과 천지공사, 그리고 개벽을 부르짖는 단체로 보이고 있는데 왜 가짜라는 것인가?

그것은 대순진리회가 겉으로는 증산 상제님을 신앙하는 것 같지만 사실에 있어서는 증산 상제님 진리를 이용하여 도통을 준다고 세상 사람들을 속이고, 천하사를 한다는 명분 아래 가정을 버리고 가출케 하여 천륜을 파괴하며, 정성금이란 명목아래 재물을 뽑아내어 화려한 건물을 짓는 등 온갖 패악을 저지르고 있기 때문이다.

그리고 더욱 중요한 것은 신앙의 대상이신 도조(道祖) 증산 상제님을 구천응원뇌성보화천존이라는 48신장(神將)의 한 이름을 본떠 구천응원뇌성보화천존상제(줄여서 구천상제)라고 왜곡되게 부르면서 엉뚱하게도 조철제라는 일 개인을 조성옥황상제라고 받들고 있기 때문이다. 즉 천지인 삼계대권을 주재하는 증산 상제님이 바로 옥황상제님이신데도 불구하고 이를 구천상제라

▲ 대순진리회 천륜파괴 가출의 역사는 70년대 천안방면으로 거슬러 올라간다. 당시 대순진리회 중심 방면인 천안방면에서는 남편과 자식을 버리고 가출하는 여신도가 상당히 많았다고 알려진다(7장 증언참조). 80년대에 들어서도 이러한 부녀자 가출이 끊임없이 사회문제로 떠오르자 공영방송 KBS는 1984년 4월 8일 「추적60분」 프로를 통하여 「아내의 가출」이라는 제목으로 사회에 경종을 울린바 있다. 자료 화면은 당시 서울 용산구 한남동에 거주하던 이용복씨의 아내가 대순진리회에 들어간 후 결국 남편과 자식를 두고 가출하고 나자 어린 자식을 홀로 보고 있는 모습이다. 눈물 없이는 볼 수 없는 참으로 비극적인 내용이었다.

는 애매한 말로 부르고, 증산 상제님에게 붙여야 할 옥황상제라는 호칭을 엉뚱한 자에게 붙이며 신앙과 진리의 핵심인 상제관을 근본적으로 왜곡했다는 사실이다. 이렇게 두 명의 상제를 만들며 상제관을 왜곡할 수밖에 없었던 근본적인 이유는 우주의 아버지이신 증산 상제님으로부터 우주의 어머니이신 태모 고수부님에게 전해진 종통(宗統)전수를 시루와 솥의 일체라는 조작된 논리로 솥 정(鼎)자의 정산(鼎山)이란 호를 가진 조철제에게 전해졌다고 끌어 맞추면서 시작된 것이다.

그런데 이렇게 두 명의 상제를 만들어 놓은 양위 상제론의 상제관 조작은 여기에 그치지 않는다. 교주 박한경이 사망하자 다시 박한경을 또 한 명의 상제로 받들어야 한다(박성상제론)는 삼위상제론으로 발전하고 있는 등 실로 식견을 가진 세속인이 보기에 도저히 이해하기 어려운 교리조작의 길을 가고 있는 것이 오늘의 대순진리회인 것이다.

## 양위상제에서 한 술 더 떠 삼위상제를 주장하는 이유종 세력

▲ 전라북도 김제에 있는 금산사 미륵전.
1300여년 전 8세기 중엽 통일신라 시대의 도승 진표율사가 망신참법이라는 생사를 건 구도 끝에 미륵불을 친견하고는, 이 땅 한반도에 미륵불께서 강세하실 것을 계시 받고 세운 절이다. 당시에는 이곳이 7두락 정도 되는 절의 연못이었다고 알려진다. 진표율사가 미륵불을 친견하기까지의 구도 이야기는 『삼국유사』에 비교적 소상하게 나오는데, 미륵불로 오신 증산 상제님께서는 지상강세를 하시기 직전 금산사 금미륵불에 30년 동안 성령으로 임하고 계셨음과, 당신의 강세를 계시 받은 진표와 깊은 인연이 있었음을 말씀하신 바 있다. 그런데 문제는 대순진리회의 모든 조작된 종통교리가 바로 이 금산사 미륵전에 얽혀 있는 이야기라는 사실이다. 시루와 솥과 숯의 비유도 그러하며, 사진에 보이는 미륵전의 삼층구조도 그러하다. 대순진리회의 주장에 따르면 겉으로

대순진리회가 자기 존립의 근거를 두고 있는 교리는 금산사 미륵불상 건립과 관련한 시루와 솥과 숯에 비유한 이야기이다. 증산 상제는 시루이고 정산 조철제는 솥이고 박한경은 숯이라는 것이다. 그리고 시루는 솥이 없으면 소용이 없고 솥과 하나가 되어야만 떡을 찔 수 있는 것처럼 증산 상제님의 종통은 정산 조철제에게 계승되었다는 것이다. 그리고 시루와 솥 밑에는 숯(나무)이 있어 불을 지펴 실질적으로 음식을 익히게 되는 것처럼, 바로 종통의 마지막 주자인 나무 목(木)자가 성(姓)에 들어가는 박한경이 있다는 것이다.

박한경 생존 당시 대순신도들은 양위상제와 도전님이라는 표현을 즐겨 사용했다. 그리고 박한경을 「도통 줄 어른」이니, 「인존(人尊)」이니 하면서 지극 정성으로 받들었다.

그런데 박한경이 죽은 지금 그를 상제의 반열에 올려야 한다는 주장이 제기되고 있다. 이름하여 박성상제님이다. 이렇게 되면 대순진리회에는 상제가 세 명이 되는 것이며, 양위상제가 아니라 삼위상제로 교리가 바뀌게 되는 셈이다.

현재 중곡동 도장에서 둥지를 틀고 있는 이유종 측이 이런 주장을 내세우고 있다. 그들은 지난해 10월 16일자 신문 성명서에서 박성상제님이라는 말을 공식적으로 명시하고 나섰다.

하지만 박한경이 상제라는 주장은 이번에 처음 나온 것이 아니다. 이미 그가 죽기 전에도 그는 사실상 인간 상제라는 소리를 들었다. 증산 상제님은 하늘 상제, 조철제는 땅 상제, 그리고 박한경은 인간 상제라고 흔히들 말했기 때문이다.

그리고 박한경이 죽은 뒤에 상제로 등극할 수밖에 없는 또 다른 이유는 이미 시루와 솥과 숯에 비유한 종통 교리에서 잉태되었다고 봐야 한다. 왜냐하면 그들의 논리에 의하면 시루가 위대하나 솥이 없으면 소용이 없고, 시루와 솥이 있어도 밑에서 숯으로 불때지 않으면 또한 소용이 없는 것이기 때문이다. 떡을 찌느냐 못 찌느냐의 열쇠는 시루도 솥도 아니고 숯이 가지고 있다는 무의식적인 공감이 신도들 사이에 깔려 있었던 것이며, 대부분의 신도들은 박한경을 도통 줄 어른이라고 믿었던 것을 봐도 그렇다.

보기에는 3층인 미륵전의 구조가 속으로 들어가 보면 하나인 것같이 이것은 무극도와 태극도와 대순진리회를 상징하는 것이며 겉은 서로 달라도 결국은 하나라고 말한다는 점이다. 단편적으로 듣기에는 아무 것도 아닌 이런 이야기들이 서로 꿰어 맞추어지면 그럴 듯 한 이야기로 들리게 되고 결국 귀가 얇은 수많은 신도들을 미혹하게 하여 난법에 빠지게 했다는 사실이다.

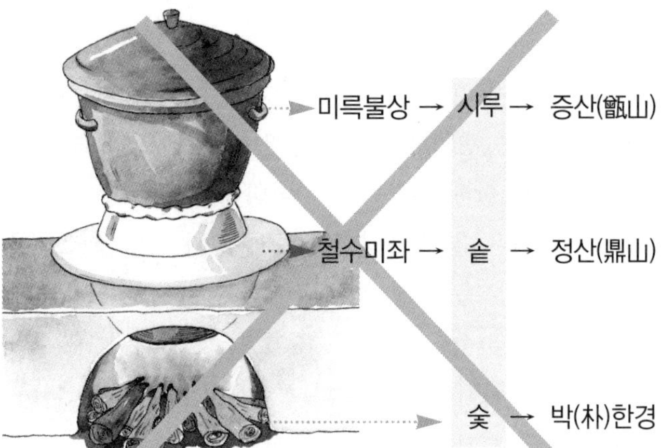


◀ 떡을 찜에 있어 시루와 솥이 일체로 소용되며, 다시 그 밑에는 불을 때야 한다는 지극히 일반적인 상식에 대순진리회 종통교리는 꿰어 맞추어져 있다. 즉 미륵불상은 시루(증산)이고, 미륵불상을 떠 받쳤던 철수미좌는 솥(정산)이며, 미륵전 땅바닥에는 불때는 숯(박한경)이 깔려 있다는 것이다. 일견 그럴 듯 해 보이는 이 비유에 속아넘어간 사람들이 한 둘이 아니다. 그 허구성을 3장과 5장에서 자세히 밝히고 있다.

## 양위상제라는 모순된 말이 왜 대순신도들에게는 먹혀 들어가는가?

▲ 미륵불을 받치고 있던 철수미좌

대순진리회 종통교리의 조작은 바로 이 미륵불을 떠받치던 철수미좌에 대한 왜곡된 해석에서부터 시작한다. 미륵불로 오신 증산 상제님의 존호 증자가 시루 증(甑)자라는 것에 착안하여, 시루는 솥 위에 올려져야 떡을 찔 수 있는 이치로 이 철수미좌는 다름 아닌 솥이며, 이 솥은 솥 정(鼎)자의 정산이라는 사람을 상징한다고 주장한 것이다. 그리고 시루와 솥에 비유하여 조작한 종통교리는 학식의 유무를 떠나 수많은 신도들에게 먹혀들어 갔다는 사실이다. 사진은 10미터가 넘는 거대한 금미륵불을 떠받치고 있던 철수미좌의 일부 모습이다. 지름이 약 3미터, 높이가 약 1미터, 두께가 7~10센치미터 정도의 원통형이다. 보다 자세한 모습은 5장에서 집중적으로 해부하고 있다.

상제님 진리를 믿지 않는 세상 사람들도 「상제」란 「옥황상제」의 줄임 말이며, 유교나 도교의 한문 문화권에서 이 우주를 주재하는 하늘의 가장 높으신 천제(天帝) 혹은 하느님 한 분을 부르는 말로 알고 있는데, 어찌해서 대순은 상제가 두 분이 있다는 주장을 하며, 이것이 대순신도들에게 의혹 없이 받아들여졌던 것일까?

다시 말해 증산 상제님의 유골을 파 간 조철제를 옥황상제로 받들고, 진실로 옥황상제이신 증산 상제님을 구천상제라는 묘한 말로 얼버무린 이 교리 조작이 어찌하여 대순 신도들에게 의심 없이 먹혀들어 갔는가?

그것은 양위 상제의 밑바탕에 시루와 솥에 비유한 양산도(兩山道)의 교리조작이 깔려 있으며, 금산사 미륵불 밑에 놓여있는 쇠로 된 받침대(불교에서는 이를 수미좌(須彌座)라고 부른다)를 솥에 비유하여 시루와 솥의 일체논리라는 종통교리를 조작해 냈기 때문이다.

대순 교리에 따르면 금산사 미륵불이 솥 위에 조상되어 있는 것은, 마치 시루가 솥 없이는 용사할 수 없고 둘이 하나로 합해져야 음식을 익혀내듯이, 시루 증자의 증산 상제님은 솥 정자의 정산 조철제가 아니면 소용이 없고, 당연히 증산 상제님의 종통은 정산 조철제에게 이어진다는 것이다.

또 이렇게 이어진 종통은 다시 박한경으로 이어지는데, 그것은 금산사 미륵전을 조성할 때 땅바닥에 숯으로 깔은 것이 이를 예시한 것으로, 그 숯이란 나무 목(木)자가 들어가는 성(姓)을 가지고 있는 박한경이라는 것이다.

참으로 그럴듯하면서도 참으로 해괴한 논리가 아닐 수 없다.

그런데 문제는 이 시루와 솥과 숯에 비유한 대순의 종통 논리가 학식이 많고 적음을 떠나 귀가 얇고 비판력이 약한 사람들에게 광범위하게 먹혀 들어갔다는 사실이다.

또한 금산사 미륵불을 떠받치고 있는 쇠로 된 원통형 받침대가 세속인들이 흔히 말하는 솥이라고 하는 대순의 주장도 다음 상제님의 말씀에 비추어 볼 때 전혀 근거가 없는 주장은 아니었다.

**5. 도전님을 영대에 봉안한 데 대해**

도전님께서는 구천상제님으로부터 천부적인 종통을 계승하신 옥황상제님께 유명으로 종통을 계승하시고 종단 대순진리회를 창설하신 분이십니다. 그래서 우리는 지금까지 '양위상제님과 도전님' 이라고 입에 닳도록 불렀습니다. 어느 누구도 '양위상제님과 서가여래' 라고 호칭한 적이 없을 것입니다. 도전님께서는 종통을 이어받으신 연원이시고, 원위이십니다. 그러므로 도전님께서는 화천하시고 난 후 그 자리에 박성상제님으로 봉안한다는 것은 우리 도인의 너무나 당연한 도리입니다. 일부에서 '도전님을 영대에 봉안하고 새로운 종교를 개설하여 이단화하였다' 고 주장하지만, 대상을 마치고 난 뒤 도정실 임원회의에서 도전님을 영대에 모시자고 만장일치로 의결하고, 97. 12. 19일자로 각 방면에 공문을 발송한 바도 있습니다. 도전님을 모시는 것이 어찌 다른 종교를 만들었다고 주장할 수 있단 말입니까. 우리는 도전님을 원위에 모시고 끝까지 종단 대순진리회를 지킬 것입니다.

▲ 1999년 10월 16일자 주요일간지에 이유종측이 낸 성명서 5번에는 박한경을 '박성상제'로 봉안하였다고 적고 있다.

**＊ 형렬의 집이 가난하여 보리밥으로 상제님을 공양하더니 8월 명절을 당하여 할 수 없이 밥솥을 팔아 상제님을 공양하려고 솥을 떼 내거늘 상제님께서 보시고 말씀하시기를 "솥이 들썩이는 것을 보니 미륵불이 출세함이로다." 하시고 형렬로 하여금 "쇠꼬리 한 개를 구하여 오라." 하시므로 구하여 드리니 불을 피우고 두어 번 둘러 내신 뒤에 "태양을 바라보라." 명하시니라. 형렬이 우러러보니 해에 햇무리가 둘러 있는지라. 그대로 아뢰니 말씀하시기를 "천하대세가 큰 종기를 앓음과 같으니, 내가 이제 그 종기를 파(破)하였노라." 하시니라. (증산도 道典 2:21:4~8)**

**◉ 상제께서 형렬(亨烈)의 집에 머무르고 계실 때 형렬이 집안이 가난하여 보리밥으로 상제를 공양하여 오던 차에 八월 추석절을 맞게 되어 쇠솥을 팔아서 공양코자 하는지**

**라. 상제께서 가라사대 "솥이 들썩이니 미륵불(彌勒佛)이 출세하리라"고 이르셨도다. (대순진리회 전경 예시 86절)**

그렇다면 금산사 미륵불상을 지탱했던 솥이란 무엇을 의미했던 것일까? 왜 금산사의 미륵불은 여타의 불상과는 달리 솥 위에 조상해 놓았던 것일까?

지금도 금산사 경내에 가보면 진표율사가 미륵불상을 조상하려고 처음 시도했던 돌로 된 수미좌(일명 석련대라고 함)가 한편에 따로 놓여 있고, 미륵전의 미륵불상 밑에는 쇠로 된 원통형 수미좌가 있는 것을 확인해 볼 수가 있다.

이 원통형 쇠 곧 수미좌를 솥으로 보아 이것이 정녕 대순진리회의 주장대로 솥 정자의 정산이라는 호를 가진 사람에게 종통이 전수되는 것을 암시하는 것이란 말인가? 대순신도들은 정히 꼭 그렇다고 확신하는 사람들이다.

하지만 "미륵불상은 시루 증자의 증산 상제님이며 미륵불을 받치고 있는 솥은 솥 정자의 정산"이라는 이 그럴듯한 시루와 솥의 비유는 본래 증(甑)자가 가지고 있는 두 가지 의미, 곧 시루 증자이며 동시에 솥 증자인 증의 두 가지 의미에서 은근 슬쩍 솥의 의미를 빼버리고 마치 시루의 뜻만 가지고 있는 것처럼 해석하고 있다는 사기성이 그 출발에서부터 내재되어 있다. 바로 이 점을 놓쳐서는 안 된다.

## 증(甑)자는 시루 증자이며 동시에 솥 증자

옥편을 찾아보면 '증(甑)' 자는 시루 증 또는 솥 증이라고 뜻을 새긴다. 즉 증(甑)자는 시루와 솥의 의미를 아울러 나타내는 글자이다. 따라서 1천2백 년 전 진표율사가 앞으로 사람으로 오시는 미륵불상을 세울 때 특이하게도 솥 위에 조상하였다는 사실에서, 그 솥이 바로 솥 정(鼎)자의 정산 조철제를 의미하는 것이라고 해석하는 것은 한마디로 자기들의 주장을 합리화하기 위한 견강부회의 작위적인 해석에 지나지 않는다.

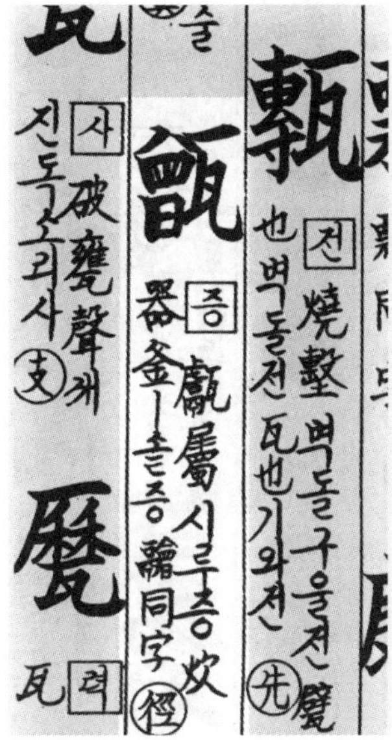

▲ 삼성문화사 대옥편에서
증(甑)이란 시루 증 또는 솥 증의 두 가지 의미를 동시에 나타내는 글자이며 주로 시루 증의 의미로 알려져 있다.

다시 한번 말하지만 증(甑)자 속에는 시루라는 뜻만 있는 것이 아니라 솥이라는 의미도 아울러 가지고 있다는 사실을 똑똑히 알아야 한다.

따라서 미륵불상을 솥 위에 조상했던 것은 앞으로 한반도에 강세하는 미륵불께서 사람으로 오실 때 솥 증자의 증산이라는 존호로 오신다는 것을 예시했다고 하는 해석이 증산 계열의 어느 교단을 초월하여 더욱 보편적이고 일반적인 설득력을 지니는 것이다.

결론적으로 미륵불상을 안치했던 솥이란 바로 사람으로 오시는 미륵불의 존호를 암시한 것이지 태극도나 대순진리회에서 주장하는 대로 솥 정자의 정산이라는 사람에게 종통이 이어진다는 것이 말함이 아니라는 사실이다.

그런데 이 시루와 솥의 일체 논리를 교묘하게 이용한 사람은 조철제만이 아니었다는 점이다. 원불교를 창시

▲ 박중빈(朴重彬, 1891~1943)
소태산(少太山)은 그의 호(號), 소태란 솥의 변형어다. 전남 영광군 백수읍 길룡리에서 출생한 그는 원불교의 창시자로 널리 알려져 있다. 하지만 그는 증산 상제님을 모셨던 박공우 성도와는 재종(육촌)지간으로 박공우 성도와 함께 원평 근처에서 살았던 적이 있으며, 이때 박공우 성도로부터 증산 상제님의 성적에 관한 수많은 이야기를 전해 들었다고 알려진다. 또한 원불교를 창시하기 전 차경석 성도의 보천교에 입교하여 증산 상제님을 돈독히 믿었던 신앙인으로도 알려져 있다. 이 문제는 원불교의 도통연원이 증산도임을 밝히는 보다 큰 문제와 연결되어 있는데 이에 대한 자세한 내용은 대원출판사에 발행한 『증산도 왜곡의 실상』에 밝혀져 있다.

한 박중빈(그의 호는 소태산으로 소태는 솥의 변형어로 솥을 상징한다)이나 그의 뒤를 이어 2대 종법사를 지냈던 송규(그의 호도 조철제와 같이 정산(鼎山)이었다) 등도 그들의 호를 솥에다 맞추어 지어 불렀다. 한마디로 말해 조철제처럼 증산 상제님 도에 뭔가 줄을 대려고 자신들의 호를 그렇게 솥에 맞추어 지은 것이다.

한편 진표율사가 미륵전을 세울 때 용소를 숯으로 메웠는데, 이 숯은 바로 나무 목자가 들어가는 박(朴)한경을 의미한다라는 주장은 더더욱 끌어다가 맞춘 교리라는 비판을 모면하기 어려운 점이 있다.

대순은 미륵전을 조성할 때 흙이 아니라 특별하게 숯으로 메웠다는 사실을 힘주어 이야기하고 있지만 사실 웬만한 대사찰치고 대개 숯을 사용하여 땅바닥의 기초공사를 했다는 사실을 알아야 한다.

가까운 예를 들어 팔만대장경이 보관되어 있는 해인사나 경주 불국사 석굴암의 땅바닥에도 숯이 깔려있다. 이렇게 숯을 이용했던 것은 이미 예로부터 전해오는 보편적인 공법으로, 그것은 숯이 가지고 있는 놀라운 수분 흡수력으로 물기가 침투하여 나무가 썩거나 쇠가 부식되는 것을 막았던 선조들의 지혜였던 것이다.

일찍이 상제님께서는 '사기(邪氣)는 김제로 옮긴다'는 말씀을 하셨다. 이 말씀은 여러 가지 면에서 살펴볼 수 있지만 특히 김제에 있는 금산사, 미륵불의 인간강세를 계시받고 이를 후세에 알리기 위해 진표율사가 창건한 금산사 미륵전을 염두에 두시고 하신 말씀으로 보아도 큰 무리가 없을 것 같다.

그것은 누군가가 이 금산사 미륵불 건립에 얽힌 이야기를 조작하여 온갖 사(邪)된 짓을 벌인다는 말씀이며, 이는 금산사 미륵불상의 시루와 솥 이야기에 종통을 합리화하는 교리조작을 하고 이에 근거하여 온 국민을 상대로 갖은 사기행각을 자행한 대순진리회와 여실히 부합되는 것이다.

다시 한번 강조하건대 금산사 미륵불상을 받치고 있는 쇠로 된 원통형 수미좌가 솥이든 시루이든 간에 그것은 사람으로 강세하시는 미륵불께서 시루 증자이며 동시에 솥 증자인 증산이라는 호를 가지고 세상에 오신다는 의미 그 이상도 이하도 아니라는 것을 분명히 알아야 한다.

▲ 송규(宋奎, 1900~1962)
박중빈의 뒤를 이은 원불교 2대 교주. 그의 호(號)가 태극도의 조철제와 같이 솥 정자의 정산(鼎山)이다. 경북 성주군 초전면 소성동에서 출생한 그는 전라도에 가야 큰 공부를 할 수 있다는 당시 보천교 신도들의 말을 듣고 젊은 시절 전라도로 와서 증산 상제님의 종통과 도통을 이으신 태모 고수부님을 찾아 헤매인 기록을 남기고 있다.

▼ 팔만 대장경이 보관되어 있는 합천 해인사 장경각(좌)과 경주의 석굴암(우).
이들 건물의 땅바닥에도 숯이 깔려있다. 자고로 숯을 이용한 건축양식은 숯이 지니는 놀라운 제습력을 이용한 고전적이고도 보편적인 방법임을 알아야 한다.

### 조철제는 언제부터 자신의 호를 '정산(鼎山)'이라고 칭했는가?

태극도에서 발행한 『조정산 전기』를 보면 조철제가 자신의 호를 정산(鼎山)이라고 자처하기 시작한 연도가 1921년 그의 나이 27살 때라고 나온다. 만주에서 돌아온 해가 1917년이므로 고국에 온지 4년 뒤의 일이다. 1921년은 조철제가 증산 상제님의 무덤을 파헤치고 성골을 도둑질하여 통사동 이씨 재실에 1년 가까이 모셔놓고 도통을 하겠다고 수도를 하던 때이다. 이 당시 조철제가 자신의 호를 솥 정자의 정산이라고 지어 부른 것은 금산사 미륵불 아래에 있는 철수미좌를 직접 눈으로 확인하고 지은 것이 아닌가 여겨진다. 지금은 금산사 미륵불아래에 있는 철수미좌를 쉽게 볼 수 없으나(금산사 측이 덥개를 씌우고 자물쇠를 채웠다), 당시는 누구라도 금산사에 가면 미륵불 아래에 있는 철수미좌를 볼 수 있었고 만질 수 있었기 때문이다. 참고로 조철제가 태어난 경남 함안군 회문리에는 솥을 뜻하는 어떠한 지명도 없다는 것을 밝혀둔다. 오히려 대한민국에서 가장 큰 도둑골(도둑고개)이 4개씩이나 있을 뿐이다. 도둑골에 대한 자세한 내용은 5장에서 밝힌다.

▶ 한글학회에서 발행한 『한국땅이름큰사전』에는 조철제가 태어난 경남 함안군 회문리 근처에 도둑골이 4개 있음을 나타내고 있고, 이러한 사실을 현지 답사에도 그대로 확인되었다. 명백히 도둑골임에도 불구하고 대순진리회 『전경』에는 도덕골이라고 미화하고 있다.

도둑-골【골】경남-하동-청암-상리- 양이터재 북쪽에 있는 골짜기.
도둑-골【마을】경남-하동-청암-위태-회신- 내회신 서쪽에 있는 마을.
도둑-골【골】경남-함안-가야-설곡- 텃골앞 동쪽에 있는 골짜기.
도둑-골【골】경남-함안-산인-운곡- 은양등 동북쪽에 있는 골짜기.
도둑-골【골】경남-함안-칠서-대티- 질넘기 서북쪽에 있는 골짜기.
도둑-골【골】경남-함안-칠원-용정- 모싯골 남쪽에 있는 으슥한 골짜기.
도둑-골【골】경남-합천-덕곡-포두- 학산 북서쪽에 있는 골짜기.
도둑-골【골】경남-합천-봉산-송림- 너릿골 남쪽에 있는 골짜기.
도둑-골【골】경남-합천-삼가-소오- 향교 서남쪽에 있는 골짜기. 전에 도둑이 숨 어 있었다 함.

## 상제님의 존호 '증산(甑山)'은 무엇을 의미하는가?

사람으로 강세하신 미륵불이신 상제님께서는 당신의 호를 태어난 마을 뒷산의 이름을 취하시어 '증산'이라고 하셨다. 그러면 상제님의 존호 '증산'은 과연 무엇을 의미하는 것인가? 그저 단순히 태어나신 마을의 뒷산이 증산이었기에 우연히 증산이라고 하셨던 것인가?

그러나 그것은 상식적으로 생각해 보아도 합당하지 않는 것이라는 것을 누구나 안다. 상제님의 존호 증산에는 상제님 진리의 성격으로 보아 꼭 증산이어야 하는 필연적인 의미를 내포하고 있다고 보아야 할 것이다. 즉, 상제님의 존호 증산은 그 한마디로 상제님 진리의 핵심을 말해 주고 있다고 보아야 한다.

따라서 상제님의 존호 '증산'이 뜻하는 바를 몇 마디의 말로써 규정한다는 것은 결코 쉽지 않은 문제이지만 우선 쉬운 차원에서 이를 알아보기로 하자.

증산의 증자는 옥편에 보면 시루 증 또는 솥 증이라는 뜻을 가지고 있다. 시루와 솥은 누구나 알다시피 음식을 쪄서 익혀내는 물건이다. 따라서 상제님의 존호 증산이 의미하는 것은 선천 봄·여름의 미완성인 종교와 과학과 기타 역사의 모든 문명을 함께 넣어서 쪄서 완성시킨다는 성숙 그리고 결실의 의미를 가지고 있다. 또한 이것은 상제님 진리의 우주관으로 보아 상제님께서 우주의 봄, 여름 세상을 문닫고 성숙과 결실의 가을 세상·후천 세상을 개창하러 오셨다는 설명과도 부합된다.

▶ 한글학회가 발행한 『한국땅이름 큰사전』을 보면, 우리나라에는 '시루산' 혹은 '증산'이라는 지명이 수백 개가 넘게 나타나는 것을 확인할 수 있다. 또한 '시루'라는 이름은 산 이름에만 국한되지 않고 고개이름, 골짜기 이름, 바위이름, 마을이름, 논 이름, 들 이름, 연못이름, 우물, 섬 등 안 쓰이는 곳이 없을 정도로 많음을 알 수 있다. 이처럼 증산은 낯선 이름이 아니라 아주 친밀한 이름이다.

흔히들 증산 상제님의 진리에 관심을 가지고 공부하는 많은 사람들은 상제님의 진리 안에는 기독교적인 요소도 있고, 불교적인 요소, 유교적인 요소, 과학, 역사, 심령과학 등 없는 것이 없다고 말하고 있다. 하지만 상제님의 진리는 단순히 기독교나 불교 등의 집합이나 혼합이 아니고 이들과 뚜렷이 구분되는 전혀 새로운 진리로서 후천 5만년 새우주의 질서이며 인류의 보편적인 대도이다. 바로 이것이 상제님의 존호가 의미하듯 선천의 미완성되어 있는 모든 진리를 함께 넣어서 푹 쪄서 전혀 새로운 완성 진리를 만들어 냈기 때문이다.

예로부터 위대한 성인이 한 명이 나오면 이 성인의 영향권 아래서 무수히 많은 아류들이 새끼쳐 나온다는 것을 역사는 말해 주고 있다. 근세사를 연구하는 학자들도 그들의 연구에서 말하기를 강증산은 19세기 말, 20세기초에 걸쳐 한국의 정신사에 있어 단연 우뚝 선 선구자, 선각자라고 말하며 그 뒤를 이은 수많은 신종교의 명멸은 증산 상제님의 아류 내지는 그 영향권에서 잉태되어 나온 것이라고 공통적으로 말하고 있다.

이미 다 아는 사실이지만, 원불교가 증산 상제님의 진리를 가져다가 불교의 옷을 입혀 놓은 것이며, 통일교가 역시 상제님의 핵심진리를 가져다가 기독교로 덧칠해 놓은 것은 천하가 다 아는 사실이다. 또한 원불교나 통일교 말고도 20세기 전 역사과정에 걸쳐 증산 상제님의 진리를 가지고 수많은 사람들이 교단을 차렸다가는 사라져간 역사가 있다.

그것은 증산상제님의 개벽진리가 너무나 위대했기에

이를 흠모한 나머지 상제님의 진리세계를 닮아 보거나 혹은 흉내내려고 한 사람들이었다. 혹자는 대놓고 상제님의 진리를 가져다가 한 판을 차렸고 혹자는 은근슬쩍 진리를 가져다가 한 판을 차렸다.

그런데 그들 중에 상제님의 이름조차 흉내내고자 했으니 그것이 바로 증자의 또 다른 의미인 솥에 대한 집착이었다. 감히 진리의 스승이신 상제님의 증산이라는 호마저 도용할 수는 없는 일인지라, 다만 증자 속에 들어 있는 솥의 의미에 집착하여 자기들의 호를 취하였으니 그들이 바로 원불교 교조인 소태산 박중빈, 박중빈의 뒤를 이은 원불교 2대 교주가 된 정산(鼎山) 송규, 그리고 태극도를 만든 정산(鼎山) 조철제였던 것이다.

하지만 진리의 스승이신 상제님의 존호를 흉내낸 것까지는 봐줄 수 있으나 문제는 이것을 가지고 장난을 쳤다는 사실이다. 증(甑)자의 의미가 분명히 시루와 솥을 동시에 내포하고 있는데도 불구하고, 시루 따로 솥 따로의 교리를 만들어, 시루는 솥이 없으면 아무소용이 없다느니 하면서 마치 시루보다 솥이 더 위대한 것을 은연중 내비친 무례를 저질렀으니, 이들은 모두 스승을 닮으려는 자들이 아니라 스승을 밟고 넘어서서 깔아뭉개려 한 난법난도자였던 것이다.

## 시루와 솥의 조작된 종통교리를 합리화하기 위하여 거짓으로 지어낸 말과 삭제한 말씀들

대순진리회 교리의 핵심은 시루와 솥의 일체비유에 따른 양산도 교리이며, 양위상제 교리는 여기에 뿌리를 박고 있다.

즉, 시루가 아무리 위대하다 할지라도 솥이 없으면 무용지물이므로, 시루 증자의 증산이 상제라면 시루만큼 중요한, 아니 어떤 의미에서는 시루보다 더 위대한 솥 정자의 정산 조철제도 상제라는 것이다. 바로 이러한 정신구조 위에서 대순 신도들은 양위 상제라는 교리를 받아들이고 있으므로 조철제가 옥황상제라는 말이 조금도 어색하게 들릴 리가 없는 것이다.

자 그러면 대순진리회가 이 시루와 솥, 증산과 정산, 양위상제를 합리화하기 위하여 거짓으로 만들어 낸 말씀들을 알아보자.

대순진리회는 1974년에 처음 출간한 『전경(典經)』이라는 자체 경전을 사용하는데, 이것은 박한경이 태극도 대표 격인 도전으로 있던 1965년에 발간된 『선도진경』을 모방해서 쓴 것이고, 『선도진경』은 이상호가 편찬한 『대순전경』을 토씨마저도 거의 같게 100% 그대로 베낀 것이다.

하지만 『선도진경』과 『전경』에는 『대순전경』에는 보이지 않던 다음의 몇 말씀이 처음 등장하는 것을 볼 수 있는데, 이러한 말씀은 그 여타의 어떤 상제님 성훈 성적 기록물에도 없는 말씀이다.

▲ 조철제가 살아 있을 때 태극도는 독자적인 경전(經典)을 갖지 못하였다. 태극도가 자기들만의 경전을 가진 것은 박한경이 도전으로 있던 1965년의 일로 이때 발행한 것이 『선도진경(宣道眞經)』이다. 그런데 이 『선도진경』은 과거에 없던 새로운 기록들이 아니라 이상호가 지은 『증산천사공사기』와 『대순전경』의 내용을 거의 그대로 베낀 것이 대부분이며, 자기들의 종통을 주장하는 조작된 성구를 몇 개 새로 끼워 넣은 것이다. 그러한 성구 중에 핵심 성구가 다시 대순진리회 『전경』속으로 그대로 삽입되었다.

◉ 시루산으로부터 용(龍)이 내려와 객망리(客望里) 뒷산이 솟았고 객망리 앞에 옥녀답(玉女畓)이 있으며 좌측으로 산맥이 뻗어 송산리란 작은 마을이 있고 그 앞에 덕천 사거리니 이평과 정읍 고부와 초강으로 통하는 십자거리이다. 이평가는 길을 넘어서는 <u>부정리(扶鼎里)</u>가 있고 그 옆에 <u>쪽박골</u>이 있으니… (태극도 선도진경 초판 1:4) (대순진리회 전경 행록 1장 4절)

4・이 시루산 동쪽 들에 객망리(客望里)가 있고 그 산 남쪽으로 뻗은 등(燈)관재 너머로 연촌(硯村)・강동(講洞)・배장골(拜將谷)・시목동(柿木洞)・유왕골(留王谷)・필동(筆洞) 등이 있으며 그 앞들이 기름들(油野)이오。 그리고 이 들의 북쪽에 있는 산줄기가 뻗친 앞들에 덕천 사거리(德川四街里) 마을이 있고 여기서 이평(梨坪)에 이르는 고갯길을 넘으면 **부정리(扶鼎里)**가 있고 그 옆 골짜기가 **쪽박골**이로다。

상제님께서 강세하신 객망리의 지리를 설명하는 구절인데 무심코 읽으면 모르지만 주의해서 관찰하면 부정리와 쪽박골이라는 지명이 등장한다. 부정리(扶鼎里)의 부(扶)자는 도울 부, 잡을 부자이고, 정(鼎)은 솥 정자이다. 따라서 부정리는 솥을 잡는다 혹은 솥을 돕는다 뜻을 갖는 지명이다. 이 구절은 시루산에서 비롯한 지세가 부정리로 쭉 연결된다는 것인데 그 사실 여부를 떠나 이러한 지리 설명이 들어간 의도가 무엇이겠는가?

◀ 신월마을에서 바라다 본 부정리. 저곳에 60년대까지 다섯 채의 집이 들어서 마을을 형성하고 있었다고 한다. 지금은 논과 밭만이 있을 뿐이다.

〈비매품〉

井邑郡史

1985年 1月 29日 印刷

1985年 2月 28日 發行

발행처 : 井邑郡文化公報室

印刷 : 全州青雄製紙(株)印刷部 ☎72－1196～8

▲ 전북 정읍군 덕천면 면사무소에 보관되어있는 『정읍군사』에는 부정마을이 등장한다. 그곳에는 다섯 가구가 있었다고 되어 있는데 한자 지명이 부정(扶鼎)이 아니라 부정(扶丁)이다.

196 自然과 人文

| 里 | 聚落名 | 戶數 | 成村年代 | 主居姓氏 |
|---|---|---|---|---|
| 新月里 | 新松 | 66 | 200 年以上 | 晋州姜氏 |
| | 新月 | 24 | 300 〃 | 達城徐氏 |
| | 扶丁 | 5 | | 〃 |
| | 三峰 | 62 | 300 〃 | 全州李氏 |
| 達川里 | 永達 | 13 | 100 〃 | 光山金氏 |
| | 內基(안터) | 7 | 100 〃 | 彥陽金氏 |
| | 龍谷 | 47 | 100 〃 | 瀛州李氏 |
| | 際隅 | 32 | 300 〃 | 彥陽金氏 |
| | 野里 | 9 | 200 〃 | 密陽朴氏 |
| | 山隅(산우마을) | 42 | 100 〃 | 礪山宋氏 |
| | 三家村(새가우뜸) | 6 | 100 〃 | |
| | 龍頭 | 53 | 100 〃 | 文化柳氏 |
| 傳 | 斗池 | 51 | 300 〃 | 全州崔氏 |
| | 현촌 | 10 | 300 〃 | 礪山宋氏 |

금방 눈치채듯이 시루(시루산)와 솥(부정리)의 일체 논리를 합리화하기 위한 것임을 짐작할 수가 있다.

그리고 부정리 옆에 쪽박골이라는 지명이 나오는데 이것은 무엇을 의미하는 구절인가? 그것은 대순 신도들이 박한경 생존시 포교할 때 즐겨 사용했던 쪽박론(?)을 되새겨보면 금방 알 수 있다.

그들의 말에 의하면 우리 나라에는 쓰리박(three Parks)이 있는데, 한 명은 박정희 전대통령이고, 또 한 명은 영생교의 뿌리인 전도관의 박태선 장로이고, 나머지 한 명이 박한경으로 이들 셋이 모두 정사(丁巳)생인데, 나머지 두 명은 먼저 죽고 박한경이 홀로 남아서 쪽박이 되었으며, 사람들이 보통 하는 쪽박찬다는 말은 바로 박한경을 가르킨다는 것이다.

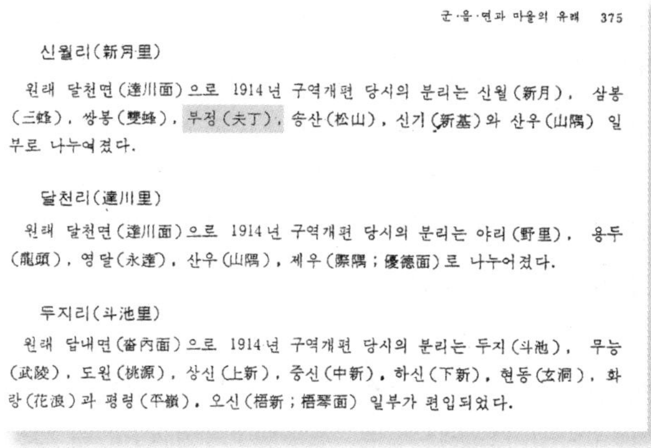

군·읍·면과 마을의 유래 375

신월리(新月里)

원래 달천면(達川面)으로 1914년 구역개편 당시의 분리는 신월(新月), 삼봉(三峰), 쌍봉(雙峰), 부정(夫丁), 송산(松山), 신기(新基)와 산우(山隅) 일부로 나누여졌다.

달천리(達川里)

원래 달천면(達川面)으로 1914년 구역개편 당시의 분리는 야리(野里), 용두(龍頭), 영달(永達), 산우(山隅), 제우(際隅; 優德面)로 나누어졌다.

두지리(斗池里)

원래 답내면(畓內面)으로 1914년 구역개편 당시의 분리는 두지(斗池), 무능(武陵), 도원(桃源), 상신(上新), 중신(中新), 하신(下新), 현동(玄洞), 화랑(花浪)과 평령(平嶺), 오신(梧新; 梧琴面) 일부가 편입되었다.

내고장傳統文化

井邑郡

〈비매품〉

내고장傳統文化

1983년 9월 21일 인쇄

1983년 11월 9일 발행

발행처 : 정읍군청공보실

인쇄 : 전주 청웅제지(주)인쇄부 ☎ 72－1196～8

▲ 전북 정읍군 덕천면 면사무소에 보관되어있는 향토지 『내고향 전통문화』에도 부정마을은 등장한다. 그곳의 한자 지명은 부정(夫丁)으로 나온다.

그렇다면 과연 상제님 강세지인 객망리에 가면 이러한 부정리와 쪽박골이 있단 말인가? 정녕 궁금한 대목이 아닐 수 없다.

실제 답사를 해보니 이는 전혀 사실과 다르다는 것이 드러났다. 진실은 부정리(扶鼎里)가 아니라 '부정리(夫丁里)' 였으며, 쪽박골이 아니라 '좆박골' 이었다는 사실이다.

이것은 무엇을 말하는가? 한마디로 자기들의 종통을 합리화하기 위하여 말씀을 완전히 조작했다는 말이다. 이러한 지명 조작은 여기에 그치지 않는다.

◉ **여흥 민씨(驪興閔氏)가 어느 날 하늘로부터 불빛이 밝게 자기에게 비치더니 그후 잉태하여 한 아기를 낳으니라. 이 아기가 장차 상제의 공사를 뒤이을 도주이시니 때는 을미년 십 이월 초나흘(十二月四日)이고 성은 조(趙)씨이요, 존휘는 철제(哲濟)이요, 자함은 정보(定普)이시고 존호는**

**정산(鼎山)이시며 탄강한 곳은 경남 함안군 칠서면 회문리(慶南咸安郡漆西面會文里)이도다. 이곳은 대구(大邱)에서 영산. 창령. 남지에 이르러 천계산. 안국산. 여항산. 삼족산. 부봉산으로 연맥되고 도덕골(道德谷)을 옆에 끼고 있는 문동산. 자고산의 아래로 구미산을 안대하고 있는 마을이로다. (대순진리회 전경 교운 2장 1절)**

이것은 조철제의 일생을 67개의 성구로 만들어서 교운 제 2장이라는 제목으로 끼워 넣은 『전경』의 한 구절인데 대순이 옥황상제라고 받드는 조철제가 태어난 칠서면 회문리 마을을 갖가지 지명을 들어 묘사하는 대목이다. 그런데 여기서도 조작된 곳이 있음이 밝혀졌다. 그것은 회문리가 옆에 도덕(道德)골을 끼고 있다고 은근 슬쩍 미화하고 있지만 실제 답사 결과 본래 이름은 도덕골(道德谷)이 아니라 '도둑골'로 밝혀진 것이다.

도둑골이란 쉽게 얘기해서 도둑놈이 들끓는 골짜기라는 뜻으로 이러한 도둑골은 이곳 함안군 칠서면의 회문리 뿐만이 아니라 전국에도 수백 군데가 있는 것으로 확인되었다.

이상의 한 두 가지 예를 통해서 능히 짐작하고도 남는 것이지만 대순진리회가 경전으로 사용하고 있는 『전경(典經)』은 실로 여러 곳에 걸쳐 조작된 말과 왜곡된 말로 가득 차 있다는 사실이다.

그 중에 가장 핵심이 되는 것 중에 하나가 다음 구절이다.

◀ 조철제의 고향 경남 함안군 회문리 부근에 있는 도둑골.
이곳에는 큰 도둑골이 4개가 있는데 사진으로 보는 도둑골은 그중에 하나로 평림마을과 어령마을 이어주는 도둑골이다. 평림마을에 거주하는 표석구씨(54살)는 이 도둑골짜기에서 무수히 많은 장꾼들이 살해당했으며, 단순한 도둑골이 아니라 살인 강도골이었음을 힘주어 증언하였다.

**◉ 또 가라사대 전해오는 말에 모악산하(母嶽山下)에 금불(金佛)이 능언(能言)하고 육장금불(六丈金佛)이 화위전녀(化爲全女)라 만국활계남조선 청풍명월금산사 문명개화삼천국 도술운통구만리라고 외워주시고 또 하루는 종도들에게 금산사의 미륵불을 가르키시며 시속의 말에 양산도를 하네 라는 말은 바로 이 금불을 가르켜서 양산도(兩山道)라고 하느니라. (태극도 선도진경 초판 5:4~5) (대순진리회 전경 예시 14~15절)**

증산 상제님께서 금산사 미륵불을 가리켜 양산도라고 하셨다는 말인데 여기서 양산이란 시루와 솥 즉 증산과 정산을 겨냥한 말이다. 이 구절은 대순의 종통 교리를 떠받치고 있는 핵심 구절이다. 하지만 이상한 사실은 이토록 중요한 성구가 오로지 태극도의 『선도진경』(1965년 초판발행)과 대순진리회의 『전경』(1974년)에만 등장할 뿐 상제님 성훈성적 최초기록인 1926년의 『증산천사공사기』(1926)와 『대순전경』 초판(1929년)을 비롯한 그 여타의 어떠한 기록에도 나오지 않는다는 점이다. 그것은 무엇을 말하는가? 1000% 조작된 성구라는 사실이다.

그렇다면 양산도라는 말은 어디에서 비롯된 말이며 대순은 왜 상제님께서 양산도 운운하셨다는 조작된 말을 그들의 경전에 끼워 넣었던 것인가? 물론 이 조작된 성구는 증산과 정산의 양산을 합리화하기 위한 것이다.

양산(兩山)이란 말은 원래 없던 말이 아니고 우리 나라 전래의 비결용어로서 전해오는 말이다. 시중에서 판매되고 있는 『격암유록』을 보면 양백(兩白)이란 용어와 함께 양산(兩山)이란 용어도 함께 찾아 볼 수 있다. 양백이란 두 신선을 의미하는 것으로 후천개벽기에 인류를 구원하는 두 분 진인을 의미하는 것이지만 그 두 분이 누구냐 하는 것은 상제님 진법을 체득한 자만이 알 수 있는 천기일 뿐이다. 양산이란 의미도 이에 준하는 비결용어이다.

하지만 상제님이 이 비결용어를 취하시어 금산사 미륵불을 가르켜 양산 운운하셨다는 말은 조작된 것이며 이는 시루와 솥의 일체에 따른 종통교리를 합리화하기 위하여 끼워 넣은 것일 뿐이다.

## 부정리(扶鼎里)가 아닌 부정리(扶丁里) 답사기

취재팀이 상제님 생가(生家)가 있는 정읍군 덕천면 신월리를 찾은 것은 10월 하순 토요일이었다. 우선 덕천면사무소에 들렀다. 어디든 시골 인심은 좋은 것 같다. 면장님 이하 면사무소 직원들은 우리 일행을 반갑게 맞이하고 궁금한 점에 대해 자상하게 일러주었다.

하지만 면사무소 직원들도 부정리와 좃박골을 잘 모르고 있었다. 나중에 안 것이지만 부정리는 이미 사람이 사는 마을이 아닌 그저 주로 밭농사를 짓는 여느 산등성이의 땅일 뿐이었기 때문이다. 더욱이 직접 가서 확인해 보니 무덤만 여러 개 있는 쓸쓸한 곳이었다.

면사무소 산업계의 김익락(金益洛) 계장과 함께 차를 타고 신월리 이장댁으로 갔다. 박봉권(朴奉權) 이장은 신월 마을을 마주보고 있는 산등성이를 가르키며, 저쪽이 바로 부정마을인데 지금은 사람이 살지 않는다고 확

◀ 부정리(扶丁里)의 증언자 신판덕 옹. 답사도중 우연히 만난 신판덕(申判德,61세) 옹은 이 곳 부정리에 밭농사를 짓는 땅을 소유하고 있는 분이셨다. 친절하게도 취재팀을 구석구석 안내하며 이곳에 예전에 한의원을 비롯한 다섯 가구가 부락을 형성하고 있었음을 증언해 주었다. 신월 마을에서 덕천 4거리를 넘어가는 길가 쪽에서 찍은 사진이다.

인해 주었다. 취재진이 한자(漢字)로 어떻게 쓰는지를 알고 싶다고 하자 직접 손으로 하늘에다 부정리(扶丁里)라고 써 보이며 옛날 지적도 등에도 다 이렇게 쓰여 있다고 했다.

마을 이름의 유래를 물어 보았다. 하지만 박(朴) 이장은 유래를 알지 못한다고 하였다. 취재진은 다시 쪽박골의 위치를 물어 보았다. 박 이장은 쪽박골로 발음하지 않고 좃박골로 발음하면서, 덕천 사거리에서 신월마을을 향하여 언덕을 넘어 오면서 좌측 산쪽에 좃박골이 있고 오른쪽 산등성이 넘어서가 부정리라고 가르쳐 주었다. 취재진이 좃박골의 지명 유래를 물어 보았지만 박 이장은 역시 잘 모른다고 말하였다.

그러면서 이렇게 부정리와 좃박골의 한자(漢字)이름과 존재여부를 묻는 것이 본 취재팀이 처음이 아니라는 것을 확인해 주었다. 그동안 서울 등지에서 가끔씩 대학생이라고 하면서 부정리의 한자(漢字)와 실제로 쪽박

▶ 좃박골
신월 마을에서 덕천 4거리를 넘어가는 길 오른쪽에 보이는 산등성이가 좃박골이다. 왼쪽으로 보이는 산등성이 밑에 부정리가 있다. 마을 주민들의 정확한 발음은 한결같이 쪽박골이 아니라 좃박골이었다.

골이라는 지명이 있는지를 물어본 적이 여러 차례 있었다는 것이다(아마도 대순진리회 신도가 아닌가 여겨진다).

취재진은 그날 덕천 4거리를 중심으로 부정마을과 좃박골의 유래에 대해 잘 안다는 노인들을 탐문해 보았지만, 나이든 촌로들 조차도  마을 지명의 정확한 유래를 알지 못했다. 우연히 맞닥뜨린 신판덕(申判德, 61세)옹은 마침 부정리에 밭농사를 짓는 땅을 가지고 있다고 하면서, 지금은 이곳에 아무도 살지 않지만 과거에는 다섯 가구가 살았었다는 증언을 해 주었다.

덕천면 사거리에서 떡방아간을 한다는 송기만(宋基萬, 76세)옹은 좃박골의 지명 유래를 잘 모르지만 어릴 적에 이곳에 여우가 많이 살았으며 동네 어른들이 말을 잘 안듣고 속썩이는 애들을 보고 곧잘 '저 좃박골 백여시 같은 놈'이라고 했었다고 증언해 주었다. 젊은 사람들 중에는 좃박골과 부정리의 이름을 아는 사람은 거의

◀ 다섯 가구가 있었다는 부정리(扶丁里). 그러나 대순진리회 『전경』에는 부정리(扶鼎里)로 나온다. 혹자는 한자 한 글자 틀린 것이 무슨 그리 대수냐고 말할 지 모른다. 그러나 이 글자 하나는 수많은 사람들을 난법으로 끌어들였던 문제의 글자이다. 수십 년 동안 대순진리회 임원들은 금산사 미륵전의 시루와 솥의 이야기와 함께 증산 상제님이 탄강하신 마을의 시루산과 부정리에 이야기하며 그들의 거짓 종통을 진실인 양 말하며 사람들을 삿된 길로 끌어 들였다.

없었다.

돌아오는 길에 면사무소에 들러 그곳에 보관된 『정읍군사(井邑郡史)』와 『내고향 전통문화』라는 군지(郡誌)를 확인해보았다. 그곳에는 부정리의 한자지명이 '부정(扶丁)' 혹은 '부정(夫丁)'으로 수록되어 있었다.(한국학회에서 발행한 「한글지명총람」에도 부정(夫丁)으로 기록되어 있다).

이번 취재를 통해 부정리의 지명이 대순진리회 전경에 수록된 솥 정(鼎)자를 쓰는 '부정리(扶鼎里)'가 아니라, 고무레 정(丁)자를 쓰는 '부정리(夫丁里)' 혹은 '부정리(扶丁里)'라는 사실을 확인했다. 그리고 쪽박과 좃박의 차이점을 명확히 확인하지 못했지만 쪽박골이 아니라 좃박골임도 알게 되었다. 즉 대순진리회에서 조철제와 박한경을 신비화시키기 위해, 역사적으로 내려오는 지명조차 조작했다는 것을 명명백백하게 확인한 것이다.

취재를 마치고 돌아오는 길에 차안에서 누군가가 이런 말을 했다. "좃박골을 가지고 혹시 대순진리회 사람들이 조씨와 박씨의 골짜기라는 식으로 말맞춤을 해, 조철제와 박한경이 종통을 이어받았다고 주장하지 않을까요?"

이 말을 듣고 일행 모두는 깔깔 웃었지만 뒷맛은 개운치 않았다. 이런 식의 대순진리회의 교리조작은 하나 둘이 아니기 때문이다.

## 말씀을 조작한 자들의 최후에 대한 증산 상제님 말씀

우리는 지금까지 대순진리회가 조철제와 박한경으로 이어지는 종통을 조작하기 위하여 금산사 미륵전을 이용하여 시루와 솥과 숯이라는 유치한 교리를 조작하고, 여기에 근거하여 양위상제 또는 삼위상제라는 엉터리 상제관을 지어냈으며, 이를 합리화하기 위하여 수부도수에 관한 그 많은 상제님 말씀들을 삭제 혹은 변형시킨 사실을 확인해 보았다.

이제 이러한 말씀조작이라는 중대 범죄를 저지른 대순진리회의 운명은 앞으로 어떻게 될 것인가?

상제님께서는 이미 대순진리회의 종말에 대하여 다음과 같은 사망선고를 내리셨다는 것을 증산도 『도전』은 물론 그들이 종통을 조작하려고 만들었던 난법 문서 『선도진경』과 『전경』의 다음 상제님 말씀을 통해 확인해보면서 이 장을 끝맺는다.

**◉ 모든 일을 있는 말로 지으면 천지가 부수려 하여도 못 부술 것이요, 없는 말로 꾸미면 부서질 때에 여지가 없느니라. (1929년에 발행된 최초의 기록 『대순전경』 1판 8:14)**

**▲ 모든 일을 있는 말로 만들면 천지가 부수려고 하여도 못 부술 것이오 만일 없는 말로 꾸미면 부서질 때는 여지가 없느니라. (1965년에 발행된 태극도 『선도진경』 4:56:2)**

◉ "모든 일을 **있는 말**로 만들면 아무리 천지가 부수려고 할지라도 부수지 못할 것이고 **없는 말**로 꾸미면 부서질 때 여지가 없나니라"고 말씀하셨도다. (1974년에 초판이 발행된 대순진리회 『전경』 교운 1장 36절)

* 모든 일을 있는 말로 지으면 천지가 부수려 하여도 못 부술 것이요, 없는 말로 꾸미면 부서질 때에 여지가 없느니라. (증산도 道典 4:23:4)

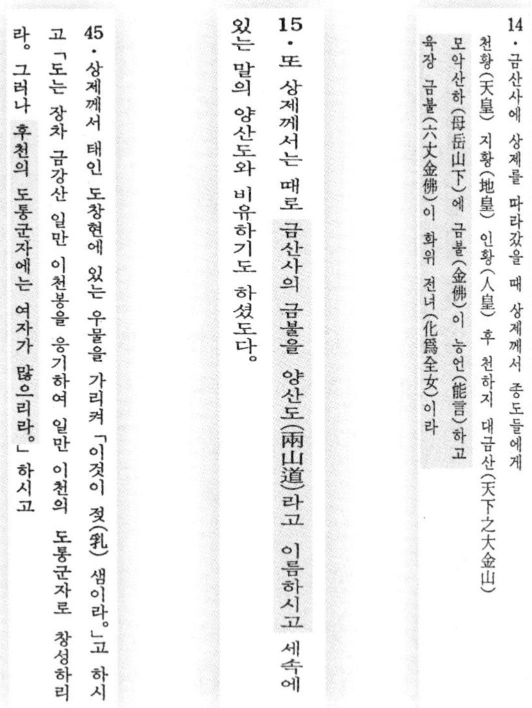

14・금산사에 상제를 따라갔을 때 상제께서 종도들에게
천황(天皇) 지황(地皇) 인황(人皇) 후 천하지 대금산(天下之大金山)
모악산하(母岳山下)에 금불(金佛)이 능언(能言)하고
육장 금불(六丈金佛)이 화위 전녀(化爲全女)이라

15・또 상제께서는 때로 금산사의 금불을 양산도(兩山道)라고 이름하시고 세속에
있는 말의 양산도와 비유하기도 하셨도다。

45・상제께서 태인 도창현에 있는 우물을 가리켜 「이것이 젖(乳) 샘이라。」고 하시
고 「도는 장차 금강산 일만 이천봉을 응기하여 일만 이천의 도통군자로 창성하리
라。 그러나 후천의 도통군자에는 여자가 많으리라。」 하시고

▶ 『전경』에 조작되어 있는 대표적인 성구

## 대순진리회가 종통조작을 위해 거짓 지어낸 대표적인 구절들

| 초기경전인 대순전경 (1929년 초판 발행후 현재 11판) | 대순진리회 전경(1974년 발행) | 증산도 도전 (1992년 발간) |
|---|---|---|
| ⊙ 없음 | 이 시루산 동쪽 들에 객망리(客望里)가 있고 그 산 남쪽으로 뻗은 등(燈)판재너머로 연촌(硯村). 강동(講洞). 배장골(拜將谷). 시목동(枾木洞). 유왕골(留王谷). 필동(筆洞) 등이 있으며 그 앞들이 기름들(油野)이오. 그리고 이 들의 북쪽에 있는 산줄기가 뻗친 앞들에 덕천 사거리(德川四街里)마을이 있고 여기서 이평(梨坪)에 이르는 고갯길을 넘으면 부정리(扶鼎里)가 있고 그 옆 골짜기가 쪽박골이로다. (전경 1:1:4)<br><br>* 답사결과 부정리(扶鼎里)는 부정리(夫丁里)로 쪽박골을 족박골이었음이 밝혀졌다. | ⊙ 없음 |
| ⊙ 없음 | 금산사에 상제를 따라갔을 때 상제게서 종도들에게<br>천황 지황 인황 천하지대금산<br>天皇 地皇 人皇 후 天下之大金山<br>모악산하 금불 능언<br>母岳山下에 金佛이 能言하고<br>육장금불 화위전녀<br>六丈金佛이 化爲全女이라<br>만국활계남조선 청풍명월금산사<br>萬國活計南朝鮮 淸風明月金山寺<br>문명개화삼천국 도술운통구만리<br>文明開花三千國 道術運通九萬里<br>란 구절을 외워주셨도다. (전경 7:1:14)<br><br>또 상제께서는 때로 금산사의 금불을 양산도(兩山道)라고 이름하시고 세속에 있는 말의 양산도와 비유하기도 하셨도다. (전경 7:1:15) | ⊙ 없음 |
| ⊙ 없음 | 도주께서 다음 해 정월 보름에 석성장을 앞세우고 정읍 마동(馬洞) 김기부(金基夫)의 집에 이르러 대사모님과 상제의 누이동생 선돌부인과 따님 순임(舜任)을 만나셨도다. 선돌부인은 특히 반겨 맞아들이면서 "상제께서 재세시에 늘 을미생이 정월 보름에 찾을 것이로다"라고 말씀하셨음을 아뢰이니라. 부인은 다시 봉서(封書)를 도주께 내어드리면서 "이제 내가 맡은 바를 다 하였도다" 하며 안심하는도다. 도주께서 그것을 받으시고 이곳에 보름 동안 머무시다가 황새마을로 오셨도다. (전경 3:2:13) | ⊙ 없음 |

## 대순진리회가 종통조작을 위해 수부도수에 관한 증산 상제님 말씀을 완전 삭제한 경우(1)

| 초기경전인 대순전경<br>(1929년 초판 발행후 현재 11판 발행) | 대순진리회 전경<br>(1974년 초판 발행) |
|---|---|
| 하루는 천사께서 종도 10여인을 뜰 아래 늘여 세우신 뒤에 고부인과 더불어 마루에 앉으사 차경석을 명하여 망치를 들리고, 천사와 부인을 치며 동상례(同床禮)를 받게 하시니 부인 이 방으로 뛰어 들어가며 가로대 "죽으면 한 번 죽을 것이요, 두 번 죽지는 못하리라" 하시니 천사께서 크게 칭찬하시고, 다시 안내성에게 망치를 들리사 경석을 치며 무엇을 하려느냐고 물으시니 경석이 역모를 하겠다고 대답하는지라. 이에 부인에게 일러 가라사대 "네 나이는 스물 아홉이요, 내 나이는 서른 여덟이라. 내 나이에서 아홉 살을 감하면 내가 너 될 것이요, 네 나이에 아홉 살을 더하면 네가 나 될지니 곧 **내가 너 되고, 네가 나 되는 일이니라"** 하시니라. (대순전경 4:64) | ⊙ 삭제함 |
| 하루는 천사께서 반드시 누우신 뒤에 부인으로 하여금 배 위에 걸터 앉아 칼로 배를 겨누며 **"나를 일등으로 정하여 모든 일을 맡겨 주시렵니까"** 라고 다짐을 받게 하시고 이를 허락하시고 천사께서 허락하여 가라사대 "대인의 말에는 천지가 쩡쩡 울려 나가나니 **오늘의 이 다짐은 털끝만치도 어김이 없으리라"** 하시고 이도삼(李道三), 임정준(林正俊), 차경석(車京石), 세 사람으로 하여금 증인을 세우시니라.<br>(대순전경 4:66:) | ⊙ 삭제함 |
| 천사께서 매양 고부인의 등을 어루만지시며 가라사대 "너는 복동이라 장차 **천하사람의 두목이 되리니 속히 도통을 하리라"** 하시니라. (대순전경 3:127) | ⊙ 삭제함 |

| 증산도 도전<br>(1992년 발간) |
| --- |
| 무신(戊申 : 道紀 38, 1908)년 어느 날 상제님께서 성도 10여명을 뜰 아래 늘여 세우신 뒤에, 고수부님과 더불어 마루에 앉으시어 경석에게 망치를 들리시고 상제님과 수부님을 치며 동상례(東床禮)를 받게 하시니 수부님께서 방으로 뛰어들어가며 말씀하시기를 "죽으면 한 번 죽을 것이요 두 번 죽지는 못하리라." 하시니 상제님께서 크게 칭찬하시고, 다시 안내성에게 망치를 들리시어 경석을 치며 "무엇을 하려느냐?"고 묻게 하시니 경석이 "역모(逆謀)를 하겠다."고 대답하는지라.<br>이에 수부님에게 일러 말씀하시기를 "네 나이는 스물아홉이요, 내 나이는 서른여덟이라. 내 나이에서 아홉 살을 빼면 내가 너 될 것이요, 네 나이에 아홉 살을 더하면 네가 나 될 것이니 곧 **내가 너 되고, 네가 나 되는 일이니라.**" 하시니라. (道典 6:28:1~8) |
| 하루는 상제님께서 반듯이 누우신 뒤에 수부님으로 하여금 배 위에 걸터앉아 칼로 배를 겨누며 **"나를 일등으로 정하여 모든 일을 맡겨 주시렵니까?"** 하고 다짐을 받게 하시고 이를 허락하시며 말씀하시기를 "대인의 말에는 천지가 쩡쩡 울려 나가나니 **오늘의 이 다짐은 털끝만큼도 어김이 없으리라."** 하시고 이도삼(李道三), 임정준(林正俊), 차경석(車京石), 세 사람으로 하여금 증인을 세우시니라. (道典 6:29:1~4) |
| 상제님께서 매양 수부님의 등을 어루만지시며 말씀하시기를 "너는 복동이로다. 장차 **천하 사람의 두목이 되리니 속히 도통을 하리라."** 하시니라. (道典 6:36:4~6) |

## 대순진리회가 종통조작을 위해 수부도수에 관한 증산 상제님 말씀을 완전 삭제한 경우(2)

| 초기경전인 대순전경<br>(1929년 초판 발행후 현재 11판 발행) | 대순진리회 전경<br>(1974년 초판 발행) |
|---|---|
| 동짓달 초 사흗날 천사께서 고부인을 맞아 수부로 하실 새 부인에게 일러 가라사대 "내가 너를 만나려고 15년 동안 정력을 들였나니 이로부터 **천지 대업을 네게 맡기리라"** 하시고 인하여 부인을 옆에 끼시고 붉은 책과 누런 책 각 한 권씩을 앞으로부터 번갈아 깔며 그 책을 밟으며 방에서 마당에까지 나가사 "남쪽 하늘의 별을 바라보고 네 번 절하라" 하시고 다시 그 책을 번갈아 깔며 밟아서 방으로 들어오시니라. (대순전경 3:31) | ⊙ 삭제함 |
| 천사 윤칠에게 또 일러 가라사대 "네 매씨를 잘 공양하라. 네 매씨가 굶으면 천하 사람이 모두 굶을 것이요, 먹으면 천하 사람이 다 먹을 것이요, 눈물을 흘리면 천하 사람이 다 눈물을 흘릴 것이요, 한숨을 쉬면 천하 사람이 다 한숨을 쉴 것이요, 기뻐하면 천하 사람이 다 기뻐하리라" 하시니라. (대순전경 3:124) | ⊙ 삭제함 |
| 시월에 천사께서 구릿골로부터 대흥리에 오시어 종도들과 함께 밖에 나가사 무우를 뽑아 나누어 먹으시며 내일 고부인(高婦人)을 구릿골로 데려가실 의논을 하고 들어오사 부인에게 일러 말씀하시기를 "내 털토수와 남바우를 네가 쓰고 우리 둘이 함께 걸어갈지라. 우리가 그렇게 걸어서 곳곳을 구경하며 가면 사람들이 우리를 보고 부러워하여 말하기를 **저 양주(兩主)는 둘이 똑같아서 천정연분(天定緣分)이로다.** 하리니 세상 사람들은 우리를 구경하고, 우리는 세상 사람을 구경하며 슬슬 걸어가는 것이 좋으리라" 하시더니 그 이튿날 다시 말씀치 아니하시니라. (대순전경 4:100) | ⊙ 삭제함 |

| 증산도 도전<br>(1992년 발간) |
| --- |
| 정미(丁未 : 道紀 37, 1907)년 11월 초사흗날 상제님께서 고부인을 맞아 예식을 올리실 때 부인에게 이르시기를 "내가 너를 만나려고 15년 동안 정력을 들였나니 이로부터 **천지대업을 네게 맡기리라."** 하시며 수부님을 옆에 끼시고 붉은 책과 누런 책 각 한 권씩을 앞으로부터 번갈아 까시고는 그 책을 밟으며 방에서 마당에까지 나가시어 "남쪽 하늘의 별을 바라보고 네 번 절하라." 하시고 다시 그 책을 번갈아 깔며 밟아서 방으로 들어오시니라. (道典 6:16:1~4) |
| 상제님께서 윤칠에게 이르시기를 "네 매씨를 잘 공양하라. 네 매씨가 굶으면 천하 사람이 모두 굶을 것이요<br>먹으면 천하 사람이 다 먹을 것이요, 눈물을 흘리면 천하 사람이 다 눈물을 흘릴 것이요 한숨을 쉬면 천하 사람이 다 한숨을 쉴 것이요, 기뻐하면 천하 사람이 다 기뻐하리라." 하시니라. (道典 6:36 :1~3) |
| 10월에 상제님께서 구릿골에서 대흥리에 오시어 성도들과 함께 밖으로 나가 무를 뽑아 나누어 잡수시며 내일 고수부를 구릿골로 데려가실 일을 의논하고 들어오시어 수부님에게 일러 말씀하시기를 "내 털토시와 남바위를 네가 쓰고 우리 둘이 함께 걸어가자. 우리가 그렇게 걸어서 곳곳을 구경하며 가면 사람들이 우리를 보고 부러워하여 말하기를 **'저 양주는 둘이 똑같아서 천정연분(天定緣分)이로다.'** 하리니 세상 사람들은 우리를 구경하고, 우리는 세상 사람을 구경하며 천천히 걸어가는 것이 좋으리라." 하시더니 그 이튿날 다시 말씀치 아니하시니라. (道典 6:35:1~5) |

## 대순진리회가 종통조작을 위해 수부도수에 관한 말씀을 변형 · 왜곡하여 그 의미를 약화시킨 경우(1)

| 초기경전인 대순전경<br>(1929년 초판 발행후 현재 11판 발행) | 대순진리회 전경<br>(1974년 초판 발행) | 증산도 도전<br>(1992년 발간) |
|---|---|---|
| 태인(泰仁) 고현내(古懸內)행단(杏 壇)에 이르사 경석에게 일러 가라사대 공자가 행단(杏壇)에서 강도(講道)였나니 여기서 네게 한 글을 전하리라 하시고 옛 글 한 장을 외워주시며 잘 지키라 이러하니라. (중략)<br>또 가라사대 **내 일은 수부(首婦)가 들어야 되는 일이니** 네가 일을 하려거든 수부를 들여 세우라 하시니라. 경석이 천사(天師)를 모시고 돌아와서 그 이종매 고부인(高婦人)을 천거하니라 (대순전경 3:30) | 상제께서 정미년에 태인 고현리 행단에 이르러 차경에게<br>부주장지법 무람영웅지심 상녹유공<br>"夫主將之法 務攬英雄之心 賞祿有功<br>통지어중 여중동오미불성<br>通志於衆 與衆同好靡不成<br>여중동오미불경 치국안가 득인야<br>與衆同惡靡不傾 治國安家 得人也<br>망국패가 실인야 함기지류<br>亡國敗家 失人也 含氣之類<br>함 원 득 기 지<br>咸 願得其志"란<br>글 한 절을 외워주시고 잘 지키기를 바라시면서 **수부(首婦)가 들어서야 하느니라고** 이르시니라. 경석이 상제를 모시고 돌아와서 그 이 종매(姨從妹) 고부인(高夫人)을 천거하니 이 날이 동짓달 초사흗날이니라. (전경 3:1:26)<br>**"내 일은"이란 결정적인 말씀을 삭제하여 수부의 의미를 약화시킴** | 농바우에서 공사를 행하시고 돌아오실 때 태인 행단에 이르시어 말씀하시기를 **"내 일은 수부(首婦)가 들어야 되는 일이니** 네가 일을 하려거든 수부를 들여세우라." 하시니라. 이에 경석이 상제님을 모시고 돌아와서 그 이종누님 고부인(高婦人)을 천거하니라. (道典 3:142:8~10) |
| 또 고부인에게 이르시기를 "내가 없으면 그 크나큰 세 살림을 어떻게 홀로 맡아서 처리하리요." 하시니 고부인은 상제님께서 어느 외처에 출입하겠다는 말씀으로 알았더라.<br>(대순전경 9:3:1) | 다시 "크나큰 살림을 어찌 홀로 맡아서 처리하리오"라고 말씀을 하시니 고부인은 상제께서 멀리 외방으로 출행하시려는 것으로 알았도다.<br>(전경 1:4:26) | 하루는 상제님께서 고수부님에게 말씀하시기를 "내가 없으면 크나큰 세 살림을 어떻게 감당하겠느냐." 하시니라.<br>(道典 10:8:1) |

## 대순진리회가 종통조작을 위해 수부도수에 관한 말씀을 변형 · 왜곡하여 그 의미를 약화시킨 경우(2)

| 초기경전인 대순전경 | 대순진리회 전경<br>(1974년 초판 발행) | 증산도 도전<br>(1992년 발간) |
|---|---|---|
| 하루는 걸군(乞軍)이 들어와서 굿을 친 뒤에 천사께서 부인으로 하여금 춤을 추게 하시고, 친히 장고를 둘러메고 노래를 부르시며 가라사대 "이것이 곧 천지 굿이라. 나는 천하 일등재인(才人)이요, 너는 천하 일등 무당(巫黨)이라. 이 당 저 당 다 버리고 무당의 집에 가서 빌어야 살리라" 하시고 인하여 부인에게 무당 도수를 정하시니라. (대순전경 4:65:) | 상제께서 하루는 무당도수라 하시며 고부인(高夫人)에게 춤을 추게 하시고 친히 장고를 치시며 "이것이 천지(天地) 굿이니라" 하시고 "너는 천하 일등 무당이요 나는 천하 일등 재인이라 이당 저당 다 버리고 무당의 집에서 빌어야 살리라" 고 하셨도다. (전경 2:3:33)<br><br>대순진리회『전경』은 상제님께서 태모고수부님에게 종통을 전하신 핵심 말씀을 모두 삭제했지만 이 '무당도수' 만은 실어 놓음으로써, 고수부님의 존재를 과부해원이나 무당해원 정도로 격하시키고 있다.<br><br>『전경』은 고부인(高夫人)이라고 호칭할뿐 고수부(高首婦) 라고 칭하지 않는다. | 12월에 대흥리에서 공사를 행하실 때 두 칸 장방(長房)에 성도들이 가득 차게 앉았는데 상제님께서 말씀하시기를 "수부 나오게 해라." 하시니 고수부님께서 춤을 우쭐우쭐 추시며 나오시니라.<br>상제님께서 친히 장고를 치시며 말씀하시기를 "이것은 천지굿이라. 너는 천하 일등 무당(巫黨)이요 나는 천하 일등 재인(才人)이니 우리 굿 한 석 해 보세.<br>이 당(黨) 저 당(黨) 다 버리고 무당 집에 가서 빌어야 살리라." 하시고 장고를 두둥 울리실 때 수부님께서 장단에 맞춰 노래하시니 이러하니라.<br>"천지굿 한 자리에<br>세계해원(解寃) 다 끄르고<br>세계해원 다 되는구나."<br>상제님께서 칭찬하시며 장고를 끌러 수부님에게 주시며 "그대가 굿 한 자리 하였으니 나도 굿 한 자리 해 보세." 하시거늘<br>수부님께서 장고를 받아 메시고 두둥둥 울리시니 상제님께서 소리 높이 외쳐 노래하시기를<br>"단주수명(丹朱受命)이라.<br>단주를 머리로 하여<br>세계해원 다 끄르니<br>세계해원 다 되는구나."<br>하시고 고수부님께 무당도수(巫黨度數)를 붙이시니라. (道典 5:251:1~9) |

### 왜 대순진리회가 27년 헛공부의 헛도수를 받은 단체인가?

| 구 분 | 내 용 |
|---|---|
| 시간의 문제 | 교주 박한경의 교단 창립에서 사망에 이르기까지가 정확히 27년간(1969~1996)이라는 사실이다. 지난 100여년의 증산도사(甑山道史)에 있어서 홀생홀유(忽生忽有)하며 명멸(明滅)해간 수많은 증산계열 교단 가운데 교주의 삶이 정확히 27년 동안 난법 해원을 하며 화려한 교단의 발전을 이룩한 곳은 오직 한 군데 바로 대순진리회뿐이다. |
| 헛공부의 문제 | 27년 헛도수의 구체적 내용이 다른 것이 아니라 '도통공부가 결실 없이 허망한 것으로 끝나버리고 만다'는 '헛공부'의 헛도수라는 점이다. 대순진리회는 그 모체인 태극도 시절부터 신앙의 주된 목적으로 개벽기의 인류구원에 앞서 개인적인 '도통'을 내세웠다. 그리고 교주 박한경이 그 누구에게도 도통을 주지 못하고 사망한 이 순간에도 모든 신도들은 그가 도통을 주기 위하여 천상으로 갔다고 믿는 등 실로 도통에 대한 헛된 집착에서 헤어나지 못하고 있다. |
| 헛도수의 문제 | 27년 도수 앞에 허(虛)자가 붙은 것은 한마디로 그 도수를 받은 단체가 진짜로 상제님을 신앙하는 교단이 아니라 거짓으로 신앙하는 단체임을 의미한다. 이것을 보여주는 단적인 용어가 바로 양위 상제(兩位上帝)라는 표현이다. 천지인 삼계 대권을 주재하는 오직 한 분 상제님이신 증산 상제님에게만 붙여야 하는 옥황상제라는 호칭을 조철제라는 난법 패륜자에게 붙여서 조성 옥황상제라고 하는 등 상제관을 근본적으로 왜곡 조작하였고 이제 박한경이 사망하자 다시 그를 박성상제라고 하며 세 명의 상제(삼위상제, 三位上帝) 교리를 만드는 등 끝없이 삿된 조작의 길을 가고 있다.<br>이 외에도 대순진리회의 교리와 신앙 행태는 그 알맹이에 있어 증산 상제님의 천지공사 내용이념과는 전혀 동떨어져 있다는 사실이다. 도통을 목적으로 부녀자가 남편과 자식을 버리고 가출하는 등 천륜을 파괴한 죄악은 도저히 용서받을 수 없는 천고의 난법패륜이다. |

# 제 4장

## 대순진리회에서 그토록 은폐 · 말살하려 했던

## 수부도수란 무엇인가?

## 상제님 9년 천지공사에 수종든 성도들

▲ 김형렬(1862~1932)성도

호는 태운(太雲). 본관은 안동. 상제님 9년 천지공사의 수석성도. 1902년부터 추종하기 시작하여 가장 오랫 동안 상제님을 모셨다. 상제님께서 신축(辛丑,1901)년 7월 7일에 성도하신 후 9년 천지공사를 행하실 때 임인(壬寅,1902)년 4월에 김형렬을 만나 천지공사장의 식주인(食主人)으로 정하자 이후 온 집안 식구가 상제님의 수종을 들었으며, 기유(己酉,1909)년 6월 24일 그의 집에서 어천하시기까지 가장 일관되고 오랫동안 천지공사에 참관하며 상제님을 모셨다. 상제님 어천 후에도 변치 않는 믿음을 지켰으며 후에 이상호에게 상제님 천지공사의 내용과 성훈을 구술해 주어 이것이 『증산천사공사기』와 『대순전경』으로 성편되게 됨으로써 불멸의 공덕을 쌓았다. 증언자들의 전언에 의하면 김형렬 성도는 증산 상제님께서 성도하시기 훨씬 전부터 상제님과 친면이 있었는데 상제님께서 14세 되시던 1884년에 소년시절의 상제님과 당시 23살이던 김형렬이 처음 만났던 것으로 알려져 있다. 상제님과 김형렬의 인연은 이후에도 지속되어 갑오동학

증산 상제님은 31세 되시던 1901년 음력 7월 7일, 전주 모악산 대원사의 칠성각에서 21일의 불타는 수도 끝에 천, 지, 인 삼계(三界) 대권을 주재하는 중통인의(中通人義)의 무극대도(無極大道)를 이루셨다.

그리고 이해부터 사람으로 강세하신 우주 주재자, 즉 인존 천주님의 위치에서 천지대신문(天地大神門)을 열고 천지공사(天地公事)를 집행하기 시작하셨는데 기록을 통해 살펴보면 상제님을 모셨다고 알려진 70여 성도들이 상제님을 추종하여 천지공사 예식에 참여하기 시작한 것은 1902년 이후의 일로 나타난다. 제일 먼저 상제님을 모신 성도는 김형렬(金亨烈)이었다. 당시 상제님의 춘추는 32세시고 김형렬의 나이는 41세였는데 상제님은 김형렬과의 만남을 계기로 그의 집을 천지공사를 집행하는 본소로 정하시고 본격적인 천지공사를 집행하기 시작하셨던 것이다. 이후로 김형렬은 상제님의 수석성도로서 상제님이 천지공사를 마치시고 어천하신 1909년 6월 24일까지 8년간을 한결같은 정성으로 모셨으며, 이렇게 오래 동안 상제님을 모신 경력으로 상제님 어천 이후 최초의 성훈 성적 기록물인 『증산천사공사기』와 『대순전경』 초판이 나오는 과정에 상제님 재세시의 언행을 구술(口述)하여 줌으로써 상제님의 진면목이 세상에 드러나는 데 지대한 공덕을 쌓게 된다.

이렇게 김형렬을 수석성도로 하여 해를 거듭하면서 여러 성도들이 상제님 천지공사에 수종하기 시작하였는

데

1902년에 상제님 도문에 입도한 주요 성도들로는 김자현, 김갑칠, 김보경, 한공숙 성도

1903년 계묘년에는 김병욱, 백남신, 서원규, 이도삼, 김윤근 성도

1904년 갑술년에는 정춘심, 정성백, 황사성 성도,

1905년 을사년에는 이환구, 신원일, 김광찬, 소진섭, 김성화, 김덕유 성도

1906년 병오년에는 김병선, 김영선, 김낙범, 김석, 김익찬, 김성국, 김덕찬 성도 등이 상제님을 추종하여 천지공사 예식에 참석하였다.

그런데 9년 천지공사 기간동안에 수종든 성도들을 주의 깊게 살펴보면 주로 공사 후반기에 만난 성도들이 천지공사의 중요한 도수를 맡으며 크게 중용 되어진 인물임을 알게 된다. 바로 그들이

1907년 정미년부터 상제님을 추종하기 시작한 차경석, 박공우, 안내성, 문공신, 김경학 성도 등이며 이 해에는 이들 외에도 신경원, 신경수, 최창조, 최내경, 최덕겸, 황응종, 박장근, 이남기 등의 많은 성도들이 상제님을 모시게 되었다. 그리고

1908년 무신년에는 김영학, 김준찬, 김준상, 손병욱, 김송환 성도가 수종을 들었으며

1909년 기유년에는 이치복, 이공삼, 채사윤 성도 등이 상제님을 추종하여 천지공사에 수종을 들었다.

혁명에 종군하여 죽음의 위기에 처한 김형렬을 상제님께서 구해 주시기도 하시고, 동학혁명이 끝난 뒤에 상제님께서 처남인 정남기의 집에 글방을 차리셨을 때 상제님의 아우인 강영학과 김형렬의 장남인 김찬문을 비롯한 그 마을 학동들을 가르치셨다고 기록은 전하고 있다.

그러나 증산 상제님과 김형렬과의 본격적인 만남은 상제님께서 성도하신 1901년이 지나가고 그 다음 해인 1902년 임인(壬寅)년으로부터 시작된다. 늘 상제님과의 친면을 잊지 못하고 항시 상제님의 거동을 마음속에 담아두고 있던 김형렬은 상제님께서 '대원사에 도를 통하셨다'는 말씀을 전해 듣고 한번 뵙기를 간절히 고대하고 있었다. 그러던 4월 어느 날 김형렬은 원평 장날에 돈 한 냥을 가지고 양식을 사려고 갔다가 마침 꿈속에 그리던 상제님을 만나게 되었다.

이날 상제님은 충청도를 가시던 중이셨는데, 김형렬은 상제님을 너무나 사모하였던 나머지 그만 쌀 팔아 가족을 먹일 돈 한 냥을 상제님께 노자 돈으로 올리게 되고, 상제님께서 충청도에 가셨다가 돌아오시는 길에 꼭 자신의 집을 찾아주시기를 약속 받는다.

그후 상제님께서 다시 김형렬을 찾으신 것은 1902년 4월 13일이었는데 이 때 상제님의 춘추는 32세이시고 김형렬의 나이는 41세였다. 이 만남을 시작으로 상제님은 김형렬의 집에 천지공사를 집행하는 본소를 정하시고 본격적인 천지공사 예식을 집행하기 시작하셨던 것이다.

## 천지공사에 참여하여 핵심 사명을 맡은 두 여성

▲ 김호연(1897~1992) 성도
김형렬 성도와 더불어 9년 천지공사 전체의 유일한 목격자로서 대경대법한 상제님 진리의 전 면모가 드러나도록 제 3변 성숙도운의 지도자에게 상제님 말씀을 전한 말씀의 증언자이다.
1897년 11월 14일 지금의 전주시 완산구 흑석골에서 아버지 김택룡(金澤龍)과 어머니 최씨 사이에 2남 2녀 중 장녀로 태어나 어린 나이로 상제님 9년 천지공사에 참여하였다. 김호연 성도가 상제님을 처음 뵌 것은 그녀의 나이 네 살 때(1902년)였다고 한다. 상제님께서는 그녀의 아버지 김택룡이 40세의 나이에 남의 빚 보증을 섰다가 재산을 잃고 화병으로 죽은 1903년 이후에 그녀를 직접 슬하에 두어 남장을 시키시어 기르셨으며, 9년 천지공사를 끝마치는 그 날까지 수많은 공사에 참관하게 하여 후일 제 3변도운의 지도자에게 상제님을 증언하는 말씀의 증언자로 삼으셨던 것이다. 상제님께서 어천하신 후에 구리골에서 흑석골로 이주하였으며 16세 때인 1912년에 김형렬 성도가 찾아와 선매숭자 공사를 보았고 그 후 상제님

그런데 지금까지 그 이름을 알아 본 상제님 성도들은 모두 남성들이다. 따라서 독자 중에는 다음과 같은 의혹이 떠오르는 분이 있을 것이다.

'증산 상제님 진리의 한 핵심이 선천 억음존양의 악폐을 일소하고 정음정양의 남녀평등, 남녀동권의 세계를 구현하는 것이며, 더 나아가 앞으로 오는 후천 세상에는 여자의 말을 듣지 않고는 함부로 남자의 권리를 행사하지 못하는 여성 중심의 세상이 된다고 들었는데, 어찌하여 상제님을 추종한 성도들 가운데 여성은 한 명도 없고 모두 남성뿐이란 말인가?

정녕 상제님은 여성 성도의 추종을 허용하시지 않았단 말인가? 그렇다면 이것은 정음정양 세계의 구현이라는 상제님 진리의 대의에 어긋나는 것이 아닌가?

아니면 혹시 천지공사에 참여하여 중요한 공사와 사명을 맡은 여성이 있었음에도 불구하고, 후세의 기록자가 상제님 성훈 성적을 정리하는 과정에서 선천 5만년간 뿌리깊게 남아있던 남성 중심의 세계관을 따라 그들을 제외시켰던 것은 아닐까?'

이러한 의혹은 상제님 진리에 깊은 관심을 가진 사람이라면 당연히 들게 마련이다. 우리들이 지금부터 알아보려는 주제도 바로 이 부분에 직결되어 있다.

결론부터 말하자면 상제님께서는 그 많은 남성성도를

못지 않게 두 명의 여성을 중용하시어 그들에게 천지공사의 수많은 공사 가운데 가장 핵심이 되는 공사를 맡겨주셨다는 사실이다.

바로 그분들이 수석 성도였던 김형렬 성도의 부인인 김호연 성도이며, 다른 한 분은 상제님의 부인되시는 고판례 수부님이시다.

특히 상제님은 당신의 아내 되시는 고판례(高判禮) 부인을, 이 삼계 우주에서 가장 높으신 상제님의 부인이라는 위상에 걸맞게, '수부(首婦)'라는 인류 초유의 호칭으로 부르시고, 고수부님에게 종통(宗統)과 도통(道統)을 계승하여 상제님의 개벽진리가 인류역사 속에 뿌리내리는 교단 개창의 막중한 후계사명을 맡기셨다는 사실이다.

증산 상제님의 진리를 연구하는 학자들 중에 혹자는 상제님 어천이후 일제시대에 수없는 종파가 난립했던 증산 교단의 역사를 보고, 상제님께서 뚜렷하게 종통을 전수하지 않으셨기에 그렇게 고도의 분열적인 단체들이 출몰했었다고 말하기도 한다.

하지만 이는 상제님의 천지공사(天地公事)의 기본조차 알지 못하는 전혀 무식의 소치일 뿐이다. 상제님은 역사이래 그 어떤 성자와는 달리 당신의 사후 후계구도에 대하여 너무도 분명한 말씀을 해 놓으셨다는 사실이다. 이는 1929년 최초로 나온 초기경전인 『대순전경』만 유심히 살펴보아도 상제님이 고수부님께 종통을 전수하셨음을 알게 되는 것이다.

께서 연을 맺어 주신대로 김형렬 성도와 결혼했다.

천지공사의 전면모를 증언한 또 다른 증언자인 김형렬에 대해서는 상제님 성훈 성적 최초의 기록인 『증산천사공사기』를 비롯하여 『대순전경』에서 살펴볼 수 있지만 김호연 성도의 존재에 대해서는 1992년 『도전』이 출간되어 나오기 전까지 과거의 그 어떠한 기록물에도 나타나지 않았다.

그녀의 어린 시절(1903년 다섯 살부터 1909년 11살까지) 순수한 영혼세계에 각인되었던 천지공사장의 모습, 천지인 삼계 대권을 거침없이 집행하셨던 그 엄청나고도 생생한 모습들이 90여 년의 세월을 뛰어넘어 직접 제 3변 도운의 지도자에게 증언됨으로써, 과거의 성훈 성적 기록과는 전혀 다른 새로운 내용이 드러나게 되었으니 이것이 바로 1992년에 초판이 출간된 『증산도 도전』 속의 수많은 내용들이다.

때문에 상제님을 신앙하던 많은 구도자들과 상제님의 성훈 성적을 연구하던 많은 학자들에게 『증산도 도전』이 던진 충격은 엄청난 것이었다. 많은 사람들이 과거의 『대순전경』과는 판이하게 다른 상제님의 모습을 『증산도 도전』을 통해 읽고서는 비로소 천지인 삼계를 주재하시는 우주 주재자로서 상제님 본연의 모습을 느낄 수 있었다고 토로했다.

그러나 혹자는 김호연 성도의 증언 내용이 자신의 좁은 세계관으로 수용하기에는 너무도 엄청나고 파격적이기에 이치적으로는 믿지만 감성적으로 선뜻 믿기지 않는다는 한계를 말하기도 하였던 것이다.

## 증산 상제님께서 종통을 전하신 '수부(首婦)도수'란 무엇인가?

일찍이 증산 상제님→조철제→박한경으로 이어지는 대순진리회의 조작된 종통 교리를 담고있는 『대순종교사상』을 쓴 장병길은 다음과 같은 주장을 한 바 있다.

▲ 장병길이 대순진리회를 위해 쓴 『대순종교사상』
증산 상제님의 종통이 조철제를 거쳐 박한경으로 이어진다는 조작된 내용을 담고 있다.

'재세시에 강성 상제를 좇던 종도들의 무리는 상제의 화천 후에 허탈감에 빠져서 집에서 가사에 종사하였다. 그러니 원시조직이 계속되지 못하고 중단되고 말았다. 이에는 여러 가지 이유가 있겠으나, 종교집단상으로 보았을 때 강성 상제께서 종도 누구에게도 대를 계승할 종도를 지목하시지 않고, 각자의 신앙에 일임하신 데에 그 원인이 있다고 생각된다.' (대순종교사상, 223~224쪽)

즉, 증산 상제님께서 어천하시기 이전에 그 누구를 지목하여 후계(종통)를 정하시지 않았다는 주장이며, 따라서 살아생전 상제님을 한번도 뵌 적이 없고 모신 적도 없는 조철제가 판 밖에서 계시를 받아 상제님의 종통을 계승했다는 것을 은연중 합리화 해 주는 내용이다.

그러나 상제님 성훈 성적을 기록한 각 교파의 역사적인 문서들을 시간적인 선후관계를 비교하며 읽어본 사람이라면 이 같은 주장이 사실이 아니라는 것을 금방 알게 된다. 그리고 한 걸음 더 나아가 증산 상제님은 역사상 어느 종교의 창시자 못지 않게 당신의 후계사명(종통)에 대하여 너무도 분명하게 말씀하셨으며, 이를 여러 성도들과 천지신명이 보는 자리에서 천지공사의 핵심 도수로써 굳게 박아 놓으셨다는 사실을 확인하게 된다.

이것이 바로 1907년에 차경석 성도의 이종 누님이신 고부인을 만나 수부로 맞아들이신 '수부(首婦)도수'이다.

그러면 '수부(首婦)'란 과연 무엇인가?

증산 상제님 진리는 선천 5만년에 없었던 무극대도의 대도진리이기에 세속인이 보아서는 도저히 이해할 수 없는 처음 보는 술어들이 많이 등장한다. 증산도 진리의 노른자위에 해당하는 '천지공사(天地公事)'라는 말을 비롯하여, '세운(世運)' '도운(道運)' '의통(醫統)' '신도(神道)' '도수(度數)' '수부(首婦)' '대두목(大頭目)' 등이 바로 그것이다.

특히 이중에서도 '수부(首婦)'란 용어는 상제님 신앙의 근본 밑자리를 차지하는 술어로서 상제님의 종통(宗統)이 누구에게로 계승됐는가를 말해주는 생사판단의 핵심용어이다.

'수부(首婦)'란 이를 풀어보면 머리 수(首)자에 아내 부·여자 부(婦)자로 우두머리가 되는 여자(아내)라는 말인데 영어의 First Lady와도 일맥상통하는 말이다. 즉, 수부는 이 세상 천지에 사람이 되었건 신명이 되었건 모든 여자의 총 우두머리를 뜻하는 말로 다름 아닌

◀ **수부(首婦)에 대하여**

수(首)자는 '머리, 시초, 먼저, 앞' 등의 뜻을 갖는 글자이고 부(婦)자는 '여자, 아내, 며느리' 등의 뜻을 갖는 글자이다. 따라서 상제님께서 처음 쓰신 '수부(首婦)'는 '머리가 되는 여자' '여자 중의 우두머리'라는 뜻인데, 일반인의 머리 속에는 처음 들어보는 단어라 그 의미가 금방 들어오지 않는 것 같다. 따라서 머리 수(首)자가 들어가는 단어들의 일반적인 용례를 들어서 이해를 돕고자 한다.

**수뇌(首腦)**: 어떤 조직이나 집단 등에서 가장 중요한 자리에 있는 인물
**수도(首都)**: 한 나라의 중앙 정부가 있는 도시. 서울
**수령(首領)**: 한 당파나 무리의 우두머리. 두령
**수미(首尾)**: 처음과 끝
**수상(首相)**: 내각의 우두머리. 국무총리. 재상. 왕조 때 영의정을 달리 일컫던 말.
**수석(首席)**: 맨 윗자리. 석차 따위의 제 1위
**수위(首位)**: 등급·지위 등에서 첫째 가는 자리
**수장(首長)**: 우두머리
**수제자(首弟子)**: 여러 제자 중에서 학문이나 기술 따위의 배움이 가장 뛰어난 제자

따라서 이상의 용례에서도 알 수 있듯이
**수부(首婦)**: 우두머리가 되는 여자, 여자 중의 우두머리, 일등 가는 여자. 으뜸 되는 여자. 최고 높은 여자라는 의미가 된다.

삼계대권을 주재하는 상제님의 부인자리를 뜻하는 말이다.

상제님의 부인! 하느님의 부인! 수부님.

상제님께서 고수부님을 만나신 것은 천지공사의 후반기인 1907년의 일이다. 상제님은 이해 5월에 차경석 성도를 만나셨는데 그로부터 수개월이 지난 가을 어느 날 다음과 같은 참으로 의미심장한 말씀을 하신 바 있다.

**＊ 정미(丁未 : 도기 37년, 1907)년 늦은 가을에 상제님께서 순창 농바우에서 대흥리로 오실 때 행단에 이르시어 경석을 돌아보시며 말씀하시기를 "천지에 독음독양은 만사불성이니라. 내 일은 수부가 들어야 되는 일이니 네가 참으로 일을 하려거든 수부를 들여 세우라" 하시니라. (증산도 道典 6:14:5~6)**

▶ "내 일은 수부가 들어야 되는 일이다"라는 이 짧은 말씀은 실로 수부의 무한한 절대성을 나타내는 말씀이다. "내 일"이란 병든 하늘과 병든 땅을 뜯어고쳐 새 하늘과 새 땅을 건설하시는 천지공사를 말씀하시는 것이며, 이 천지공사는 상제님 홀로 집행하시는 것이 아니라 반드시 수부가 함께 하여 음양합덕(陰陽合德)으로 이루어진다는 말씀이다. 이 성구는 1933년에 발행된 『대순전경』 2판에 처음 등장하며, 박한경이 태극도 도전으로 있던 1965년에 발행한 『선도진경』에도 그대로 실리게 된다. 그러나 1974년의 대순진리회 『전경』에서는 "내 일은"이라는 부분이 의도적으로 삭제되며 그저 "수부가 들어서야 되느니라"라는 밑도 끝도 없는 막연한 말로 비틀리게 된다. (122쪽 참조)

상제님의 이 말씀을 깊이 유념하던 차경석은 11월에 들어 홀로된 지 다섯 달밖에 되지 않은 이종누님 고부인의 흔쾌한 승락을 얻어 상제님께 수부로써 천거하게 되었던 것인데, 상제님께서는 11월 초 사흗날 고부인을 맞아 수부책봉 예식을 올리며 다음과 같은 종통 전수의 핵심 말씀을 하셨던 것이다.

**＊ 정미(丁未:도기 37,1907)년 11월 초사흗날 상제님께서 고부인을 맞아 예식을 올릴 때 부인에게 이르시기를 "내가**

너를 만나려고 15년 동안 정력을 들였나니 이로부터 천지 대업을 네게 맡기리라." 하시며 수부님을 옆에 끼시고 붉은 책과 누런 책 각 한 권씩을 앞으로부터 번갈아 까시고는 그 책을 밟으며 방에서 마당에까지 나가시어 "남쪽 하늘의 별을 바라보고 네 번 절하라." 하시고 다시 그 책을 번갈아 깔며 방으로 들어오시니라. (증산도 道典 6:16:1~4)

* 하루는 상제님께서 남을 등지고 북을 향하여 서시고 수부님으로 하여금 북을 등지고 남을 향하여 서게 하신 뒤에 그 가운데에 술상을 차려 놓게 하시고 수많은 글을 써서 술상 위에 놓으시고 수부님과 함께 서로 절하시니라. 상제님께서 말씀하시기를 "그대와 나의 합덕으로 삼계(三界)를 개조하느니라." 하시니라. (증산도 道典 11:5:8~10)

* 증산 상제님께서 고수부님에게 수부도수를 정하시고 말씀하시기를 "나는 서신(西神)이니라." 하시고 "서신(西神)이 용사(用事)는 하나, 수부가 불응(不應)하면 서신도 임의로 못 한다." 하시고 여러 가지 공사를 물으신 후에 행하시니라. 또 말씀하시기를 "수부(首婦)의 치마 그늘 벗어나면 다 죽으리라." 하시니라. (道典 6:32:1~4)

* 하루는 상제님께서 반듯이 누우신 뒤에 수부님으로 하여금 배 위에 걸터앉아 칼로 배를 겨누며 "나를 일등으로 정하여 모든 일을 맡겨 주시렵니까?" 하고 다짐을 받게 하시고 이를 허락하시며 말씀하시기를 "대인의 말에는 천지가 쩡쩡 울려 나가나니 오늘의 이 다짐은 털끝만큼도 어

◀ 대순진리회 4대 종지가 음양합덕(陰陽合德) 신인조화(神人調化) 해원상생(解寃相生) 도통진경(道通眞境)이다. 이처럼 대순은 음양합덕을 말하고 있다. 그러면 그들이 말하는 음양합덕이란 무엇인가? 그것은 시루이신 증산 상제는 하늘 상제이고, 솥인 조성옥황상제(조철제)는 땅 상제이므로, 하늘과 땅 이렇게 음양합덕이라는 것이다. 이처럼 대순은 상제님의 부인이신 수부님을 완전히 말살해 버리고 그 자리에다 시루와 솥의 일체 논리를 따라 조철제를 끼워 넣은 것이다. 그리고 증산 상제님의 공식호칭인 옥황상제에서 '옥황'을 떼어버리고 구천상제를 만들었으며 조철제를 옥황상제로 만들어 이른바 양위상제론을 만든 것이다. 이것이 대순진리회 종통교리 조작의 핵심이다. 그런데 이렇게 조작된 교리가 대순 신도를 사이에 당연한 것으로 받아들여지고 용납될 수 있었던 이유중의 하나가 금산사 미륵불상을 떠받치고 있는 철수미좌가 바로 솥이라는 주장이 설득력있게 들렸기 때문이다. 금산사 미륵불로 오신 증산 상제님의 존호 증(甑)자는 시루 증자이고 그 밑에 있는 철수미좌는 솥이므로 시루와 솥의 일체 논리를 따라 바로 솥 정(鼎)자의 정산 조철제에게 종통이 전해졌다는 이 그럴듯한 얘기는 과연 어떻게 그 허구가 벗겨지는가? 다음 5장에서 미륵불상을 떠받치던 철수미좌의 모든 것을 낱낱이 해부하면서 그 허구가 벗겨진다.

**김이 없으리라." 하시고 이도삼(李道三), 임정준(林正俊), 차경석(車京石), 세 사람으로 하여금 증인을 세우시니라. (증산도 道典 6:29:1~4)**

상제님께서 고부인을 수부로 맞아들이시어 종통을 전하신 수부도수에 관한 여타의 말씀은 3장 말미에서 도표로 자세히 알아본 바 있다.

종통을 계승하신 고수부님은 상제님이 어천하신 2년 뒤 1911년에 상제님 성령감화의 도통을 받으시고, 상제님을 모셨던 성도들을 소집하여 역사적인 첫 교단을 개창하시게 된다. 그리고 이후 1935년 선화하실 때까지 상제님께서 내려주신 세 살림 도장개척의 희생과 봉사의 삶을 사시게 된다.

따라서 상제님 어천 이후 상제님을 신앙의 대상으로 하는 모든 증산계열 교단은 바로 고수부님을 신앙의 총뿌리로 하여 교단 역사가 전개된 것이며, 고수부님은 상제님 신앙의 근본 연원이 되시므로, 고수부님을 신앙의 어머니라는 의미로 **태모(太母)님**이라고 부르는 것이다.

상제님께서 1907년 고부인을 만나 수부로써 책봉하시는 천지공사 예식을 집행하신 것은, 진리를 알지 못하는 세속인의 단순한 안목으로는 상제님과 수부님이 부부(夫婦)의 연을 맺는 결혼식으로 보일 수 있지만, 천지공사 차원에서는 **상제님**과 **수부님**이 **천지의 아버지**와 **천지의 어머니** 곧 천지부모가 되심을 선포하는 의식이다.

▶ **상제님 종통을 계승하신 태모 고수부님**

상제님께서 후천 가을천지(곤도수)를 음개벽 도수로 여시니 그 인사의 주재자가 '머리 여자(Head Woman)'이며 '태모(太母: Grand Mother)'이신 수부님이시다. 상제님의 후계자로서 종통계승과 도통의 연원문제의 열쇠가 모두 이 태모님의 수부도수에 담겨있다. 이 수부도수를 부정하고 판밖에서 계시를 받았다거나 유물전수를 내세우는 자는 그 누구가 되었든지 모두 상제님 대도의 기강을 파괴하는 대반역자이며 패륜자인 것이다. 한마디로 그들 자신과 그 단체는 뿌리로 돌아가야만 살 수 있는 원시반본(原始返本)의 천리를 역행하게 됨으로써 그곳에 몸담고 있는 사람은 단 한 명도 살지 못하고 다 죽는 운명을 맞이하고 만다.

상제님 종통과 도통 전수의 수부도수를 받으신 태모 고수부님은 성은 고씨(高氏)요 본관은 장택(長澤)이요 이름은 판례(判禮)이시다. 조선 고종 경진(庚辰, 도기 10,1880)년 음력 3월 26일에 전라남도 담양군 무면 성도리(潭陽郡 武面 成道里)에서 탄강하시니 부친의 이름은 덕삼(德三)이요 모친은 박씨(朴氏) 이셨다. 태모님은 나신 지 여섯 해 만에 부친상을 당하시고 어렸을 때부터 진외가(陳外家, 아버지의 외가) 송씨의 승문(僧門)에 귀의하여 수행하시었다. 아홉 살 되시던 무자(戊子, 1888)년에 모친을 따라 정읍군 입암면 대흥리의 이모부 차치구(차경석 성도의 그런데 문제는 이토록 중요한 수부님에 대하여 대순진리회 신도들은 인식이 전혀 없거나 왜곡된 관념을 가지고 있다는 사실이다. 그것은 박한경의 협조요청을 받은 장병길이 『대순전경』과 『선도진경』을 대본으로 하여 대순진리회의 『전경』을 편집할 때 이 수부도수에 관한 모든 핵심 공사를 의도적으로 삭제하였거나 말을 비틀어 왜곡 축소하고 있기 때문이다. 그리고 이렇게 수부도수를 말살하며 『전경』을 꾸밀 수밖에 없었던 이유는 종통을 받지도 않은 조철제를 시루와 솥의 조작된 논리로 종통을 받았다고 꾸미다 보니 자연 종통전수에 관한 수부도수의 관련 성구를 삭제하지 않을 수 없었던 것이다. 한마디로 조작 날조했다는 사실이다.

대순진리회 종통교리의 핵심은 상제님의 부인이신 수부님을 삭제하고 대신 시루와 솥의 일체 논리를 따라 조철제를 종통계승자로 만든 것이다. 대순진리회의 모든 비극은 바로 여기서 시작한다.

아버지)의 집으로 이사하셨는데 이로부터 이모부를 좇아 동학을 믿으셨다. 그후 이모의 권유로 신씨(申氏) 집안에 출가하셨으나 딸 태종 하나만 남기고 13년만에 홀로 되시고 말았다. 태모님이 상제님을 처음 만나신 것은 28세 되시던 1907년 늦가을로 이종사촌동생인 차경석의 천거에 의해서였으며 수부로 책봉되신 후에 천지공사에 참예하시어 상제님으로부터 종통과 도통을 계승하는 수부도수를 함께 집행하셨다.
태모님의 일생은 온갖 크고 작은 한으로 얼룩져 있다. 상제님을 만나시기 이전의 삶은 물론 상제님을 만나신 후에도 남들처럼 부부로서 재미있게 살아보신 것이 아니었다. 상제님이 어천하신 것이 1909년 6월이었으니 함께하신 시간은 불과 20개월에 불과하다. 상제님이 돌아가신 후에도 처음에는 돌아가신 줄을 몰랐으며 1년이 지난 뒤에야 수행을 하시면서 신도를 얻어 이를 아시게 된다.
태모님은 1911년 9월 20일에 상제님으로부터 성령감화의 도통을 받으시고 첫 교단을 개창하시게 되는데 이로부터 상제님이 짐지워 주신 후천대업을 개창하는 세 살림 도장 개척에 온갖 희생과 봉사와 삶을 사시다가 1935년 10월 5일에 선화하셨다.
상제님의 종통을 계승하여 세 살림 도장 개척을 하신 어머니 고수부님의 성훈 성적은 『증산도 도전』 11편에 자세히 실려있다.

## 왜 남성이 아닌 여성이 종통을 계승하여 교단 창립의 사명을 맡았는가?

▶ 선천 남성 위주의 관념과 여성의 종통계승

지나온 선천 5만년은 남성 중심의 세계로 종교도 그 예외가 될 수 없었다. 기독교의 예를 보아도 창세신화에 여자는 남자의 갈비대를 뽑아 만든 것으로 되어 있으며 중세시대에는 마녀 사냥이라는 명목아래 500만 명이 넘는 여자를 살해한 것으로 나타나고 있다. 한마디로 여자를 동등한 인격으로 보지 않고 죄악시 한 것이다. 불교에서도 정도의 차이는 있지만 남성 중심적인 것은 마찬가지인데 여성은 남성에 비해 도를 통하기가 훨씬 어려운 존재로 묘사되고 있다. 이슬람 문명권에서는 여성이 밖을 나다닐 때에는 온몸을 천으로 감싸야만 했다. 온 인류가 알게 모르게 이러한 남성 중심의 세계관에 젖어 있을 때 증산 상제님의 종통이 여성에게 전해졌다는 사실은 참으로 파격적인 일이 아닐 수 없었던 것이다. 때문에 상제님 당시의 성도들은 물론 어천 직후 초기 성훈 성적이 기록되는 과정에서 수부도수가 지금같이 명확히 드러나지 않았던 것이다.

증산 상제님 어천 이후 전개된 초기 교단 개창 과정에 있어 상제님 진리가 기독교나 불교 등의 다른 종교와 확연히 구분되는 점은 남성이 아니라 여성이 중심이 되어 교단 개창을 주도하였다는 사실이다.

그것은 20세기 초엽에까지도 강하게 작용하고 있던 남성 중심의 세계관이나 여타 종교와 비교해 볼 때 대파격적인 사건이었는데 상제님의 종통을 계승하여 교단 개창을 주도하신 분은 바로 상제님의 부인이신 태모 고수부님이셨다.

그런데 독자 중에는 혹 다음과 같은 의문이 떠오르는 분도 있을 것이다.

'아니 교조 사후에 종통을 계승하여 교단을 개창하는 일은 남성이 하든 여성이 하든 상관없는 일이 아닌가? 그런데 왜 상제님은 굳이 여성에게 종통을 계승하여 교단개창의 사명을 맡기셨던 것일까? 여성이 아니면 안 되는 필연적인 이유라도 있단 말인가?'

그렇다. 일반 상식으로 볼 때 교조 사후 종통을 계승하여 교조를 신앙하는 교단을 뿌리내리는 일은 남성이 하든 여성이 하든 상관없는 일인 것이다. 그러나 증산 상제님 진리의 우주관을 조금이라도 아는 사람이라면 다음 말씀을 따라, 상제님께서 어떠한 세상을 꾸미시기 위하여 천지공사를 집행하셨으며, 왜 종통계승과 교단 개창이라는 핵심사명을 남성이 아닌 여성에게 맡기셨는가를 조금은 짐작할 수 있게된다.

**＊ 이 때는 해원(解冤) 시대라. 몇천 년 동안 깊이 깊이 갇혀 남자의 완롱(玩弄)거리와 사역(使役)거리에 지나지 못하던 여자의 원(冤)을 풀어 정음정양(正陰正陽)으로 건곤(乾坤)을 짓게 하려니와, 이 뒤로는 예법을 다시 꾸며 여자의 말을 듣지 않고는 함부로 남자의 권리를 행치 못하게 하리라. (증산도 道典 4:44:1~2)**

**＊ 예전에는 억음존양(抑陰尊陽)이 되면서도 항언에 음양(陰陽)이라 하여 양보다 음을 먼저 이르니 어찌 기이한 일이 아니리요. 이 뒤로는 '음양' 그대로 사실을 바로 꾸미리라. (증산도 道典 2:33:4~5)**

증산 상제님께서 천지공사를 집행하심으로써 그 설계도를 짜신 후천5만년의 세상은 한마디로 정음정양의 남녀동권세상이요, 그러면서도 여성이 체(體)가 되고 남성이 용(用)이 되는, 과거의 인류역사와는 근본적으로 판이 다른 세상이다.

이를 증산도 우주관으로 말하면 상제님 진리는 그 핵심이 '개벽'이며 특히 이번 가을개벽은 정음정양을 바탕으로 한 '음개벽'이라는 사실이다. 상제님께서는 앞으로 오는 후천 5만년 음시대를 맞이하여 선천 5만년간 남성 위주로 진행되어온 역사를 완전히 뒤집어 여성 중

◀ 상제님의 '정음정양'과 '음존' 사상

증산 상제님의 진리를 연구하는 학자들이 증산 사상 가운데 가장 놀라는 부분 중에 하나가 남성과 여성의 절대평등을 말씀하신 '정음정양'과 여성의 인권과 지위에 대해 더 이상이 없는 표현으로 말씀하신 이 '음존' 사상이다. 상제님이 재세하시던 20세기 초엽 무렵은 아직까지도 절대다수의 여성이 남성의 억압 속에서 숨죽이며 살던 남성중심의 세계였다. 어느 학자의 말대로 선천 5만년의 최대의 피해자는 여성이었음은 역사가 증명하는 사실이다. 상제님 천지공사 세계를 알지 못하는 세속 학자들의 눈에는 상제님의 이 말씀이 시대를 앞서가는 혜안과 혁명적인 선언으로만 들릴 것이다. 하지만 상제님의 말씀은 우주 운행의 법칙이며 역사 전개의 법칙이다. 20세기 100년 동안 여성의 인권은 놀랄 만큼 신장되었다. 우먼파워(woman power)와 여성상위시대라는 말이 이제는 식상할 정도로 일상화 된 것이다. 물론 아직까지도 진정한 여성해방이 모든 사회 구석구석에서 이루어진 것이 아니며 진행 중에 있다. 여성이 완성되어야 진정한 남녀 평등이 실현된다는 상제님의 '음개벽' 사상은 원원한 우주원리에 뿌리를 박고 있는 것으로 상제님은 음개벽으로 열리는 후천개벽의 도를 당연히 앞 세상의 주역인 여성을 내세워 그 씨앗을 뿌리고 뿌리를 내리게 하신 것이다. 상제님은 음개벽의 우주원리를 따라 인사문제도 모든 여성의 우두머리인 수부를 내세워 종통과 도통을 전하신 것이다.

심의 새 천지 질서를 짜신 것인데, 그 첫출발로써 바로 모든 여성의 우두머리인 수부를 내세워 종통을 전수하시고 후천 곤도수 음개벽 진리가 이 땅에 뿌리내리는 교단 개창 사명을 담당하게 하신 것이다. 수부란 바로 이 음개벽 사상이 인사문제로 표출되어 나온 것이다.

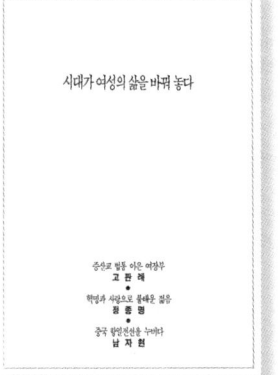

▼ **수부도수를 전혀 모르는 한 기자의 눈에 비친 종통계승자 고수부님.** 한겨레신문사 출판부는 1991년 『발굴 한국 현대사 인물』이라는 책에서 19세기 말 20세기 초엽 무렵 남성 중심의 세계관을 허물고 여성의 당당한 힘을 보여준 3명의 여성가운데 첫 인물로 고수부님을 소개하고 있다.

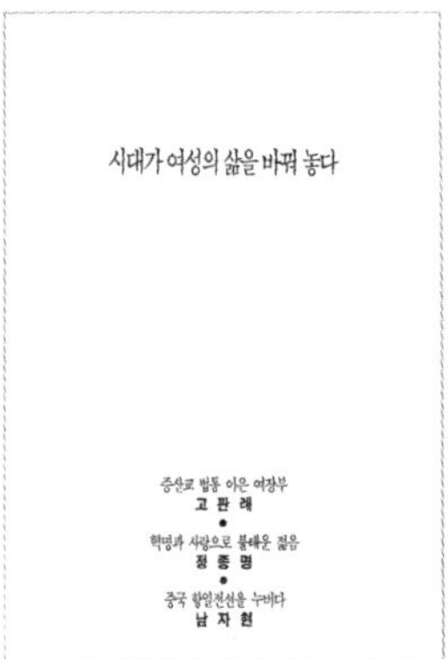

시대가 여성의 삶을 바꿔 놓다

증산교 법통 이은 여장부
**고 판 례**
•
혁명과 사랑으로 불태운 젊음
**정 종 명**
•
중국 항일전선을 누비다
**남 자 현**

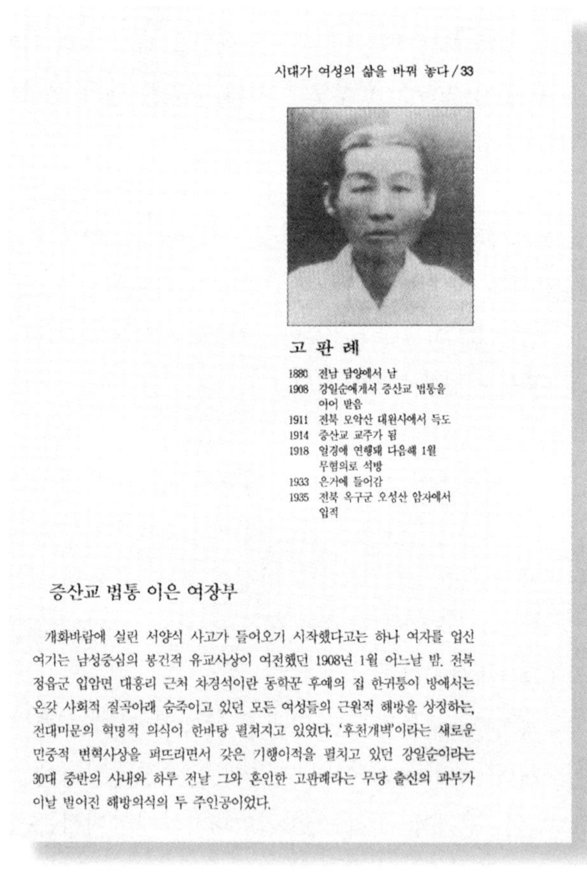

시대가 여성의 삶을 바꿔 놓다/33

**고 판 례**

1880 전남 담양에서 남
1908 강일순에게서 증산교 법통을 이어 받음
1911 전북 모악산 대원사에서 득도
1914 증산교 교주가 됨
1918 일경에 연행돼 다음해 1월 무혐의로 석방
1933 은거에 들어감
1935 전북 옥구군 오성산 암자에서 입적

증산교 법통 이은 여장부

개화바람에 실린 서양식 사고가 들어오기 시작했다고는 하나 여자를 업신여기는 남성중심의 봉건적 유교사상이 여전했던 1908년 1월 어느날 밤. 전북 정읍군 입암면 대흥리 근처 차경석이란 동학꾼 후예의 집 한귀퉁이 방에서는 온갖 사회적 질곡아래 숨죽이고 있던 모든 여성들의 근원적 해방을 상징하는, 전대미문의 혁명적 의식이 한바탕 펼쳐지고 있었다. '후천개벽'이라는 새로운 민중적 변혁사상을 퍼뜨리면서 갖은 기행이적을 펼치고 있던 강일순이라는 30대 중반의 사내와 하루 전날 그와 혼인한 고판례라는 무당 출신의 과부가 이날 벌어진 해방의식의 두 주인공이었다.

## 상제님께서 종통전수의 상징으로 고수부님에게 전수하신 약장과 궤

일찍이 상제님께서는 고수부님에게 종통을 계승하시고 교단 개창의 사명을 짐지우시면서 다음과 같이 인류 구원의 의통성업을 상징하는 신물(神物)인 구릿골 약방의 약장과 궤를 전수하는 공사를 집행하셨다.

*** 하루는 상제님께서 약방 벽 위에**

**사농공상 음양 기동북이고수 이서남이교통**
**士農工商 陰陽 氣東北而固守 理西南而交通**

**과 그 밖에 여러 글을 많이 써 붙이시고 그 위를 흰 종이로 겹쳐 붙이신 뒤에 자현에게 명하시어 뜻 가는 대로 밥사발을 대고 흰 종이를 오려 떼게 하시니 '음(陰)' 자가 나타나거늘 말씀하시기를 "정히 옳도다. 음과 양을 말할 때에 음자를 먼저 읽나니 이는 지천태(地天泰)니라." 하시고 또 말씀하시기를 "약장(藥欌)은 곧 안장롱(安葬籠)이며, 또 신주독(神主櫝)이니라." 하시며 "이 종이를 뜯을 날이 속히 이르러야 하리라." 하시니라. 이 뒤에 대흥리에 가시어 고수부님에게 일러 말씀하시기를 "약장은 곧 네 농바리가 되리라." 하시니라. (증산도 道典 6:30:1~5)**

이처럼 상제님께서는 약방의 약장을 종통 계승자인 고수부님에게 전수하셨던 것인데, 후일 거짓 종통을 내세우며 이를 합리화하기 위하여 이 약장과 궤를 강탈하여 도둑질하는 자가 나타나게 된다.

◀ "약장은 네 농바리가 되리라"는 이 천지공사의 말씀은 대순진리회 『전경』에도 등장한다. 약장은 인류 구원의 의통성업을 상징하는 신물(神物)이며 종통계승의 표상이다. 상제님께서 천지공사의 도수로써 박아 놓으신 이 말씀은 약장의 주인이 누구이며 누가 종통을 계승했는가를 단적으로 말해 준다. 태모님께서 1911년 9월 20일 천하일등무당도수의 실현과 함께 상제님 어천 당시에 구리골 약방에 있던 약장과 궤를 차경석을 앞세워 찾아와 교단을 개창하셨었다. 그런데 태모님이 첫째 살림으로 개척한 대흥리 교단을 차경석의 야욕에 밀려 넘겨주고 백산면 조종리로 옮겨가신 뒤에는 약장과 궤가 보천교 본부에 남아 있었는데 1919년에 조철제가 사람을 시켜 새벽 한시경에 들어가 도둑질하여 나오다 뒤쫓아오는 사람들의 추적을 당하게 되자 약장은 무거워 버려두고 궤만 가져다 통사동 이씨 재실에 감추게 된 것이다. (대순진리회 전경 교운 제 2장 17절)

▲ 이정립이 1963년에 발간한 『고부인신정기(高夫人神政記)』
상제님 어천 직후인 1910년 종통계승자인 태모 고수부님께서 상제님의 어천 사실을 신도를 얻어 아시게 되는 과정과 그 다음해인 1911년 상제님 성령감화의 도통을 받으시고 교단을 개창하시는 과정이 비교적 소상하게 밝혀져 있다. 이정립은 1931년부터 1933년까지 2년간 태모 고수부님을 직접 모신 바 있다.

일찍이 상제님 성훈 성적을 최초로 책자화한 『증산천사공사기』와 『대순전경』을 펴낸 이상호 이정립 형제는 1928년 동지에 동화교라는 독자적인 교단을 세운 후에 자기들의 정통성을 확보하기 위한 야욕으로 당시 김제군 백산면 조종리에 계시던 태모 고수부님을 동화교로 모시기 위해 여러 차례 사람을 보내게 된다. 그러나 번번이 거절당하게 되던 중 태모님의 수석성도인 고민환의 간청으로 1931년 태모님을 용화동으로 모시는데 가까스로 성공 한다. 하지만 태모님을 모심으로써 교세를 확장시킬 수 있으리라 여겼던 그들의

## 1910년 증산 상제님이 '옥황상제' 이심을 보여주신 고수부님

1909년 음력 6월 24일 증산 상제님께서 어천하셨을 때 상제님의 어천을 마음속에 미리 예견하고 준비한 성도는 한 명도 있지 않았다. 모든 성도들은 상제님 재세시에 개벽이 일어나 세상이 바뀌며 자신들은 당대에 영화와 복록을 누릴 것으로 생각하던 차였기에, 상제님의 돌연한 어천은 성도들에게 청천벽력과도 같은 엄청난 충격과 정신적 대공황을 가져다주었다.

한편 상제님께서 구리골 김형렬의 사랑채에서 어천하실 당시 이 사실을 전혀 모르고 있었던 정읍 대흥리의 고수부님에게 차경석을 비롯한 성도들은 어천 직후나 그 이후에도 이를 알리지 않고 있었다. 하지만 시간이 흐르면서 수부님에게 상제님의 돌아가셨음을 알리는 징조가 일어나게 되었다. 그것은 수부님이 태을주를 읽으시면 매번 취정이 된 뒤에 혹 상여가 들어와 보이기도 하고 혹 들것이 들어와 보이기도 하는 것 등이었으나 수부님은 여전히 상제님의 돌아가심을 알아차리지 못하는 가운데 해가 바뀌었다.

1910년 경술년 7월에 들어 수부님의 오른발 용천혈에 독종이 나서 다리가 크게 붓고 쑤시며 수십 일 동안 크게 앓으신 일이 있게 되었다. 어느 날 저녁 수부님이 정신없이 앓으시는 중에 문득 상제님께서 들어오시어 네가 종기로 얼마나 고통하느냐 하시고 친히 종처에 싸맨 것을 풀으시고 혀로 종처를 핥아 낫게 해주시는 일

이 있었다. 이튿날 아침 수부님이 일어나시니 종처는 나았으나 곁에서 주무시는 줄 믿었던 상제님이 계시지 않아 차경석과 여러 집안 사람들에게 상제님 계신 곳을 물었으나 아무도 아는 자가 없고 모두 이 일을 이상히 여겼다.

그해 9월 어느 날 저녁 수부님이 주문을 읽으시니 광명 속에 문득 정읍 대흥리로부터 구리골까지 길이 나타나며 구리골 뒷산에 초빈이 보이므로 수부님의 마음은 더욱 의혹이 더해갔다. 그 이튿날 저녁에는 문득 상제님께서 수부님의 방으로 들어오시어 "내가 죽었는데 네가 어찌 나의 묻힌 곳을 찾아보지 아니하느냐 내가 참으로 죽었노라" 하시는 말씀을 하시고는 이별가를 한 곡조를 크게 부르신 뒤에 문득 사라지시는 일이 있었다.

수부님은 크게 의혹이 들어 차경석을 불러와 상제님의 종적을 물으시었지만 경석은 수부님에게 상제님의 어천하심을 고하지 않고 딴 말을 둘러 계속 거짓말을 하였다.

수부님은 그날 밤을 고민으로 세우고 이튿날 새벽에 예전에 상제님께서 주신 흰바둑 한 개와 진주 한 개와 총전 칠푼과 백로지쪽을 담은 엽랑을 가지고 전날 밤 광명 속에 나타났던 길을 따라 구리골의 초빈을 직접 찾아 나서시게 된다.

이종누님(고수부님)이 사라진 것을 안 차경석 차윤칠 형제는 수소문하여 급히 수부님의 뒤를 따라가게 되니 결국 수부님을 모시고 상제님의 초빈에 당도하게 되었다. 그리고 윤칠이 초빈을 헤치고 널의 천개를 떼어내

판단은 여지없이 무산되고 만다. 당시 태모님은 분수를 알지 못하고 대두목 꿈에 사로잡혀 교판의 패권을 움켜쥐려는 그들의 헛된 야심을 익히 아시고 많은 경계의 말씀을 하셨으며 신도를 열고 공사를 보시면서 심한 꾸지람과 모욕을 주셨다. 그러나 고루한 유학자로서 헛된 대두목 꿈을 꾸고 있던 이상호 일행은 이를 감당하지 못하고, 오히려 태모님을 모시던 여신도를 몰아내다시피 하며 찾아오는 신도들과 태모님의 관계를 끊어버리려고 하는 등 패악을 저지르고 만다. 그러자 태모님은 끝내 태도를 바꾸지 않는 이들을 버리고 1933년 오성산 교당으로 거처를 옮기셨다.

후일(1963) 이정립은 태모님을 모실 당시(1931~1933)의 자료를 수집하여 종통계승자인 태모님의 세 살림 교단 개척과정을 비교적 소상하게 밝히는 『고부인신정기』를 내게 되는데, 이 책 안에는 과거 『대순전경』(1판~5판)에서 찾아 볼 수 없던 상제님과 태모님의 만남 및 종통을 전하신 수부공사 등에 관한 성훈 성적이 새로 실리게 된다. 이후 이정립은 이 내용을 1965년에 발행하는 『대순전경』6판에 싣게 됨으로써, 상제님의 종통이 수부도수를 따라 고수부님에게 전해진 천지공사의 핵심 내용을 늦게나마 경전화 했는데 그 1년 뒤인 1966년에 이상호가 사망하고 이정립은 2년 뒤인 1968년에 사망하였다.
그런데 이러한 일련의 역사적인 사실로 볼 때 이상호, 이정립 형제의

결정적인 잘못 특히 1945년 해방당시 이미 형 이상호가 앞을 못보는 청맹과니 당달봉사였다는 사실에서 동생 이정립의 독단적인 잘못을 확인해 볼 수 있다. 그는 자신이 직접 쓴 『고부인신정기』에도 나오듯이, 종통 계승자인 고수부님께서 재세시에 상제님으로부터 '옥황상제'라고 쓴 명정을 직접 받으셨으며, 어천 1년 후에 수부님이 상제님의 초빈을 열고 이 명정을 덮어 드렸던 명백한 사실을 알면서도 자신이 죽기 전 마지막으로 펴낸 『대순전경』 6판에서 조차 상제님의 호칭을 '옥황상제'로 바꾸지 않고 자신이 임의로 지어낸 '천사(天師)'라는 호칭을 끝까지 고집했다는 점이다. 또한 이정립은 상제님의 종통이 수부도수로 고수부님에게 전해졌다는 사실을 익히 알고 있으면서도 해방후 1947년에 발간된 『대순전경』 3판에다 수부도수에 관한 중요한 공사내용을 보충하지 않고 자신이 죽기 직전에서야 비로소 경전화 하였다는 점이다. 물론 고수부님이 종통을 계승하였음을 말해주는 주변의 여러 성구들이 있는 것이 사실이다. 하지만 선천 남성위주의 사고방식에 꽉 차있는 난법자들의 눈에 그 성구들의 의미가 제대로 눈에 들어 올 리가 만무한 것이다. 그가 수부도수에 관한 공사내용을 일찌감치 경전화하지 못하였던 여파는 태극도에서 1965년 시루와 솥의 논리를 따라 조철제로의 종통계승을 조작한 내용을 담고있는 『선도진경』이라는 난법 문서를 탄생시키는 간접적인 원인이 되었던 것이다.

니 놀랍게도 상제님의 용모는 아직 상하지 아니 한 채로 그대로였다. 이에 상제님의 돌아가심을 확인한 수부님은 가지고 왔던 진주를 입술 안에 넣고 한삼을 가슴에 덮고 그 위에 **'옥황상제(玉皇上帝)'**라고 쓴 백로지 쪽을 놓은 다음 다시 천개를 덮고 준비해온 주과포로 전(奠)을 올리고는 다시 초빈을 봉하게 되었다.

이로써 상제님이 어천하신지 1년이 지나서야 상제님의 부인인 고수부님이 남편이신 상제님의 돌아가심을 알게 된 것인데 이 일은 상제님이 바로 옥황상제이심을 나타내시는 대단히 중요한 사건이 된다.

일반적으로 사람이 죽으면 장사를 지내게 되는데 이때 널 안에다 그가 이 세상에 와서 무슨 일을 하였으며 어떤 직위와 관직에 있었는지를 적어서 덮게 되는데 이를 명정(銘旌)이라고 한다.

증산 상제님은 누구이신가? 물론 이것은 너무나 당연한 것이지만 증산 상제님의 종통 계승자이신 고수부님은 상제님의 명정을 옥황상제라고 쓴 백로지를 덮음으로써 상제님이 바로 옥황상제이심을 장례의식을 통해 확인해 주었다는 사실이다. 그리고 이 명정은 상제님 살아생전에 당신이 직접 써서 고수부님에게 주신 것으로 상제님은 스스로의 신원을 옥황상제라고 밝히셨다는 것이다.

너무도 당연한 이 명정 의식은 무엇을 말해주는가? 그것은 증산 상제님이 삼계대권을 주재하시는 옥황상제님이시며 증산 상제님을 제외한 그 누구도 옥황상제라는 칭호를 붙일 수 없다는 사실이다.

## 1911년 천하일등무당도수의 실현과 역사적인 교단 창립

상제님 어천 이후 2년이 지난 1911년 신해년에 접어들어서도 아직 증산 상제님을 신앙의 대상으로 하는 교단은 태동되지 않고 있었다. 비록 김형렬을 비롯한 여러 남성 성도들이 있었으나 그 중에 많은 숫자는 이미 상제님의 갑작스런 어천과 더불어 믿음을 버리고 흩어져 돌아갔으며 그나마 믿음을 유지하고 있던 몇 몇 이들도 끊임없는 방황만을 계속할 뿐 아무도 교단 창립을 생각하지 못하고 있었다.

한편 상제님 어천 1년 후에서야 이 사실을 확인하신 고수부님은 진법주를 비롯한 주문 수련에 몰두하시며 해를 보내셨는데 다음해 1911년 신해년 9월 19일 상제님 성탄치성을 올린 다음날 상제님께서 천지공사로 예정하신 천하일등 무당도수를 따라 상제님 성령 감화의 도통을 받으시어 신권을 임의자재로 행사하게 되셨으니 이것이 1911년 9월 20일에 있은 고수부님의 도통사건이었다.

*** 상제님께서 매양 수부님의 등을 어루만지시며 말씀하시기를 "너는 복동이로다. 장차 천하 사람의 두목이 되리니 속히 도통을 하리라." 하시니라. 또 형렬에게 말씀하시기를 "대상(大祥)이란 상(祥)자는 상서(祥瑞)라는 상자니라." 하시니라.** (증산도 道典 6:36:4~6)

◀ 대상이란 죽은 지 두 돌만에 지내는 제사를 일컫는 말이다. 그러므로 이 말씀의 깊은 뜻은 상제님 어천하신지 2년째 되는 해에 상서로운 일이 있음을 말씀하신 것으로 현실 역사적으로는 고수부님이 상제님의 성령감화를 받아 도통을 하시고 흩어져 방황하던 성도들을 모아 역사적인 상제님의 첫 교단을 개창함을 의미한다.

▶ "약장은 곧 안장롱이니라"
상제님은 약장을 농에다 비유하시고 계시는데 안장롱의 농(籠)이란 흔히 '장롱(欌籠)'이라고 말 할 때의 그 농으로 옷 따위를 넣어두는 상자 모양의 자그마한 가구를 일컫는 말이며 안장(安葬)이란 편안하게 장사지낸다는 말이다.
대순진리회 『전경』 행록 5장 31절에도 나오듯이 상제님은 어천하시기 하루 전날 상제님 대업을 인사로 마무리 짓는 임술생 대두목 공사를 보시면서 김형렬의 딸을 수부로 들이시어 약장 주위를 세 번 돌게 하시며 후천개벽기 대전환의 때(大時)에 인류를 구원하기 위해 출세하는 태조(대두목)출세 공사를 보신바 있다.
그리고 김형렬에게 '네 딸을 개가시키면 너의 집안은 망한다'고 말씀하셨는데 형렬은 이 말씀을 어기고 상제님이 어천하신 뒤에 시집을 안 가려는 딸을 금구 둔산에 사는 최씨에게 개가시키게 된다. 그러자 신부는 신혼 첫날밤도 못 치루고 갑자기 쓰러진 후 '아래 배가 터질 듯한 병'을 얻어 친정으로 돌아와서 사경을 헤매고 있었다.

고수부님은 도통하신 그날부터 신력을 통하여 신이한 기적과 명철한 지혜를 얻게 되셨는데 다음날 스무 하루부터 마당에 청수를 떠놓고 날마다 물형부를 받아서 불사르시며 신정(神政)을 행하기 시작하였다.

그리고 스무 닷세 날 수부님은 4인교를 타고 차경석을 앞세우고 대흥리를 떠나 원평에 이르시어 송찬오의 집에 머무르시며, 차경석에게 명하여 구리골 약방에 가서 약장과 궤와 기타 약방기구 일체와 부벽서와 벽에 발은 종이까지 모조리 떼고 방바닥에 먼지까지 실어서 가져오라고 하였다.

경석이 구리골에 가서 형렬에게 온 뜻을 말하니 형렬은 자기 딸이 사경에 이르렀음을 말하며 약방기물을 가져가기를 허락하지 않았다. 그러자 이 기별을 들은 수부님께서는 양지에 해와 달을 그려놓고 두 손 식지로 하늘을 향하여 지휘하시니 문득 마른 하늘에 벽력이 치며 소낙비가 쏟아지고 번개가 드니 김형렬은 크게 놀라 약장기물을 가져가도록 허락하게 된다.

그러자 경석은 사람을 시켜 수부님의 말씀을 좇아 풍우(風雨)를 무릅쓰고 약방기물을 가지고 나오면서 형렬에게 돈 이십원을 주며 따님의 병에 보태쓰라고 주게된다. 그런데 경석의 일행이 마을 앞을 이르자 비와 벼락이 그치면서 김형렬의 집에서 울음소리가 들리더니 사람이 달려와서 김형렬의 딸이 사망했음을 알리게 된다. 이로써 상제님께서 "약장은 곧 안장롱(安葬籠)이니라" 하신 말씀이 현실로 응험된다. 안장롱(安葬籠)이란 약장이 떠남과 동시에 김형렬 딸이 죽음을 맞이한다는 것을 말씀하신 것이다.

이렇게 해서 수부님은 모든 약방 기물을 구리골 약방으로부터 가져 나오신 후에 송찬오의 집에 두고 나흘을 머무르시게 된다. 그리고 스무 아흐렛 날 사람을 시켜 족도리와 원삼을 빌어다가 새롭게 단장을 하시고는 다시 사인교를 타시고 약장과 모든 물건을 짐꾼에게 지워 앞세우고 대흥리로 돌아오신다. 이로써 상제님께서 "약장은 네 농(籠)바리가 되리라" 하신 말씀이 현실로 응험된다. 이것은 마치 결혼하는 신부가 신혼살림을 차릴 농을 앞세우고 시집가는 것과 같은 모습을 말씀하신 것이다.

대흥리로 돌아오신 수부님은 약장과 모든 기물을 침방에 봉안하고 부벽시는 벽에 붙이고 벽 발랐던 종이는 뭉쳐서 천반자 속에 갈머 두시니 온 집안 사람들이 놀래여 이상히 여기게 되었다. 이로써 상제님께서 말씀하신 "약장은 내 신주독(神主櫝)이 되리라" 하신 말씀이 현실로 이화된 것이다. 수부님이 약장을 방안에다 놓으시고 그 위에 청수를 올려놓고 주문을 읽으시니 바로 약장이 신을 받드는 신주독이 된 것이다.

약방을 대흥리로 가져오신 고수부님이 드디어 상제님 어천 이후 방황하던 성도들을 불러모으시고 교단을 창립한다고 선포하시며 여러 성도들에게 명하여 포교에 종사케 하시니 이로써 고수부님을 교주로 하는 실질적인 교단이 현실역사 위에 등장했던 것이다.

◀ 송찬오
상제님 어천을 전후하여 상제님을 따르던 신앙인이었다. 상제님 신앙을 그 누구보다 독실히 하다가 등을 돌리고, 판밖에서 상제님 진리에 불교를 접목시킨 원불교의 개창자 박중빈에게 훔친 목침을 바쳤다. 송찬오는 기질이 다혈질로 '무슨 일에 나서기 잘하며 흥분 잘하는 사람이었다' 고 알려져 있다. 그가 목침을 빼돌린 경위는 상제님께서 어천하신 지 2년이 지난 1911년에 수부님이 그의 집에 4일 간 머무시면서 구릿골 약방의 기구를 거두어 와 임시로 보관하셨는데 그 때 도적질한 것이다. 그로부터 10년 뒤 소태산 박중빈을 만나 대선생의 환생으로 믿고 이 목침을 신표로 올렸다. 송찬오는 소태산에게 목침을 바치면서 "묘한 인연으로 제 손에 들어왔습니다."며 유품 도난 행위를 얼버무려 버렸다.(『증산도 왜곡의 실상』 참고) (증산도 道典 각주 11:23:4)

◀ "약장은 네 신주독이 되리라"
상제님은 약장을 다시 신주독에 비유하고 계시는데 신주(神主)란 죽은 이의 위패(位牌)를 일컫는 말이다. 따라서 신주독이란 위패를 모시는 함이나 궤를 말하는 것인데 여기에는 실로 중요한 의미가 담겨있다. 신주란 과연 누구의 신주를 말함인가? 다름 아닌 어천하신 증산 상제님의 신주를 의미한다. 따라서 이 말씀의 속뜻은 고수부님께서 상제님의 위패를 모시는 신단을 꾸미신다는 뜻이니 바로 강증산 상제님을 신앙하는 교단을 창설한다는 깊은 뜻이 내재되어 있는 것이다.

## 대순진리회『전경』에 나타나는 고수부님의 종통 전수 관련 성구말씀

비록 대순진리회의『전경』이 고수부님으로의 종통 전수에 관한 말씀을 은폐하여 편집되었으나 완전히 말살하지는 못했던 같다. 왜냐하면 고수부님의 역사적인 실재하심 자체를 무시할 수도 없는 일이고, 이미 박한경이 도전으로 있던 태극도 시절에 발행한『선도진경』(1965년 초판발행)에도 고수부님에 관한 기록이 일부분 실려 있기 때문이다. 따라서『전경』편집을 담당한 장병길 일행은 종통전수에 관한 수부도수의 핵심 기록을 대부분 삭제하면서도 몇 가지 주변 기록은 그대로 남겨둘 수밖에 없었던 것을 보인다. 그런데 이렇게 남아있는 고수부님에 대한 기록이나마 유심히 살펴보면 상제님의 종통이 고수부님에게 전해졌다는 사실을 확연이 알 수 있다는 점이다. 따라서 비록『전경』이 조철제를 종통계승자로 내세우며 그의 일생을 미화하여 성구로 만들어 끼워 넣었으나(전경 교운 제 2장) 그 부분만 제거해 내버리면 증산 상제님 천지공사의 본래 내용을 대부분 그대로 간직하고 있다는 사실이다. 이제『전경』을 중심으로 고수부님의 종통전수에 대한 성구를 살펴보기로 한다.

우선 1907년 차경석 성도가 고부인을 수부(首婦)로 천거하였다는 기록과 상제님께서 고수부님에게 천하일등무당도수를 붙이셨다는 기록과 종통전수의 상징인 약장을 전수하시는 기록이 뚜렷하게 보이고 있다.

**◉ 상제께서 정미년에 태인 고현리 행단에 이르러 차경석에게**

**"夫主將之法 務攬英雄之心 賞祿有功 通志於衆 與衆同好靡不成 與衆同惡靡不傾 治國安家得人也 亡國敗家失人也 含氣之類 咸願得其志"**

**란 글 한 절을 외워주시고 잘 지키기를 바라시면서 수부(首婦)가 들어서야 하느니라고 이르시니라. 경석이 상제를 모시고 돌아와서 그 이종매(姨從妹) 고부인(高夫人)을 천거하니 이날이 동짓달 초사흣날이니라. (대순진리회 전경 교운 1장 26)**

◀ 『전경』편집의 대본이 된 『대순전경』과 『선도진경』에는 분명히 "내 일은 수부가 들어야 되는 일이니 네가 일을 하려거든 수부를 들여 세우라" 이렇게 되어 있는데 장병길은 "내 일은"이란 부분을 빼고 그저 막연하게 "수부가 들어서야 하느니라" 라고 왜곡함으로써 수부의 절대성을 완전히 약화시키고 있다.

**◉ 상제께서 하루는 무당도수라 하시며 고부인(高夫人)에게 춤을 추게 하시고 친히 장고를 치시며 "이것이 천지(天地) 굿이니라" 하시고 "너는 천하 일등 무당이요 나는 천하 일등 재인이라 이당 저당 다 버리고 무당의 집에서 빌어야 살리라"고 하셨도다. (대순진리회 전경 공사 3장 33)**

◀ 상제님께서 고수부님에게 천하일등무당도수를 붙이시고 종통을 전하신 중요한 공사이다. 이당 저당 다 버리고 (오직) 무당의 집에서 빌어야 산다는 이 말씀은 뒤집어 보면 고수부님을 종통으로 모시는 곳이 아니면 다 죽는다는 생사판단의 기준 말씀임을 알 수 있다.

**◉ 상제께서 구릿골 약방에서 "약장은 안장농이고 신주독(神主櫝)이니라. 여기에 배접한 종이를 뜯을 날이 속히 이르러야 하리라."고 말씀하시고 그후 대흥리에서 고부인에게 "약장은 네 농바리가 되리라"고 이르셨도다. (대순진리회 전경 교운 1장 70)**

◀ 이 구절에서도 확인해 볼 수 있듯이 상제님은 종통전수의 상징인 약장을 고수부님에게 전수하신 것이다. 대순진리회 신도들은 똑똑히 알아야 한다.

그리고 상제님께서는 어천하시기 1년 전인 무신년에 교단 개창의 후계사명을 맡은 고수부님에게 다음과 같이 직접 그 마음을 다짐받으시기도 하셨다.

▶ "내가 떠날지라도 그대는 변함이 없겠느냐" 하시는 이 말씀은 상제님께서 고수부님에게 후계사명(종통)을 맡기시고 천지대업에 불변할 것을 다짐받으신 공사이다.

**◉ 상제께서 무신년 어느날 고부인에게 "내가 떠날지라도 그대는 변함이 없겠느냐"고 말씀하시니 부인이 대하여 어찌 변함이 있겠나이까"고 대답하였도다. 이 대답을 듣고 상제께서 글 한수를 지으셨도다.**

**無語別時情若月 有期來處信通潮**

**(대순진리회 전경 행록 4장 23~24)**

▶ 고수부님께서 도운의 개창과정에서 고난의 역경이 있음을 말씀하신 것이다.

**◉ 그리고 고부인에게 다시 가라사대 "내가 없으면 여덟가지 병으로 어떻게 고통하리오. 그중에 단독이 크리니 이제 그 독기를 제거하리라" 하시고 부인의 손 등에 침을 바르셨도다. (대순진리회 전경 행록 4장 25)**

▶ 『대순전경』이나 『선도진경』에는 "크나큰 살림"이 아니라 "크나 큰 세 살림"으로 되어있다. 천지공사가 뭔지 모르는 장병길이 고수부님이 열어 놓으신 세 살림 도장개척의 내용을 알지 못하므로 그저 '크나큰 살림'으로 정리한 듯하다. 어쨌든 이 말씀도 고수부님께서 종통의 계승자로서 창업과정에 어려움을 당할 것을 염려하신 내용이다.

**◉ 다시 "크나큰 살림을 어찌 홀로 맡아서 처리하리오" 라고 말씀을 하시니 고부인은 상제께서 멀리 외방으로 출행하시려는 것으로 알았도다. (대순진리회 전경 행록 4장 26)**

# 제 5장

## 금산사 미륵불 밑의 철수미좌를 해부한다

## 박한경이 종통 조작을 뒷받침하기 위해 만든 『전경(典經)』

조철제는 대순진리회에서 옥황상제로 받들고 있는 인물로 대순진리회의 전신인 태극도를 만들었던 장본인이다. 박한경은 1946년 조철제의 태극도에 입문하여 그의 휘하에서 온갖 충성을 다하며 포교행각을 벌이다가 1958년 조철제의 사망 얼마 전 총도전에 임명되고 이를 계기로 조철제 사후에 태극도의 2세 교주로 올라앉아 10년간 태극도의 대표로 있었다. 따라서 오늘날 대순진리회에서 행하고 있는 모든 체계는 사실 조철제가 만들어 놓은 것이고 박한경은 그 밑에서 나온 아류라고 말할 수 있다.

그런데 박한경은 비록 조철제 사후에 우여곡절 끝에 태극도의 대표격인 도전이 되어 교주노릇을 했지만 그가 교주로 있던 10년간(1958~1968)의 세월은 한마디로 시련과 고난의 연속이었다고 알려져 있다. 태극도 내에 그를 추종하는 세력도 있었지만 그의 정통성을 의심하고 끊임없이 견제하고 비판하는 세력도 만만치 않았다는 것이다. 한마디로 박한경의 태극도 도전(都典) 시절은 한 종교단체의 교주로서 명실상부하게 교권을 행사하지 못하고 이쪽저쪽 눈치를 살펴야 하는 뚜렷한 한계를 가지고 있었다고 알려져 있다.

고민하던 박한경은 1968년 결단을 내리고 자기를 추종하는 세력만을 데리고 과감하게 태극도를 박차고 나왔다. 그리고 서울에 올라와 1969년 대순진리회라는

▶ 장병길(張秉吉)
올해 나이 81세이며 『전경』을 편집할 74년 당시는 서울대학교 종교학과 교수로 재직하고 있었다고 알려진다. 교수에서 정년퇴임한 후에는 신설동에 있던 대순종교문화연구소 소장을 맡아 본격적으로 대순진리회를 위한 책을 여러 권 썼다.

새판을 차리게 되는데, 이것이 바로 후천개벽이 되기 전에 난법 기운이 최종적으로 화려한 꽃을 피우며, 도통공부가 헛된 것으로 끝나게 되는 27년 헛도수의 시작이었다.

박한경은 서울에서 새판을 차린 지 5년 뒤에 자기의 종통을 뒷받침해주는 확고한 문서가 필요함에 따라 태극도의 『선도진경』과 차별이 되는 또 하나의 난법 문서를 만들게 되는데 이것이 1974년 발행된 『전경(典經)』이다. 이 전경 편집 작업은 당시 서울대학교 종교학과 주임교수로 있던 장병길이 주도했다고 알려져 있으며 이 사실은 대순진리회 내에서 글줄이나 쓸 줄 아는 상급 임원들 사이에 다 알려진 공개된 비밀이다.

『전경』 내용의 가장 큰 특징은 증산 상제님의 종통을 이어받았다고 하는 자칭 옥황상제 조철제의 일생을 67절의 성구로 만들어 「교운 제 2장」이라는 제목을 붙여 증산 상제님의 성훈 성적 기록 사이에 끼어 넣은 것이다(30여 쪽의 분량). 이 「교운 제 2장」은 조철제 탄생으로 시작하여(1절) 조철제의 죽음으로 끝을 맺고 있는데(67절), 마지막에 조철제는 죽음에 임박하여 박한경에게 유명으로 종통을 계승한다는 내용을 담고 있다. 그러므로 「교운 제 2장」의 내용이란 다름 아닌 조철제와 박한경의 종통 계승을 뒷받침하기 위해 꾸며 넣은 것임을 알 수 있다.

▲ 장병길이 편집을 주도하여 74년 초판을 발행한 대순진리회 경전 『전경(典經)』

『전경』 내용의 95%는 이상호가 지은 『증산천사공사기』와 『대순전경』을 어투만을 바꾸어 장 절의 목차를 달리하여 재편집한 것이다. 장병길은 증산 상제님으로부터 태모 고수부님으로 계승되는 종통전수에 관한 핵심 말씀을 모두 삭제하고 대신 시루와 솥의 논리에 따라 정산 조철제의 일생을 미화하여 67개의 성구로 만들어 대체해 놓았다. 『대순전경』의 앞글자 「대순」을 따서 교명 「대순진리회」를, 뒷글자 「전경」을 따서 경전이름으로 취한 듯 보인다.

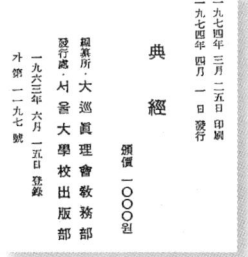

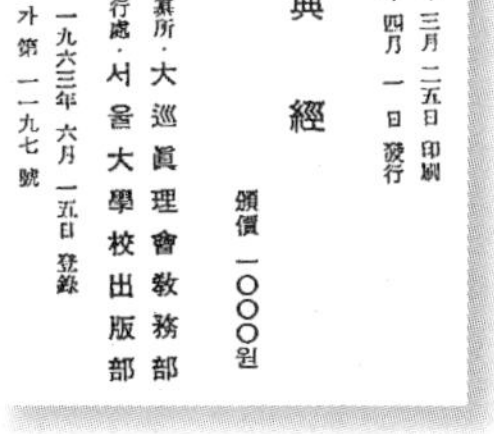

一九七四年 三月 二五日 印刷
一九七四年 四月 一日 發行

典經

頒價 一〇〇〇원

編纂所 · 大巡眞理會敎務部
發行處 · 서울大學校出版部
一九六三年 六月 一五日 登錄
가第 一一九七 號

## 장병길은 『전경』의 편집 과정에 어느 정도의 역할을 담당했는가?

다음은 대순의 양분 사태가 일어난 후에 여주 본부도장을 차지하고 있는 부전방면의 어느 영향력 있는 모 선감을 만나고 온 한 전언자로부터 『전경』 편집과정에 있어서의 장병길의 역할에 대해 들은 내용을 정리한 것이다.

▲ 1976년 장병길이 쓴 『증산종교사상』 1974년 『전경』 초판을 발행한지 2년 뒤에 나온 책. 195쪽을 보면 '상제께서 在世동안 그렇게 많은 종도들과 政事를 보셨으나, 누구에게 代를 이르라고 말씀하시지를 않았다.' 라는 주장과 함께 조철제를 거쳐 박한경으로 이어지는 대순진리회 종통을 합리화하고 있다. 상제님 성언을 인용한 책도 『전경』이며, 책의 뒤쪽에는 대순진리회의 도헌을 싣고 있다. 80년대에 들어 『대순종교사상』이라는 제목으로 증보 발행하게 된다.

**문)** 대순진리회 『전경』 편집 과정을 당시 서울대학교 종교학과 장병길 교수가 주도하였다는 말이 들린다. 장병길 교수는 대순진리회에 입도한 도인인가 아닌가? 또한 장병길 교수가 어느 정도 『전경』 편집과정에 참여했는지를 알려달라.

**답)** 장병길 교수는 대순진리회에 입도한 도인은 아니다. 다만 『전경』을 편집할 70년대 초 당시 박한경 도전께서 민족종교에 관심을 많이 가지고 있던 서울대 장병길 교수에게 필요한 자료를 주며 『전경』의 목차와 그 목차에 들어갈 성구의 배열을 부탁한 바가 있다. 즉 지금의 『전경』 체제를 보면 행록, 공사, 교운, 교법, 권지, 제생, 예시의 7편으로 되어있다. 장병길 교수는 이렇게 7편의 각 편에 어떠한 성구가 들어가야 할지를 종교학적 관점(?)에서 분류했을 뿐이다. 그리고 『전경』을 보면 교운 편에 「교운 제 2장」이 있다. 이 「교운 제 2장」은 구천 상제님의 종통을 계승한 조철제 도주님의 행적이 적혀 있다. 이렇게 종통 계승자의 행적을 기록한 것은 우리 『전경』이 제일 먼저이다. 바로 이것을 본떠서 태극도가 「무극진경」

과 「태극진경」을 합해서 『진경(眞經)』이라는 경전을 편찬했고 증산도가 증산 상제님의 행적과 고수부의 행적을 덧붙여 『도전』을 만든 것이다. 그런데 『전경』의 편집과정에서 이렇게 종통계승자인 조철제 도주님의 행적을 성구화하여 넣자고 건의한 분이 바로 장병길 교수이다. 장교수가 박한경 도전께 이를 건의하였고 이것이 받아 들여져 『전경』에 「교운 제2장」이 들어간 것이다. 하지만 비록 장병길 교수가 전경의 각 편마다 들어가는 성구를 분류했지만 그는 전경의 구체적인 내용은 잘 모른다고 말하는 것을 여러 번 들었다.

▼ 장병길이 대순종교문화연구소 소장으로 있으면서 쓴 대순진리회 교리 책자들

## 장병길은 대순진리회를 위해서 어떤 책을 써 주었나?

1974년 대순진리회 경전인 『전경』 편집을 주도한 장병길은 이후 본격적으로 대순진리회를 위해 책을 쓰기 시작한다. 1976년 강증산 상제님으로부터 조철제를 거쳐 박한경으로 이어지는 대순진리회의 조작된 종통을 합리화하고 뒷받침해주는 『증산종교사상』이라는 단행본을 발행하였다. 그리고 서울대학교를 정년 퇴직한 후로는 대순진리회에서 만든 대순종교문화연구소(초기에는 서울시 신설동에 소재하였으나 현재는 대진대학교 안으로 옮겨갔다) 소장으로 있으면서 『대순진리강화』, 『대순진리입문』, 『대순사상의 현대적 이해』, 『천지공사론』, 『대순종교사상』 등을 썼으며, 대순진리회 정기간행물(신문형식)인 「대순회보」에 정기적인 글을 쓰고, 여러 대학교를 돌아다니며 대순진리회를 선전하는 강의를 하였다.

## ‘도둑골’로 시작해서 ‘도적놈’으로 끝나고 있는 「교운 제2장」

▼ 조철제의 일생을 미화하여 쓴 『전경』「교운 제 2장 1절」.
조철제의 탄생지 회문리가 ‘도덕골’ 아래에 있다고 말하고 있으나 현지 답사결과 ‘도둑골’임이 밝혀졌다.

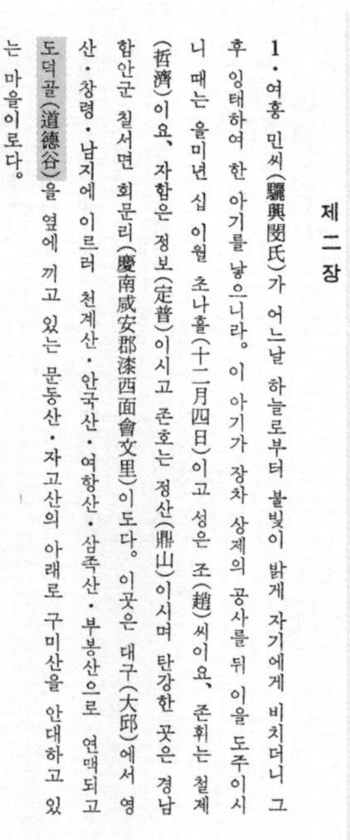
제 二 장

1·여흥 민씨(驪興閔氏)가 어느날 하늘로부터 불빛이 밝게 자기에게 비치더니 그 후 잉태하여 한 아기를 낳으니라。 이 아기가 장차 상제의 공사를 뒤 이을 도주이시니 때는 을미년 십 이월 초나흘(十二月四日)이고 성은 조(趙)씨이요、 존휘는 철제(哲濟)이요、 자함은 정보(定普)이시고 존호는 정산(鼎山)이시며 탄강한 곳은 경남 함안군 칠서면 회문리(慶南咸安郡漆西面會文里)이도다。 이곳은 대구(大邱)에서 영산·창령·남지에 이르러 천계산·안국산·여항산·삼족산·부봉산으로 연맥되고 도덕골(道德谷)을 옆에 끼고 있는 문동산·자고산의 아래로 구미산을 안대하고 있는 마을이로다。

사실 『전경(典經)』의 대부분 기록은 「교운 제 2장」만 빼고 나면 과거 기록물인 『증산천사공사기』와 『대순전경』의 내용을 말투만 바꾸어 재편집한 것에 지나지 않는다.

그런데 「교운 제 2장」의 내용을 처음부터 끝까지 잘 살펴보면, 박한경이 그토록 조작하려고 했던 종통을 드러내고 있는 것이 아니라 오히려 조철제와 박한경이 모두 ‘도둑놈’들임을 스스로 고백하는 문서임을 알게 된다. 「교운 제 2장」 1절은 조철제가 태어난 곳의 지세를 설명하면서 그가 ‘도둑골의 기운을 가지고 온 천하의 대 도둑놈’이라는 것을 밝히고 있고, 또한 뒤에 이어지는 구절에서는 그가 상제님의 도에서 무엇을 훔쳤는지 그 목록을 자세히 밝히고 있다는 사실이다. 그리고 맨 마지막에 가서 조철제의 죽음과 함께 박한경으로 종통이 이어졌다는 내용을 말하면서 박한경도 역시 도둑놈임을 말하고 있으니 난법 문서로서는 참으로 절묘한 짜깁기가 아닌가?

「교운 제 2장」의 1절과 마지막 부분 66절의 내용을 보자.

◉ **여흥 민씨(驪興閔氏)가 어느 날 하늘로부터 불빛이 밝게 자기에게 비치더니 그후 잉태하여 한 아기를 낳으니라. 이 아기가 장차 상제의 공사를 뒤이을 도주이시니 때는 을미년 십 이월 초나흘(十二月四日)이고 성은 조(趙)씨**

이요, 존휘는 철제(哲濟)이요, 자함은 정보(定普)이시고 존호는 정산(鼎山)이시며 탄강한 곳은 경남 함안군 칠서면 회문리(慶南咸安郡漆西面會文里)이도다. 이곳은 대구(大邱)에서 영산 · 창령 · 남지에 이르러 천계산 · 안국산 · 여항산 · 삼족산 · 부봉산으로 연맥되고 도덕골(道德谷)을 옆에 끼고 있는 문동산 · 자고산의 아래로 구미산을 안대하고 있는 마을이로다. (대순진리회 전경 교운 제2장 1절)

◀ 실제 답사결과, 도덕골(道德谷)은 조작된 지명이고 본래 지명은 **도둑골**로 밝혀짐.

◉ 도주께서 정유년 十一월 二十一일 자시부터 무술년 三월 三일까지 도장에서 불면 불휴하고 백일도수를 마치시니라. 五일에 심히 괴로워 하시므로 한의사와 양의사를 불러왔으되 「때가 늦었도다」고 이르시니라. 도주께서 이튿날 미시에 간부 전원을 문밖에 시립케 한 후 도전 박한경을 가까이 하고 도전의 머리에 손을 얹고 도의 운영 전반을 맡도록 분부를 내리고 「오십년 공부 종필(五十年工夫終畢)이며 지기 금지 사월래(至氣今至四月來)가 금년이다. 나는 간다. 내가 없다고 조금도 낙심하지 말고 행하여 오던 대로 잘 행해 나가라」고 말씀하시고 다시 문밖을 향하여 「도적놈」을 세 번 부르시더니 화천하시니라. 무술년 三월 六일 미시오. 양력으로 一九五八년 四월 二十四일이요. 수는 六十四세로다. (대순진리회 전경 교운 제2장 66절)

▼ 조철제가 죽으면서 박한경의 머리 위에 손을 얹어놓고 종통을 계승했다고 쓰고 있는 「교운 제 2장 66절」.
대순진리회 측은 조철제가 밖을 향해 도적놈을 외쳤다고 주장하지만 지금도 남아있는 태극도 측은 박한경이를 보고 도적놈이라고 했다고 한다. 어쨌든 교운 제 2장은 '도둑골'로 시작해서 '도적놈'으로 끝나는 묘한 문서이다.

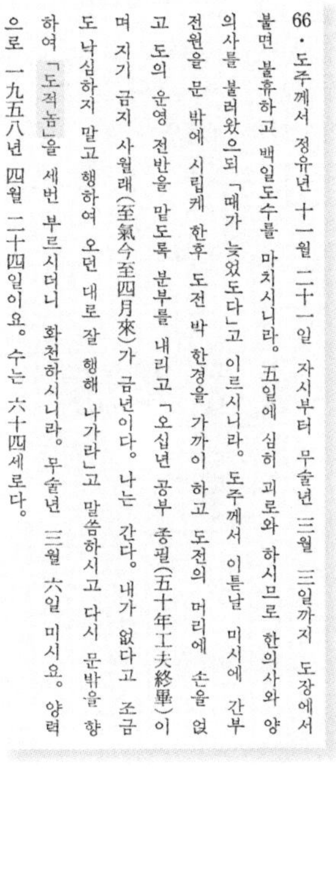
66 · 도주께서 정유년 十一월 二十一일 자시부터 무술년 三월 三일까지 도장에서 불면 불휴하고 백일도수를 마치시니라。 五일에 심히 괴로와 하시므로 한의사와 양의사를 불러왔으되 「때가 늦었도다」고 이르시니라。 도주께서 이튿날 미시에 간부 전원을 문 밖에 시립케 한후 도전 박 한경을 가까이 하고 도전의 머리에 손을 얹고 도의 운영 전반을 맡도록 분부를 내리고 「오십년 공부 종필(五十年工夫終畢)이며 지기 금지 사월래(至氣今至四月來)가 금년이다。 나는 간다。 내가 없다고 조금도 낙심하지 말고 행하여 오던 대로 잘 행해 나가라」고 말씀하시고 다시 문밖을 향하여 「도적놈」을 세번 부르시더니 화천하시니라。 무술년 三월 六일 미시요。 양력으로 一九五八년 四월 二十四일이요。 수는 六十四세로다。

☞ 여기에 등장하는 도적놈이란 표현은 대순의 방면마다 그 해석이 다르다. 혹자는 박한경을 지칭하여 그가 '도(道)에 호적(戶籍)을 둔 자'라고 해석하여 종통계승자임을 주장하기도 하고 혹자는 조철제가 박한경

이 아닌 문밖에 있던 제 3자를 가르켜 말 그대로 도적놈이라고 했다고 말하기도 한다. 지금도 부산에 남아있는 태극도에서 펴낸 『진경(眞經)』을 보면 『전경』의 표현과는 많이 다름을 알 수 있다. 진경은 조철제가 죽으면서 박한경의 머리채를 휘어잡았다가 손을 놓으면서 "도적놈 도적놈"이라고 말했다고 적고 있다.

취재팀이 직접 가서 확인해 본 결과 조철제가 태어난 경남 함안군 칠서면 회문리는 바로 옆에 도둑골(도둑고개)이라는 골짜기를 끼고 있는데, 이곳은 주변 마을에서 모르는 사람이 없을 정도로 아주 유명한 도둑골짜기였다. 참으로 기가 막힌 사실이다. 삼척동자도 다 아는 도둑고개, 도둑골을 마치 대 도덕군자가 태어난 듯이 도덕골(道德谷)로 조작했으니 말이다. 대순진리회는 조철제를 옥황상제로 신앙하고 있는데 소위 그 옥황상제라는 자가 도둑놈의 골짜기(고개)라는 지명을 가지고 있는 도둑골의 기운을 타고 세상에 왔다는 이 참으로 웃지 못할 사실을 생각해 보라. 진실규명과 정의 규명 차원에서 본 취재팀의 답사 내용을 자세히 소개한다.

▼ 도둑골의 위치와 유래가 명확히 적힌 함안 군지의 본문 내용
『함안군지』의 기록은 '도둑골'을 주된 골짜기 이름으로 뽑고 '도덕골'이란 지명도 곁들였다.
그러나 현지 취재 결과 모든 주민들이 도둑놈의 골짜기라는 의미의 '도둑골'임을 증언했다.

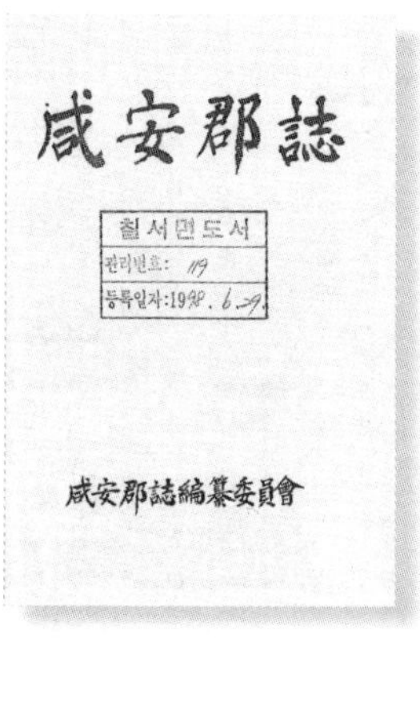


라. 도둑골 : 대산면 대사리 및 산인면 운곡리

대사리에서 칠서, 칠원, 산인으로 통하는 그리 높지않은 고개가 도둑골이다. 옛날에는 산적이 많이 출몰했던 곳이라 하여 붙여진 이름이다. 활빈당골, 도덕골, 또는 대통골이라고 한다.

활빈당이란 의적이 있었다는데서 기인된 것이며, 왜정시대때 애국지사가 활동하던 곳이란 이야기도 전한다.

−1055−

**도둑골(도둑고개)의 지명 유래를 증언한 사람들**

취재일시: 1999년 11월 5일

| 증언자 | 증언 내용 |
|---|---|
| 이용대(李龍大). 남, 60세, 어령마을 (도둑고개 바로 밑에 위치) 3대 토박이 | 옛날에 도둑과 강도가 하도 많아서 **도둑골**이라고 했다. 이것은 이 인근지역 웬만한 사람들은 다 아는 사실이다. 이곳에 일본사람이 현대식 길을 처음으로 냈다. 고개를 넘자면 어느 구석에서 사람이 튀어나올지 몰라 무서웠다. |
| 조용억(趙鏞億). 남, 59세, 도둑고개 넘어 운곡마을에서 평생을 산 토박이, 농사지음 | 어릴 적부터 어른들에게 들었는데 옛날에 도둑놈이 많아서 **도둑골**이라고 했다. 함안장에 소 팔러 갔다가 돌아오는 길에 이 고개를 넘었는데 도둑을 만나서 소판 돈을 털리고 해서 도둑골이라고 한다. 이곳이 얼마나 무서우냐 하면 고개를 넘으면 바로 외가집이 있는데 어릴 적에는 무서워서 걸어 외가집을 못 다녔다. |
| 운곡마을 입구 버스정류소 앞 50대 중반 구멍가게 아주머니 | 옛날에 함안읍에 5일장, 대산에 5일장, 칠원에 5일장이 섰는데 주로 소를 팔고 고개를 넘어 돌아가는 길에 도둑을 맞아서 몽땅 소판 돈을 다 털렸다는 어른들의 얘기를 들었다. 그래서 **도둑골**이라고 한다. 이 고개는 옛날에 비포장 도로일 때는 지금의 널찍한 2차선 포장도로와는 달리 그저 몇 사람 지나갈 정도의 좁은 산골짜기로 아주 음산하고 위험한 고개였다. |
| 노동석(盧東錫). 남, 60세, 함안군 대산면 평림마을 9대째 토박이 | "옛날에 도둑놈들이 많았다. 소 팔고 넘어오면서 다 털리고 밤으로는 혼자 못 다녔다. 그래서 **도둑골**이다." 도덕골인데 발음을 사투리로 해서 도둑골이 된 것이 아니냐고 물어 보았다. 그랬더니 "도덕골이 아니라 도둑놈을 뜻하는 도둑골이다." |
| 김종기(金鍾技). 남, 39세, 함안군 대산면 구혜리 매산부락 거주 | "어릴 때부터 동네 어른들로부터 들은 얘기인데 이 고개가 옛날 교통편이 없이 걸어다니던 시절, 함안읍이나 대산면에서 마산으로 가는 유일한 고개였습니다. 그리고 보다시피 골이 상당히 깊어서 산적들이 엄청나게 많았다는 것입니다. 그래서 함안장에 볼 일보러 갈 때도, 낮에 고개를 넘으려면 무서워 혼자는 넘지 못했고 기다렸다가 반드시 한 열 명씩 단체로 고개를 넘었다는 것입니다. 그리고 소 판 돈을 많이 털렸다는 것입니다." 취재팀은 "혹시 도덕골인데 도둑골이라고 불렀던 것이 아니냐"고 물어 보았다. 그는 "그게 아닙니다. 말 그대로 도둑놈이라는 **도둑골**, 도둑의 골짜기, 도둑의 고개라는 도둑골입니다" |

## 자칭 옥황상제 조철제가 태어난 경남 함안군 회문리 도둑골 답사기(2차, 1999년 11월 30일)

지난해 11월 30일 취재팀은 자칭 옥황상제 조철제의 생가(生家)가 있는 경남 함안군 칠서면 회문리의 도둑골을 두번째로 취재하는 기회를 가졌다. 이렇게 다시 취재를 하게된 연유는 12월 호 『증산도 문화소식』지에 조철제가 태어난 마을이 도덕(道德)골이 아니라 도둑골이라는 현지 주민들의 증언과 사진이 실리자, 독자들로부터 더 자세한 내용을 알고 싶다는 요청이 있었기 때문이다. 취재팀은 이번에는 몇몇 촬영기사와 함께 경남 함안 칠서면 회문리의 도둑골을 다시 찾았다.

▶ 취재팀은 먼저 칠서면사무소를 찾아 들어갔다. 그곳에는 이곳 칠서, 칠원 면사무소 등지에서 25년간 근무를 했다는 총무 민원담당 이양환님께서 적극적으로 취재팀의 촬영에 응해 주었다. 다음은 이양환님께서 증언해 주신 내용이다.

▼ 도둑골의 증언자.
칠서면사무소에 근무하고 있는 총무 민원담당 이양환님. 비디오 촬영 및 취재에 적극 응해 주셨으며 함안군지를 직접 펼쳐 보이며 도덕골이 아니라 도둑골임을 힘주어 증언했다.

**이곳에 도둑골이라는 이름의 고개가 있는데 왜 그러한 이름이 붙었는지 유래에 대하여 아시는 대로 말씀해 주십시오.**

옛날 어른들 말씀에 의하면 옛날에는 군청 소재지가 있던 가야 쪽에 시장이 있었는데 그 시장을 보러 갈 적에는 걸어서 오갔다고 합니다. 그리고 옛날에는 각 가정마다 소를 많이 키웠는데 우(牛)시장에 소를 몰고 가서 팔고 날이 저물어 돌아 올 적에 도둑고개에서 도둑놈들이 대기하고 있다가 우시장에서 소판 돈을 빼앗아 가고 시장에서 장을 보고 오는 시장 바구니를 빼앗아 가고 했다고 해서 도둑고개라는 전설이 내려오고 있습니다.

그러니까 도둑놈을 뜻하는 도둑고개라는 말씀이시지요?

예, 그렇습니다. 옛날에는 이 산골로 비포장도로가 나 있었기 때문에, 그 고개를 넘으려면 한참 걸렸다고 합니다. 그렇기 때문에 도둑질을 하기에 안성맞춤이어서 그런지, 실제로 도둑을 많이 맞아서 도둑골로 지었다고 합니다.

그런데 『함안군지(咸安郡誌)』에 보면 주된 고개 이름을 도둑골이라고 쓰고 있으면서도 밑에다가 도덕골, 대통골이라고도 한다는 표현이 보이는데 이것에 대해서는 어떻게 생각하십니까?

도덕골이 아니라 도둑골이 맞다고 생각합니다. 옛날 어른들 말은 그저 발음하기 편하게 도덕골, 도덕골이라고 했을 뿐이지 정확하게 말(발음)하면 도둑골이 맞다고 생각합니다. 이 『함안군지』의 도덕골이라는 표현은 제가 어른들로부터 들은 얘기와는 너무 맞지 않는 내용입니다.

도둑놈을 뜻하는 도둑골이 맞다는 말씀이시지요?

예. 그렇습니다. 예전에 웃어른들로부터 우시장에 가서 소를 팔고 목돈을 모아 가지고 돌아오다가 도둑을 맞았다고 하는 얘기를 실제로 많이 들었습니다.

그러면 최근에는 차가 다니는 이차선 도로가 나 있는데, 도로가 나기 얼마 전에 그렇게 도둑을 맞는 일이 있었습니까?

그것은 아주 도로가 나기 전의 왜정시대 이전 옛날 일이기 때문에 지금의 세대로서는 모르는 일입니다.

▶ 취재팀은 칠서 면사무소를 떠나 도둑골로 향했다. 우선 도둑골을 올라가기 전에 조철제가 태어났다는 칠서면 회문리 마을을 찾아 보았다. 회문마을은 구마고속도로 도로변에서 약간 떨어져 위치해 있었는데 마을 입구에 함안 조씨 선조들의 공덕비와 사당이 눈에 들어왔다. 모퉁이 산 위에 올라가 마을을 내려다보니 가구수가 30호에서 50호 정도 되는 한적한 마을이었다. 동네 아주머니에게 이곳에 함안 조씨의 자손이 살고 있는지를 물어 보니 동네 안쪽의 산 밑 건물을 가리키며 그곳에 가서 물어 보라고 했다. 취재팀이 동네 길을 따라 안쪽으로 따라 올라가니 현대식으로 잘 지어진 집이 있었다. 초인종을 누르니 70이 넘은 할머니 한 분이 나오시는데 알고 보니 이 집은 바로 조철제가 태어난 생가로 현재 조철제의 장남 조준래(趙俊來)가 집을 지키고 있었고 나오신 할머니는 조철제의 큰 며느리였다. 다음은 조철제의 큰며느리가 증언한 도둑골 내용이다.

▲ 답사도중에 들른 조철제의 생가와 도적골임을 증언한 조철제 큰 며느리.
현재 조철제의 생가에는 장남 조준래씨가 살고 있으며 이날 만난 조철제 큰며느리는 이 골짜기가 도덕골이 아니라 도적골임을 증언했다.

혹시 시아버지의 사진이나 초상화라도 볼 수 없습니까?

없어요. 옛날에 사진 찍는 일이 어디 그리 흔했습니까? 사진이 없으니 당연히 초상화도 없지요. 그리고 옛날 어른들은 사진 찍는 것을 상놈이라고 했지 않습니까?

그런데 오다보니까 도둑골이라는 골짜기가 있는데 그것이 무슨 골짜기인가요? 도덕골인가요? 도둑골인가요?

그거 말하자면 도적골인가 봐요. 그게 한번 고개를 넘어가다가 도둑에게 붙잡히면 살기 어렵다고 해서 그런 이름이 붙었는가 봐요. 그것이 산비탈이 아주 가파르고 험한 골짜기거든요. 요즈음에는 길을 놔서 차가 다니고 있지요.

▶ 취재팀은 회문리 조철제 생가를 떠나 도둑골로 가 보았다. 도둑고개를 넘어 반대편 마을인 운곡마을로 넘어가는 차안에서 비디오 촬영기자들은 연신 도둑고개의 험준함에 경탄을 자아냈다. 촬영팀은 도둑고개의 정상에서 차를 내려 오랜 시간동안 주위 경관을 비디오에 담았다. 그리고 차를 몰아 운곡마을로 들어갔다. 운곡마을은 한적한 시골 마을이었다. 취재팀은 운곡마을 정자나무 근처에서 걸어나오시는 한 할머니(김난조 할머니)를 만났으며, 마을 입구에서 따사로운 햇살 아래 앉아 계시던 할아버지(옥치행 할아버지), 할머니들을 뵙고 도둑골의 유래를 물어 보았다. 다음은 운곡마을 할머니 할아버지들이 증언한 내용을 되도록 현지 사투리 어투를 그대로 살려서 옮겨 놓은 것이다.

할머니, 이 운곡마을에 얼마나 사셨어요?

(김난조 할머니) 그랑께 보자, 내가 열 여섯 살 먹어서 시집을 왔거든. 올해 칠십이니 우에 됐노.

▲ 도둑골의 증언자.
운곡마을의 김난조 할머니
70의 나이에도 구부러지지 않은 반듯한 허리를 가지셨으며 빨간 코트에 스카프를 두른 멋쟁이 할머니였다. 답사팀에게 처음에는 자신의 이름을 가르쳐 주지 않으려고 머뭇거렸으나 곧바로 자상하게 도둑골에 대해 증언해 주었다.

할머니 성함이 어떻게 되세요?

내 이름, 와 내 이름을 묻노? 이름을 댔다가 나중에 (잘못돼서) 누구에게 잡혀가는 거 아이가.(웃음)

할머니, 저기 보이는 저 고개가 도둑고개라고 하는데 왜 도둑고개예요?

그래, 옛날에 걸어댕길 때 칠원장이나 남지장이나 이런데 가면은 지금은 차를 타고 가지만 그때는 걸어 다녔거든. 장을 보고 저물게 오면은(날이 저물어서 집으로 돌아올 때면) 돈을 몸에 이런데 넣어 가지고 안 오나. 그런데 둘이나 셋이 고개를 넘다 보면 도둑들이 숨어 있다가 (넘어오는 사람을) 쇠스랑으로 팍 쪼사(쪼아) 가지고 사람을 잽혀 놓고 돈을 안 빼앗았나. 그리고 이쪽에서는 저 쪽 도둑놈들이 몇 놈이나 있는지 모르고. 그래 도둑고개라. 도덕고개가 아니라.

(손으로 도둑고개를 가리키며)

저 삼거리 아래 길에 차 한 대 가는 것이 보이제. 그 길이 칠원으로 넘어가는 도둑고개고, 저 윗길이 대산으로 넘어가는데 그것도 도둑고개라. 거기도 도둑놈이 많이 생겨서 도둑고개라고 하는 기라.

할아버지 함자는 어떻게 되세요?

구슬 옥(玉)자 이를 치(致)자의 옥치행(玉致幸).

할아버지, 오다보니까 저 넘어오는 고개가 있는데 무슨 고개예요?

옛날에 걸어 다니면서 소장사를 할 때, 거기가 소장사 떨어먹는 도둑골이라. 옛날에는 차가 없을 때 장을 갈 때면 걸어 다녔거든. 소장사들이 시장(市場)에 가서 소를 팔고 오면, 나쁜 사람들이 솔밭에 찡겨 있다가 소판 돈을 떨어먹었거든. 그래서 여기를 도둑골이라 해요.

▲ 도둑골의 증언자.
운곡마을의 옥치행 할아버지
마을 입구 구멍가게 앞에서 만났는데 카랑카랑한 목소리에 아직도 정정한 모습이셨다. 도덕골이 아니라 도둑골임을 힘주어 강조하셨다.

오다보니까 길이 무척 험하던데

(경어체를 섞어 쓰시며)지금은 길이 참 좋습니다. 하지만 옛날에는 말을 못할 정도로 길이 험했어요. 지금은 참 많이 좋아졌어요. 옛날에는 다 솔밭으로 걸어 안 다녔습니까.

그런데 어떤 사람이 도둑골이 아니라 도덕군자가 많이 산다고 해서 도덕골이라고 한다고 하는데 그게 맞습니까?

(힘을 주어서) 그게 도덕골이 아니라 도둑골인 기라. 옛날 말이 (발음이) 그저 듣기에 도덕골, 도덕골이라 하니까 그런 모양인데 도둑을 많이 당해서 도둑골이라.

▶ 취재팀은 운곡마을 떠나 대산면으로 넘어가는 도둑고개를 따라 평림마을로 향했다. 11월의 스산한 햇살과 함께 인적이 드문 시골마을의 정취는 쓸쓸함이 감돌았다. 평림마을에 도착한 취재팀은 마침 구멍가게를 옆에 낀 집안 마당에 앉아 계시던 평림마을 여러 어르신들을 만날 수 있었다. 취재팀은 이 곳 평림마을의 한 결정적인 증언자(표석구씨, 54세)로부터 이곳 도둑골에 대한 뜻밖의 사실들을 듣게 되었다. 이곳 도둑골은 그

▲ 도둑골의 증언자.
평림마을의 표석구씨
취재팀이 만난 그 어떤 증언자보다도 자상하게 도둑골의 유래를 설명해준 결정적 증언자이다. 직접 취재팀을 도둑골의 주요 살해 현장으로 안내하며 이곳 함안의 도둑골이 단순한 도둑골이 아니라 강도와 살인이 밥먹듯이 자행되던 강도 살인골임을 말해 주었다. 그의 말을 경청하노라면 왜 태극도에서부터 대순진리회에 이르기까지 폭력 유혈사태가 전통이 되어 내려오는지를 충분히 이해할 수 있었다.

저 소 판 돈이나 털고 하던 단순한 도둑놈이 날뛰던 도둑골이 아니라 사실은 사람 죽이기를 다반사로 하던 강도들이 날뛰던 살인 강도골이라는 것을 듣게 된 것이다. 표석구씨는 취재팀을 너무도 반갑게 맞이하면서 20년 전 작고한 평림마을의 노문식 박사가 꼭 후대에 전하라고 했다는 말과 함께 친절하게도 취재팀을 도둑골의 주요 살해 현장으로 안내하는 등 자세한 설명을 해주었다. 다음은 표석구씨가 증언한 내용이다.

이 고개를 왜 도둑고개(도둑골)라고 했습니까?

도둑놈이 많으니까 도둑고개라고 한 것이지요. 칠원장이나 함안장에 장보러 갔다 오면 항시 이 고개에서 도둑을 맞아 털렸습니다.

그런데 어르신, 어떤 얘기를 들어보니까 도둑놈을 뜻하는 도둑골이 아니라 도덕골이라고 하는데 맞습니까?

(힘주어) 이 고개에서 도둑을 많이 맞았어요. 도둑을 맞은 것뿐만 아니라 살해를 당하여 사람이 많이 죽었어요. 칠북, 칠원, 칠서 장꾼들이 함안장에 장보러 갔다가 돌아오는 길에 골짜기 다리 밑에서 살해를 많이 당했어요. 그래서 도둑골이라고 합니다.

아니 사람이 죽기까지 했단 말입니까?

그럼요. 도둑놈들이 사람을 많이 죽였어요.

듣고 보니까 도둑놈을 뜻하는 도둑골이 맞네요?

이름 그대로 도둑골(고개)여요. 내 말이 틀림없어요. 이 고개에 대한 것을 알려고 왔다면 나를 잘 찾아 온 것이에요. 이 골짜기를 넘다가 장꾼들이 살해를 많이 당했어요. 장꾼들이 함안장이나, 칠원장이나, 군북장에서 장을 보고 이 고개를 넘어왔거든요. 옛날에는 걸어 다니거나 구루마를 끌고 다녔거든요. 그런데 소를 팔고 넘어 오다가 도둑을 맞아 살해를 당했어요. 그래서 여기 평림마을에 도둑을 막기 위하여 장수(將帥)들이 몇 분 계셨는데 직접 도둑을 잡기도 했어요. 여기가 도둑골이라는 것은 도둑들이 단순히 물건을 빼앗은 것이 아니라 살인을 했기 때문입니다. 돈을 뺏고 사람을 죽여 버렸어요. 그래서 이 골짜기가 도둑골입니다.

▲ 평림마을에서 표석구 씨로부터 증언을 들은 그 날은  동네 어른들이 다 함께 모여 있는 자리였다. 이날 표석구 씨 말고도 도둑골의 지명 유래와 실지 도둑을 당한 경험을 말씀하신 여러 어르신들이 있었으나 그 내용은 대동소이하므로 생략한다.

그럼 이 고개를 넘어오지 말고 다른 길로 돌아오는 길은 없었습니까?

오시다 보면서 알겠지만 다른 길은 없어요. 칠서와 대산과 함안을 이어주는 길은 이 도둑골(고개) 뿐이지요.

그런데 어르신, 얼마 전에 어령 마을 계신 어떤 할아버지 한 분이 도둑골이 아니라 도덕을 잘 지키는 선비들이 산다고 해서 도덕골이다 라고 하는 것을 들었습니다. 혹시 도덕골이라는 이름도 있었던 것 아닙니까?

(힘주어서) 에이 이 사람아, 그 사람이 못 배운 사람이라. 살해를 하고 도둑놈이 많아서 도둑골이라. 직접 눈으로 봐서 짐작하겠지만 저 고개를 넘어 모퉁이로 돌아서면 전파(電波)도 안 잡히는 험한 고개여요. 우리 마

을 어르신들이 다 얘기하는 사실이에요. 어령 마을에 있는 사람들은 주막에서 술을 팔기도 하고 선비가 좀 있었고, 우리 평림 마을 사람들은 장꾼들이 많았어요. 어령 마을의 그 놈들이 장꾼들에게 술을 먹여 가지고 도둑을 맞아 털렸습니다. 도둑 골짜기 입구의 어령 마을이나 운곡 마을 주막에서 술을 먹고 이 고개를 넘으면 곧바로 살해를 당했어요. 술판 그 마을 놈들이 아주 고약한 놈들입니다. 제 말이 틀림없습니다. 우리 마을에는 여러 분의 장수들이 계시어 도둑놈들을 잡다가 돌아가신 분들도 있습니다. 이 얘기는 우리 마을 웃 어르신들로부터 여러 번 들은 내용입니다. 내가 직접 도둑골의 살해 현장으로 안내하지요.

▶ 조철제가 태어난 경남 함안군 칠서면 회문리 옆에는 큰 도둑골이 3개나 있다. 조철제가 바로 이 도둑골의 지기(地氣)를 받고 태어났음이 태극도로부터 대순진리회로 이어지는 수십 년에 걸친 폭력 유혈사태를 통해 능히 짐작할 수 있다.

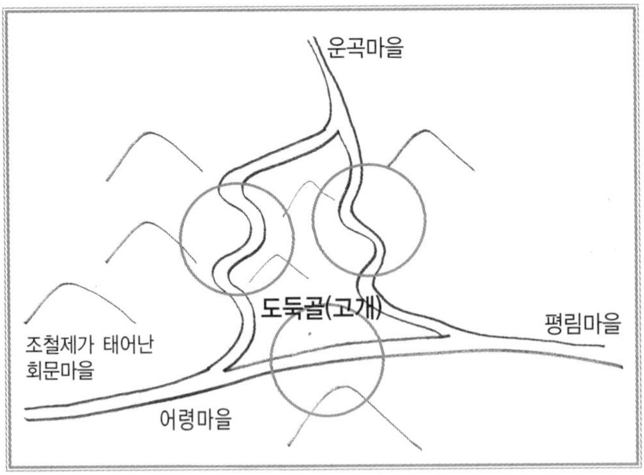

**대순진리회 종통 조작의 출발점이 된 금산사 미륵전 미륵불 좌하에 있는 철수미좌(鐵須彌座)에 대하여**

난법 대순진리회의 조작된 종통 교리는 금산사 미륵전의 미륵불 좌하에 있는 철수미좌(鐵須彌座)에 대한 왜곡된 해석에서부터 시작한다. 미륵불을 떠받치고 있던 철수미좌가 바로 솥이며 이는 솥 정(鼎)자의 정산(鼎山) 조철제로 종통이 이어짐을 예시하였다는 것이다. 이 이야기가 대순진리회를 지탱하는 핵심교리 중에 핵심이다. 대순진리회가 발행한 『대순지침』에는 다음과 같이 기록되어 있다.

**◉ 상제님께서 나를 보고 싶거든 금산사로 오라고 하심은 미륵불과 솥의 양산의 진리를 밝혀 주신 것이다. 금산사도 진표율사가 용추(용소)를 숯으로 메우고 솥을 올려놓은 위에 미륵불을 봉안한 것은 증산(甑山)·정산(鼎山)의 양산(兩山)의 진리를 암시하여 도의 근원을 밝혀 놓은 것이다. (대순지침 13, 14쪽에 나오는 박한경의 말)**

미륵불은 시루 증(甑)자의 증산(甑山) 상제님을 나타내고 솥은 솥 정(鼎)자의 정산(鼎山) 조철제를 나타내고 숯은 성에 나무 목(木)자가 들어가는 박(朴)한경을 나타낸다고 해석하여 증산 → 정산 → 박한경으로 종통이 이어진다고 말하고 있다.

그런데 대순진리회 신도 중에는 이 시루와 솥에 대한 이야기를 『대순지침』에 나오는 박한경의 말과는 다른

▲ 『대순지침』이란 책은 70년대를 거쳐 80년대로 넘어오면서 천안방면을 중심으로 신도 숫자가 불어나자, 질서를 잡기 위해서 박한경이 평소 한 말을 가지고 내부용으로 만든 책이다. 책의 첫 시작 부분부터 금산사 미륵전에 빗대어 종통을 조작한 시루와 솥과 숯의 이야기가 나온다.
그런데 묘한 것은 대순진리회 신도 사이에서도 이 시루와 솥 이야기가 통일되어 있지 않고 두 가지라는 점이다. 하나는 금산사 미륵불 밑에 쇠로 된 솥이 하나 있다는 것이고, 또 다른 하나는 시루와 솥이 함께 있다는 것이다.

내용으로 말하는 경우가 상당히 많다는 사실이다. 그것은 금산사 미륵불상 아래에 시루가 있고 다시 그 밑에 솥이 있다는 주장이다. 즉 미륵불상 아래에는 시루도 있고 솥도 있다는 이야기인데 대순진리회가 얼마나 시루와 솥의 일체논리에 집착하고 급급해 하는지를 알 수 있다.

▼『전경』에 들어가 있는 조작된 대표적인 성구

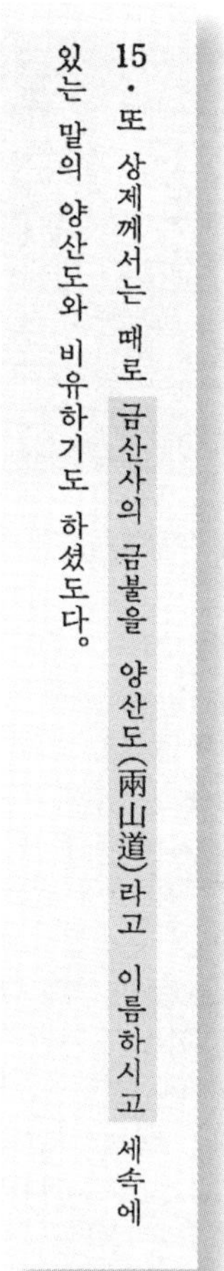
15・또 상제께서는 때로 금산사의 금불을 양산도(兩山道)라고 이름하시고 세속에
있는 말의 양산도와 비유하기도 하셨도다。

대순진리회 『전경』은 이 같은 시루와 솥의 교리 합리화를 위해서 증산 상제님께서 양산도(兩山道) 운운하는 말씀을 하셨다는 『선도진경』의 구절을 인용하고 있는데 그것이 전경 예시편 15절의 다음 구절이다.

◉ **또 상제께서는 때로 금산사의 금불을 양산도(兩山道)라고 이름하시고 세속에 있는 말의 양산도와 비유하기도 하셨도다. (대순진리회 전경 예시 15절)**

이 구절은 증산 상제님의 성훈성적을 기록한 최초의 기록인 『증산천사공사기』(1926년 발행) 및 『대순전경』 초판(1929년 발행)을 비롯한 어떠한 문서에도 나오지 않고 오직 박한경이 태극도 도전(都典)으로 있던 1965년에 초판이 발행된 『선도진경』에 처음 등장하는 내용으로 대순진리회를 만든 박한경이 1974년 『전경』에 다시 집어넣었다.

금산사 미륵전의 미륵불상은 1200여년 전 망심참법이라는 사생결단의 배수진을 치고 수도했던 진표율사가 미륵불을 친견하고 미륵불로부터 직접 이 땅에 강세하실 것을 약속 받은 후에 이를 후세에 널리 알리기 위하여 세운 불상이다. 높이가 10미터에 달하는 거대한 입불상(立佛像)으로, 실내불로서는 세계 최대 규모이다. 그런데 금산사 미륵전의 미륵불상은 이 불상을 떠받들고 있는 쇠로 된 수미좌(철수미좌)로도 더 유명하다. 미륵불 조성에 얽힌 설화에 따르면 진표율사께서 미륵불을 봉안하려고 했던 돌로 된 수미좌(석수미좌)가 하룻밤 사이에 날아가고, 율사에게 미륵불께서 밑 없는 솥(시루)을 걸고 그 위에 미륵불을 봉안하라고 계시를 내

石須彌座　壹座

此은六角十一層石塔의後方에在한俗稱石蓮臺라하는것이

다上面에長九寸幅八寸 深一尺七寸의立方形孔穴二個가잇

는것으로보아疑心할것업는立佛像의須彌座石이다

新羅時代의建物로서昭和九年九月十八日朝鮮總督府로

부터寶物第三十六號의寶物指定을한것이다

着地面의直徑十尺 上面直徑六尺五寸 高五尺五寸이다

◀ 본래 미륵불을 봉안하려 했다고 추측되는 석수미좌(일명 석련대)에 대한 금산사지의 기록. 윗면에 직사각형의 구멍이 두 개 나 있다고 기록하고 있다. (금산사지 163쪽)

▼ 석련대는 석조연화대(石造蓮華臺)의 준말. 불상을 봉안하는 대석으로 대적광전 동남 약 10미터 지점에 위치해 있다. 높이가 1.67m, 둘레가 10m이상이 되는 대형 돌수미좌이다. 고려 초기의 작품으로 추정하는 설도 있지만 금산사지의 기록은 신라시대의 작품으로 상면(上面)의 중앙부분에 두 개의 직사각형 공혈(孔穴)이 있는 것으로 보아 의심할 것 없는 입불상(立佛像) 수미좌라고 적고있다. 설화에 의하면 본래 미륵전의 미륵불을 이 석련대 위에 안치하려고 했으나 하룻밤 사이에 현재의 위치로 옮겨져 있었다고 한다.

렸다고 하며, 이리하여 현재 눈으로 보이는 철수미좌 위에 금미륵불을 봉안했다고 전해진다.

그런데 조철제는 바로 이 철수미좌(鐵須彌座)가 다름 아닌 솥으로 이는 솥 정(鼎)자의 정산(鼎山)이라는 호를 자기에게 종통이 계승되는 것을 상징 예시하였다고 주장하였다.

이 철수미좌를 솥으로 보는 견해는 조철제 일개인의 의견이나 창작이 아니다. 언제부터인지 모르지만 세속에서는 이 철수미좌를 막저부(莫底釜, 밑 없는 솥)이라고 불렀다. 아마도 그것은 진표율사가 조상했던 금미륵불상이 조선 선조 때 정유병화로 소실되어 새로 흙으로 미륵불을 조상한 이후의 일이 아닌가 여겨진다. 이 철수미좌는 정유병화 이전까지는 불상 전문가들의 의견과도 같이 연꽃 모양의 장식을 달고 있는 화려한 수미좌로 사람들의 눈에 보였을 것이기 때문이다. 역사의 기록은 조선 선조 때 병란(정유재란)을 당하여 금산사 전체가 전소되면서 미륵전의 금미륵불도 소실되고 뒤이어 수문대사가 금산사를 중건할 때 흙으로(나무라는 얘기도 있다) 된 미륵불상을 세우면서 철수미좌는 더 이상 필요치 않아 그저 미륵불상 밑에 방치해 놓은 후로 시간이 지나면서 연꽃 장식이 떨어져 나가고 녹이 슬면서 현재와 같은 모습만 덜렁 남음으로써 세속 사람들의 눈에 큰솥으로 보였을 것이라는 견해가 지배적이다.

## 철수미좌는 어떻게 생겼는가?

지금 금산사 미륵전의 미륵금상 밑에 놓여있는 철수미좌에 대한 관심은 지대하다. 그것은 난법 대순진리회가 이 철수미좌를 이용하여 시루와 솥의 상호보완과 일체 논리라는 조작된 종통을 주장함으로써 수많은 사람들이 여기에 현혹되어 돈을 날리고 가정이 파탄되고 나아가 귀중한 일생을 망치는 일이 비일비재하기 때문이다. 이에 진실을 밝히고 사도(邪道)를 뿌리뽑는 정의(正義)의 칼 용천검(龍泉劍)을 들어 철수미좌의 모든 것을 만천하의 드러내고자 한다.

현재 철수미좌는 미륵불 밑을 떠받치고 있는 것이 아니라 불상 아래에 폐치(廢置)되어 있다. 물론 본래 진표율사께서 미륵전을 지을 1200여년 전 당시에는 금미륵불상이 철수미좌 위에 놓여있었다. 그런데 조선 선조때의 정유병화로 인하여 금산사가 소실되면서 수문대사가 흙으로(나무라는 설도 있다) 된 미륵불상을 만들면서 철수미좌가 불필요하여 미륵불상 밑에 방치했다고 『금산사지』는 전하고 있다.

지금도 금산사에 가보면 미륵불상 아래 오랜 세월동안 녹이 슬어 방치되어 있는 철수미좌를 눈으로 확인할 수 있다. 하지만 언제든지 간다고 다 볼 수 있는 것은 아니다. 언제부터인지 금산사 측은 철수미좌를 둘러싸는 시멘트 케이스 공사를 하여 일부만을 볼 수 있게 만들었고 다시 그 위에 바깥에다가 현재의 불상을 떠받드는 받침대를 만들고는 자물쇠 장치를 하여 일년 중 특

▲ 미륵불을 봉안했던 철수미좌의 현재 모습.
부분 부분 떨어져 나갔으며 부식이 진행중이다. 언뜻 보면 두 개의 물체가 서로 맞물려 있는 듯하지만 실제 가서 확인하면 하나의 원통형이다. 불상과 수미좌 전문 연구가들의 주장에 따르면 위에서 10센치 정도 부근에 턱이 저 있는 것은 연꽃 무늬 장식을 붙였던 부분이라고 한다. 대순진리회는 불상아래에 시루가 있고, 또 그 아래에 솥이 있다는 등의 허무맹랑한 낭설로 수많은 사람들을 미혹하였지만 불상 아래에는 통으로 되어있는 철수미좌 하나가 있을 뿐임을 분명히 알아야 한다.

별한 날에만 일반에게 공개하고 있다고 한다.

사진의 철수미좌의 모습은 일부분만 보이는 것을 찍은 것이다. 철수미좌 밑바닥은 시멘트 공사로 인하여 보이지 않게 되어있다. 하지만『금산사지(金山寺誌)』157쪽을 보면 다음과 같은 기록이 보인다.

### 철수미좌(鐵須彌座)

미륵전(彌勒殿) 주불상(主佛像)의 좌하(座下)에 재(在)한 속칭(俗稱) 막제부(莫啼釜)라 하는 것이다. 부지저(釜之底)에 장방형(長方形)의 이개공혈(二個孔穴)이 있는 것으로 보아 입불상(立佛像)을 안치(安置)하였든 수미좌(須彌座)인 것이 분명(分明)하다. 유상(惟想)컨대 본시(本是) 개산(開山) 당시(當時)에 미륵주상(彌勒鑄像)을 안치(安置)하였던 것인데 이조(李朝)인조(仁祖) 5년 정묘(丁卯)에 미륵존상(彌勒尊像)을 소상(塑像)으로 개조(改造) 함에 따라 철수미좌(鐵須彌座)는 불필요함으로 미륵불상의 좌하(座下)에 폐치(廢置)한 것이다.(설명글: 속칭 막저부라고 불리는 철수미좌의 밑바닥에 직사각형의 두 개의 큰 구멍이 있음을 말하고 있는 『금산사지(金山寺誌)』 157쪽)

막제부(莫啼釜)라는 표현은 막저부(莫底釜)라는 표현의 전라도 사투리를 한자로 그냥 옮겨 쓴 듯함. 막저부(莫底釜)란 없을 막(莫), 밑바닥 저(底), 솥 부(釜)로 밑바닥이 없는 솥을 뜻한다.

장방형(長方形)이란 직사각형을 뜻하며 이개공혈(二個孔穴)이란 구멍이 두개 나 있다는 말이다.

따라서 직접 눈으로 확인한 부분과 기록이 전하는 부분을 종합하여 철수미좌의 모습을 나타내면 다음 페이지와 같은 모습이 된다. 우선 알아둘 것은 하나의 통으

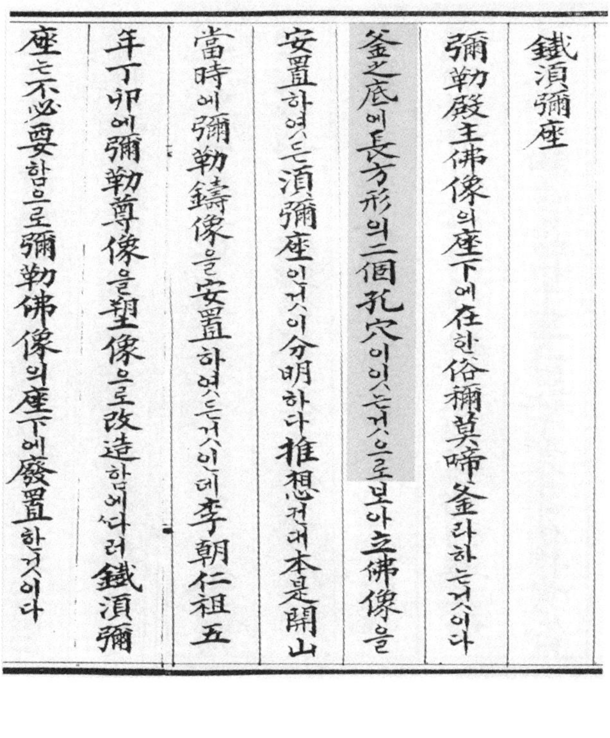
鐵須彌座
彌勒殿主佛像의座下에在한俗稱莫啼釜라하는것이다
釜之底에長方形의二個孔穴이잇는것으로보아立佛像을
安置하엿든須彌座인것이分明하다推想컨대本是開山
當時에彌勒鑄像을安置하엿든것인데李朝仁祖五
年丁卯에彌勒尊像을塑像으로改造함에따러鐵須彌
座는不必要함으로彌勒佛像의座下에廢置한것이다

◀ 철수미좌를 설명하고 있는 『금산사지』 157쪽
철수미좌의 밑바닥에 입불상을 안치했던 직사각형의 큰 구멍이 두 개 있다고 밝히고 있다.

▶ 현재 남아있는 철수미좌의 모습

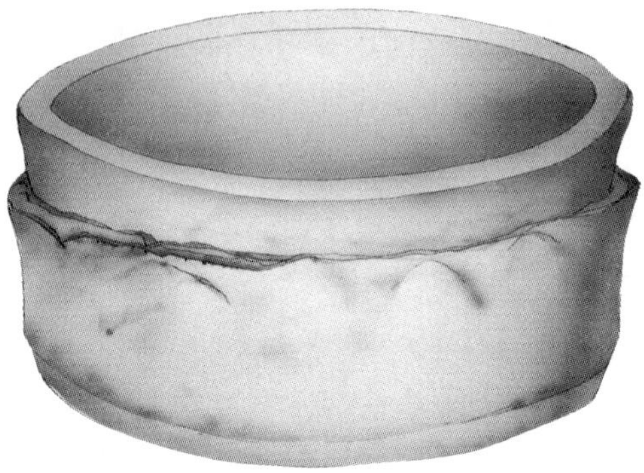

현재 미륵불상 아래에 폐치되어 녹이 슬어 있는 철수미좌의 모습. 지름이 약 3미터, 높이가 약 1미터, 두께가 7~10센치 정도이다. 천여년의 세월동안 숱한 병란과 화재를 거치며 화려한 금불상을 떠받쳤던 수미좌 본래의 모습과는 동떨어진 모습이다.

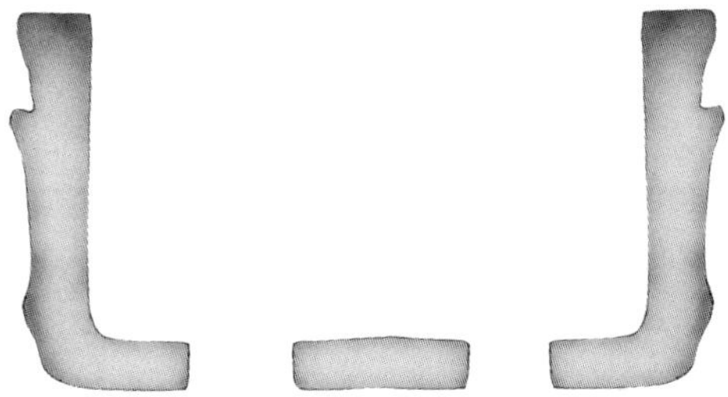

철수미좌의 단면도. 하나의 통으로 되어있다. 윗부분에 턱이진 부분은 연꽃무늬나 기타 장식물을 붙였던 곳이라고 전문가들은 말하고 있다.

철수미좌의 밑바닥에 두 개의 큰 직사각형 구멍이 있다고 금산사지는 적고 있다. 영락없는 **시루**의 형상이다.

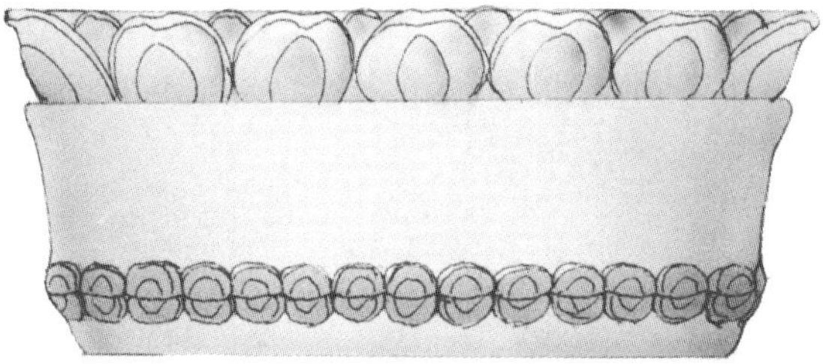

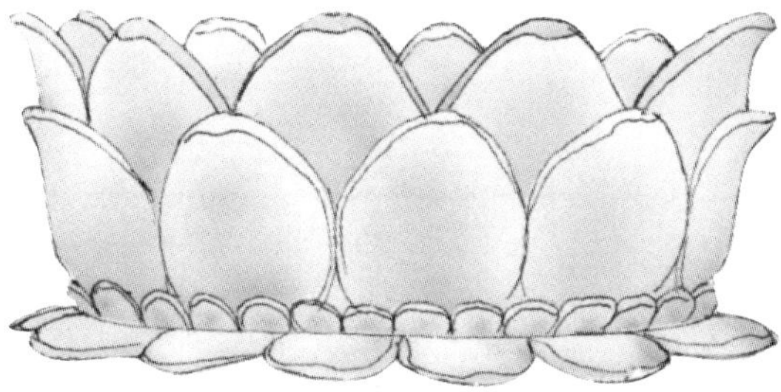

◀ 전문가의 도움을 받아 복원해 본 철수미좌

현존하는 철수미좌에 연꽃무늬 장식을 붙여 복원해본 모습, 미륵불상을 안치하려고 처음에 시도했던 석련대와 비교해보면 수긍이 가는 모습이다. 대부분의 전문가들은 다음 두 가지 중에서 하나였다고 추정하고 있다.

▲ 석수미좌(석련대)

로 되어 있다는 것이다. 대순진리회 신도 중에 상당수가 미륵불상 아래에 시루가 있고 그 밑에 다시 솥이 있다는 말을 곧잘 했었는데 이것은 완전히 조작된 낭설이었음을 먼저 밝혀둔다. 왼쪽 페이지 '현재 남아있는 철수미좌의 모습'에서 보다시피 위에서 10센티미터 정도 부근에 층이 저 있는 것을 확인할 수 있다. 혹 이것을 보고 대순 신도들이 솥 위에 시루가 있다고 생각했는지는 모르지만 철수미좌 외부와 내부를 직접 손으로 만져보고 눈으로 확인해보면 하나의 통(桶)일 뿐이지 두 개가 아니다. 불상을 안치하는 수미좌를 전문적으로 연구하는 분들의 의견에 따르면 이 층이 진 부분은 원통형 수미좌에 장식(연꽃 무늬 등)을 덧붙였던 곳이라고 한다. 현재의 모습 및 본래의 추정되는 모습을 그려보면 앞 페이지의 그림과 같다.

▲ **금산사 미륵전에 봉안되어 있는 현재의 미륵불상**

지금은 삼존불이지만 본래 진표율사가 세운 것은 가운데 미륵불상 하나 뿐이었다. 좌우의 보처보살상은 조선시대 정유재란으로 금산사가 전소된 후에 제3자에 의해 세워진 것일 뿐이다. 대순진리회는 불상이 셋이므로 세 명의 종통 운운하지만 진표율사가 미륵불의 계시를 받아 세운 불상은 가운데 미륵불상 하나뿐인 단독불이었음을 분명히 알아야 한다. 증산 상제님은 이 금미륵불상에 30년 동안 성령으로 임어해 계시다가 1871년 동방의 조선 땅에 친히 강세하셨다.

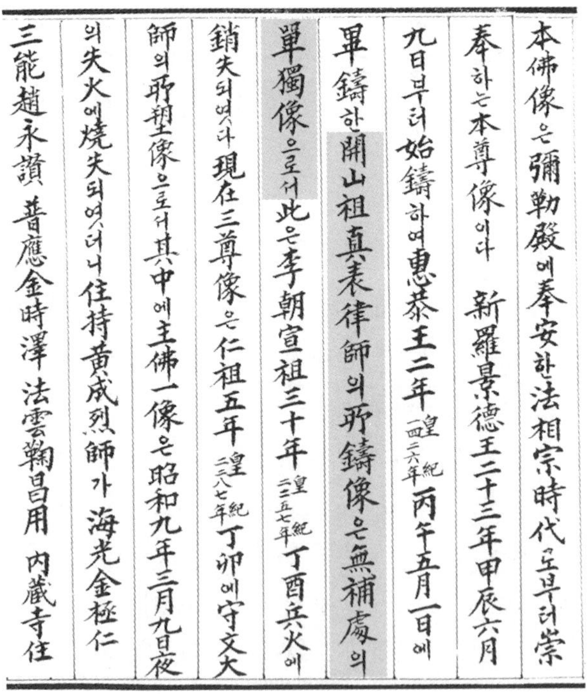

本佛像은彌勒殿에奉安한法相宗時代로부터崇
奉하는本尊像이다 新羅景德王二十三年甲辰六月
九日부터始鑄하여惠恭王二年(皇紀一四二六年)丙午五月一日에
畢鑄한開山祖眞表律師의所鑄像은無補處의
單獨像으로서此은李朝宣祖三十年(皇紀二二五七年)丁酉兵火에
銷失되엿다 現在三尊像은仁祖五年(皇紀二二八七年)丁卯에守文大
師의所塑像으로서其中에主佛一像은昭和九年三月九日夜
의失火에燒失되엿더니住持黃成烈師가 海光金極仁
三能趙永讚 普應金時澤 法雲鞠昌用 內藏寺住

▶ 미륵전의 미륵불상에 대해 설명하고 있는 「금산사지」 153쪽

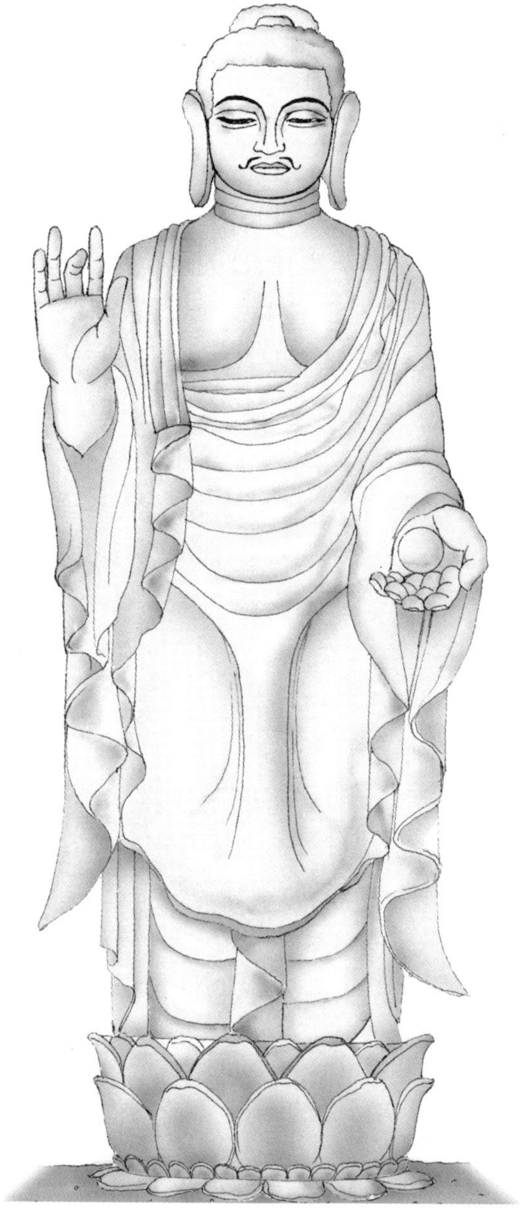

◀ **단독불 금미륵불상의 원래모습**
진표율사는 좌우의 보처보살상 없이 금(金)미륵불상 단독불을 쇠(金)수미좌 위에 봉안하였다. 불상과 수미좌가 모두 쇠(金)로 되어 있는 것은 미륵불의 용화세계인 우주의 가을철 서방 금(金)기운을 의미한다. 그림에서 보이는 수미좌는 불상전문 연구가의 주장과 도움을 받아 현존하는 철수미좌에 연꽃무늬의 장식을 복원한 모습이다.

◀ **미륵불상에 대해 설명하고 있는 『금산사지』 153쪽**

"본불상은 미륵전에 봉안한 법상종시대로부터 숭봉하는 본존상이다. 신라 경덕왕 23년 갑진 6월 9일부터 시주하여 혜공왕 2년 병오 5월 1일에 필주한 개산시조 진표율사의 궐주상은 무보처의 단독상으로서 차는 이조 선조 30년 정유병화에 소실되었다. 현재 3존상은 인조 5년 정묘에 수문대사의 궐소상으로서...."

▲ 철수미좌의 밑바닥에 두 개의 큰 직사각형 구멍이 있다고 금산사지는 적고 있다. 영락없는 **시루**의 형상이다.

## 철수미좌는 솥인가 시루인가?

세속에서는 밑없는 솥이란 의미의 막저부(莫底釜)라고 불렀다고 한다. 과연 이 형태는 옆의 세 가지 그림 중에 무엇에 가장 가까운가?

삼척동자 코흘리개가 보아도 시루임이 분명하지 않은가? 그런데도 난법 단체 대순진리회의 전신인 태극도를 만든 자칭 옥황상제 조철제는 살아생전 이 철수미좌가 어떻게 생겼는지도 모르면서 그저 겉모양만 보고 솥으로 판단하여 자기의 호를 솥 정자의 정산(鼎山)이라고 칭하고는 시루는 솥이 없으면 떡을 찔 수 없다는 논리를 내세워 시루 증(甑)자 증산 상제님의 종통이 솥 정(鼎)자 정산 조철제 자신에게 계승되었다고 주장하면서 수많은 순진한 영혼들을 난법의 구렁텅이로 몰아넣었다.

그리고 조철제 밑에서 나온 박한경은 한술 더 떠 금산사 미륵전 땅바닥에 숯이 깔려 있는 사실을 자신의 성씨 박(朴)자의 나무 목(木)자와 연결시키면서 시루와 솥이 위대하지만 밑에서 숯으로 불을 때지 않으면 떡이 익을 수 없다는 논리를 내세워 자신에게로 종통이 계승되었다고 주장하면서 대순진리회라는 난법 단체를 만들어 순진무구한 숱한 사람들의 가정을 파괴시키고 인생을 절단 나게 했다.

금산사 미륵전 땅바닥에 있는 숯이란 금산사에만 깔려 있는 것이 아니다. 자고로 사원을 건축하는 중에 땅바닥에 숯을 넣는 것은 습기와 벌레를 방지하기 위한 고전적인 방법으로 팔만대장경이 보관되어 있는 해인사 장경각과 경주의 석굴암을 비롯한 많은 고찰 건축에도 적용된 보편적인 것임을 알아야 한다.

**솥 정**

솥 정(鼎)이란 한문 글자 모습에도 나타나듯 발이 세 개 달리고 귀가 두 개 달린 솥(일종의 제기)을 나타내는 글자이다.

**솥 부**

솥 부(釜)란 발이 없는 큰 솥을 의미하며 솥의 일반적인 통칭으로도 쓰인다.

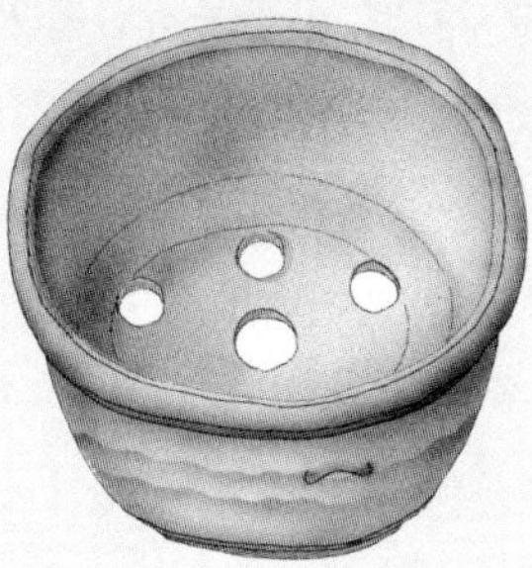

**솥 증**

솥 증(甑)이란 시루 증 또는 솥 증의 두 가지 의미를 동시에 나타내는 글자이며 주로 시루 증의 의미로 알려져 있다.

## 금미륵불상을 안치했던 철수미좌가 의미하는 것은 무엇인가?

금산사 금미륵불은 10미터에 달하는 대단히 큰 실내불이다. 그런데 이렇게 큰 불상이 1200여년 전 나무나 흙이 아니라 쇠(金)로 조상되었다는 점을 생각해 볼 필요가 있다. 예나 지금이나 이렇게 큰 불상을 쇠로 세우는 것은 보통 일이 아닐 것이다. 그런데 이 금미륵불을 떠받치고 있는 수미좌 마저도 속칭 밑 없는 솥, 혹은 시루로 불리는 철수미좌이다. 왜 이렇게 쇠(金)로 조상했던 것일까? 이것은 단순한 우연의 일치인가?

그러나 여기에는 중요한 우주원리가 숨어있다. 즉 미륵불상이나 수미좌대가 반드시 쇠로 만들어져야 하는 필연적인 원리가 있다는 것이다.

금산사 미륵불상을 조상한 분은 망심참법이라는 불퇴전의 사생결단수행으로 마침내 원각대도통을 하시고 미륵불을 친견하셨던 진표율사였다. 하지만 율사의 간절한 기도에 응하여 율사가 본 모습대로 미륵불상을 세워 이 땅에 미륵신앙을 씨뿌리고 미륵불의 인간 강세를 준비하라고 명하셨던 분은 다름 아닌 미륵부처님이셨다. 그 미륵부처님은 당신의 모습을 철수미좌 위에 금미륵불로 세우라고 하셨다.

우선 진표율사가 미륵불상을 안치하려고 준비했던 돌로 된 수미좌(석련대)가 하루밤 사이에 멀리 날아가고 밑 없는 솥으로 수미좌를 하라는 미륵불의 계시가 암시하는 의미를 생각해 보자. 그림에서 보다시피 철수미좌는 밑바닥에 두 개의 직사각형 구멍이 있다. 따라서 그 형태상 시루라고 보는 것이 타당하다. 시루의 가장 큰 특징은 밑바닥에 구멍이 나 있는 것이다. 다시 말해 밑 없는 솥이라고 불리었던 철수미좌는 곧 시루라는 사실이다. 이것은 무엇을 의미하는가? 그것은 미륵불이 이 땅 남조선에 강세하실 때 솥과 시루의 의미를 동시에 나타내는 증산(甑山)이라는 존호를 가지고 오신다는 것을 나타내는 것이다.

그러면 미륵불상과 수미좌가 모두 쇠로 되었다는 것은 무엇을 의미하는가? 이는 불교의 도맥을 따라 미륵불로 강세하신 증산 상제님께서 하신 다음 말씀에서 알 수 있다.

*** 또 말씀하시기를 "나는 본래 서양 대법국 천개탑에 내려와 천하를 두루 살피고 동양 조선국에 내려와 금산사 미륵전에 30년 동안 머물다가 고부 객망리 강씨 문중에 내려왔나니 이제 주인을 심방함이니라." 하시고 "무체(無體)면 무용(無用)이니 서(西)는 금(金)인 고로 김(金)씨에게 주인을 정하였노라." 하시니라. (증산도 道典 2:20:5~8)**

이 말씀은 미륵불은 우주원리로 보아 가을 세상(이를 방위로 말하면 서(西), 오행으로 말하면 금(金)이다)을 이루시기 위해 오시는 절대자이기 때문에 금(金)자가 들어가는 지명과 사람 기운을 취하신다는 말씀이다. 이 말씀과도 같이 가을 세상(후천세상)을 준비하시려 오는 미륵불을 나타내기 위해 불상이 김(金)제군 금(金)산면 금(金)산사의 철〔金〕수미좌 위에 금(金)미륵불상으로 세워져 있다는 사실을 주목해야 한다. 그리고 상제님께서 천지공사의 식주인으로 삼으셨던 수석성도가 김(金)형렬임을 눈 여겨 봐야한다.

이제 더 이상 미륵불 밑에는 시루와 솥이 있다는 등의 대순진리회의 사설(邪說)에 우리 국민이 현혹되어서는 안 된다. 또한 미륵불은 시루이고 그 아래에 솥이 있는데 그 솥은 바로 정산 조철제를 상징한다는 등의 사설에도 현혹되어서도 안 된다. 미륵불 밑에 있는 것은 불상을 봉안했던 철수미좌이며 그것은 속칭 밑 없는 솥이며 궁극의 핵심은 바로 시루라는 사실이다. 시루와 솥을 분리하여 시루따로 솥따로의 말장난으로 순진무구한 국민을 현혹했던 대순진리회는 진실에 눈을 떠 대오각성하여 새 삶을 찾아야 한다.

**도둑골의 기운을 가지고 온 조철제가 증산 상제님의 도(道)에서 훔친 목록**

| 훔친 목록 | 훔친 내용 |
|---|---|
| 증산 상제님의 종통(宗統)을 도둑질함 | 증산 상제님의 종통이 수부(首婦)도수에 의하여 고수부님에게 전해졌음이 과거 상제님 성훈 성적 기록물과 역사적 사실로 보아 너무도 분명함에도 불구하고, 금산사 미륵전의 미륵불과 철수미좌(鐵須彌座)를 시루와 솥의 비유에 끌어 맞추고 이것을 예로부터 전해 내려오는 양산도(兩山道)라는 비결에 꿰어 맞추어 솥 정(鼎)자의 정산(鼎山)이라는 호를 가진 자신에게로 종통이 전해졌다는 것을 내세웠다. |
| 종통전수의 상징인 약장과 궤를 도둑질함 | 『전경』「교운 제 2장」 14절부터 17절까지 보면 조철제는 종통전수의 상징으로 고수부님에게 전했던 약방 기물인 약장과 궤를 훔치는 이야기가 나온다. 물론 기록은 '훔친다' 라고 하지 않고 '옮기고자 했다' 고 표현하고 있다. 하지만 내용을 잘 뜯어보면 새벽 한 시경에 들어가 훔친 것이 너무도 분명하다. |
| 증산 상제님의 무덤을 파헤치고 성골을 도둑질함 | 「교운 제 2장」 22절에는 참으로 인류역사의 고금에 없는 난법 패륜의 극치내용이 담겨있다. 참으로 이 내용은 증산 상제님의 진리를 모르는 세상 사람들이 알까 두려운 내용이다. 종통을 조작하기 위해 누이동생을 유혹하고 약장과 궤를 훔치더니 그것으로 양이 안찼던지 이번에는 도의 스승이며 도조이신 증산 상제님의 무덤을 헤치고 그 뼈를 훔쳐간 것이다. |
| 증산 상제님의 공식호칭인 「옥황상제」 존호를 도둑질함 | 조철제는 증산 상제님을 「옥추경」에 나오는 48 신장(神將)의 한 이름인 '구천응원뇌성보화천존' 을 본떠 "구천응원뇌성보화천존상제"라고 이름하고 자신 스스로를 '옥황상제' 라고 명명함으로써 하느님의 공식호칭마저 도둑질했다. 이 내용은 「교운 제 2장」 32절에 나온다. |

## 대순진리회 10대 죄악

| 구 분 | 내 용 |
|---|---|
| 신앙의 근거인 상제님 말씀 조작 | 증산 상제님 말씀을 임의로 삭제, 조작, 첨가하여 거짓으로 자기들이 경전인 『전경』을 만들었다. 그 주모자는 바로 전 서울대학교 종교학과 교수였던 장병길(현 82세). |
| 종통조작을 위해 수부도수 은폐 | 상제님께서 태모 고수부님에게 종통을 전하신 핵심 말씀을 대부분 삭제하고 시루와 솥의 조작된 논리로 거짓 종통을 지어내 조철제를 종통계승자로 만들었다. 수부도수를 부정하며 신앙의 뿌리를 찾지 못하는 자는 누구를 막론하고 원시반본의 절대정신을 따라 죽음을 면치 못함. |
| 상제관을 조작하여 조철제를 옥황상제로 받듬 | 증산 상제님을 '구천응원뇌성보화천존'이라는 48신장의 한 호칭으로 격하하고 조철제를 옥황상제라고 칭함으로써 신앙의 대상을 근본적으로 변질시킴. 대순진리회는 한마디로 증산 상제님을 신앙하는 단체가 아님. |
| 약장과 궤를 강탈하고 상제님의 성골을 도굴함 | 자칭 옥황상제 조철제는 종통전수의 상징인 약장과 궤를 훔쳐 거짓 종통을 합리화하려 했으며, 도통을 하겠다고 상제님의 초빈을 헤치고 성골을 도굴해 가는 세계 종교사상 그 유례가 없는 난법 패륜을 저지름. |
| 시한부 종말론과 헛된 도통을 내세워 신도들을 집단으로 미혹케 함 | 도통을 신앙의 목적으로 내세우며 방면마다 서로 다른 말 맞춤 교리와 조작된 비결로 신도들을 집단으로 미혹케 하여 도통병자를 양산함. 70년대 이래 끊임없는 시한부 종말론을 내세우며 신도들을 헛된 도통 신앙에 몰아 넣음. |

| | |
|---|---|
| 천륜을 끊은 대 죄악 | 천하사 도(道)사업 이라는 명분아래 아내가 남편과 자식을 버리고 가출하고, 자식이 아버지의 통장을 가지고 가출하게 하는 등 천륜을 파괴하는 대 죄악을 무수히 저지름. |
| 무차별 돈을 뽑는 금전 갈취 | 천도식 비용 및 유공(有功)과 정성금이란 명목아래 일반인과 신도들로부터 수단과 방법을 가리지 않고 금전을 갈취함으로써 개인 및 가정에 치명적인 상처를 줌. 화려한 수도장과 대학교 및 병원 건물 등은 신도들의 돈을 갈취하여 지은 것임. |
| 태을주(太乙呪) 왜곡 | 개벽기 인류구원의 핵심 주문인 태을주를 왜곡하여 그릇 읽음. 태을주 첫 머리 '훔치 훔치'를 처음에 한 번만 읽고 그 다음에는 읽지 않음으로써 자칭 6백만 신도들이 올바른 태을주 기운을 받지 못하여 결국 패망과 죽음의 길에 이르도록 함. |
| 의통(醫統) 왜곡 | 9년 천지공사의 총 결론인 **의통 인패**의 실체를 철저히 부정하고 엉뚱한 자작 해석으로 결국 자칭 6백만 신도들이 대순에 몸을 담는 한 개벽기에 한 명도 살지 못하고 죽음의 길에 이르도록 함. 태을주 왜곡과 의통 왜곡이 대순이 영원히 성공하지 못하는 실질적인 핵심 이유임. |
| 증산도 사칭 | 증산도 안경전 종정님을 대순진리회에서 신앙하다 쫓겨난 자라는 등 망발을 일삼고 증산도에서 발행한 진리서적을 무단으로 표절 인용하여 자기들의 포교자료로 만들어 무수히 많은 사람들을 난법의 소굴에 빠지게 함. 특히 가정을 저버리고 신앙하는 젊은 대순신도들이 부모님에게는 증산도를 신앙한다고 사칭하는 등 막대한 피해를 주었음. 이외에도 필설로 다할 수 없는 증산도 사칭이 있음. |

## 이 자손들을 어찌하면 좋으리오, 살려내자 살려내자

서기 2000년의 새해가 밝았다. 온 세상이 새로운 천년의 첫 해가 밝았다고 외치며 큰 의미를 부여하고 있다. 증산 상제님을 신앙하는 우리들로서는 서기 2000년이 지나는 의미는 남다르다. 그것은 올해를 기점으로 증산 상제님 천지공사의 풍류주세백년진(風流酒洗百年塵) 도수를 따라 이제 온 천하에 증산 상제님의 진법이 여실히 드러나는 참으로 중요한 시간대로 진입하기 때문이다. 이미 100여 년 전 이 땅에 우주의 아버지이신 증산 상제님께서 사람으로 오시어 천지공사라는 전대미문의 인간구원 성업(聖業)을 집행하시고 가셨건만, 지난 20세기 100 년의 세월동안 상제님의 참법이 드러나지 않고 난법이 세상을 횡행하는 인고의 시간대가 지속되었다.

그러나 이제 진법인 증산도가 세상에 드러나는 결정적인 시간대를 맞이하고 있다. 하지만 진법 구현은 때만 된다고 저절로 되는 것은 결코 아니다. 성사재인(成事在人)하는 일꾼들이 세상에 나가 난법의 장애물을 거두어내고 진법을 드러내야 하는 것이다. 이 작업에는 난법에 속아 인생을 허비하고 재물을 탕진 당한 많은 인연 있는 중생들에게 그 허구와 죄악을 알리고 진법인 증산도에 눈뜨게 하는 일도 한 부분 포함될 것이다. 태모님의 다음 말씀은 이와 같은 작업을 해야할 우리들에게 시사하는 바가 크다 할 것이다.

＊ 태모님께서 갑술(甲戌 : 道紀 64, 1934)년 9월치성 전날에 무수히 개탄하시며 말씀하시기를 “이 자손들을 어찌하면 좋으리요. 죽게 되면 저희들이나 죽지 애매하고 불쌍한 우리 창생들을 어찌하리.” 하시고 신도들을 동쪽으로 향하여 앉게 하시고 해마주(解魔呪)를 읽게 하시며 “살려 내자 살려 내자.” 하시니 이는 난법자들에게 걸려들어 멸망당하는 창생들을 가엾게 여기시어 참 생명줄을 찾도록 크게 경계하심이니라. (증산도 道典 11:232:1~5)

### 대순진리회의 종통조작 핵심과 그 허구성

금산사 미륵전을 종통교리 조작에 이용함

조작내용

미륵불상(증산 상제님)을 시루로 보고, 미륵불상을 안치했던 철수미좌를 솥으로 보아, 시루로 떡을 찌려면 반드시 솥 위에 올려져야 하며, 시루와 솥이 있어도 밑에서 숯으로 불을 때야 한다는 논리를 내세워 시루(증산)—솥(정산)—숯(박한경)으로 이어지는 종통을 주장함.
이 논리가 대순진리회 종통조작의 핵심내용이다.
일견 그럴 듯 해 보이는 이 유치한 논리는 지식의 유무를 떠나 수많은 사람들을 미혹하게 했다.

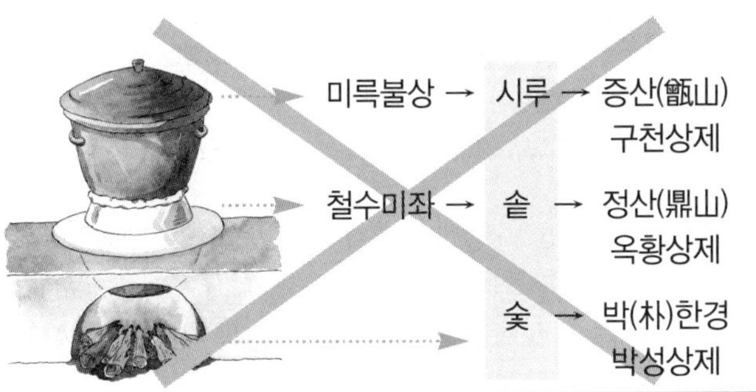

**조작의 허구성**

1) 미륵불상 아래에 있는 철수미좌(속칭 莫底釜, 밑 없는 솥)는 그 형태상 솥이 아니라 시루이다. 겉으로 보아 철수미좌가 쇠로 되어 있어 솥이라는 주장(혹은 솥 위에 시루가 있다는 주장)이 먹혀들었는지 모르지만 전체모습을 해부하여 보면 바닥에 큰 직사각형 구멍이 두 개 있는 명백한 시루형태라는 사실이다.
2) 돌로 된 수미좌가 아니라 철(金)수미좌 위에 금(金)미륵불을 안치한 것은 미륵불은 우주의 가을세상(방위로는 西, 오행으로는 金)을 꾸미시기 위해 오시는 부처임을 나타낸다.
3) 미륵불이 속칭 밑 없는 솥을 뜻하는 막저부(莫底釜) 즉 시루 위에 조상되어 있는 것은 사람으로 강세하시는 미륵불의 존호(尊號) 증산(甑山)을 암시한다. 증(甑)은 시루 증 혹은 솥 증으로 시루와 솥의 두 가지 뜻을 모두 가지고 있다.
4) 미륵전 땅바닥에 숯이 깔려 있음을 나무 목(木)자가 들어가는 박(朴)한경과 연결시키지만, 숯을 이용한 기초공사는 숯이 지니고 있는 놀라운 습기 제거력을 이용하는 고전적인 방식으로, 해인사 장경각과 불국사의 석굴암 등에도 깔려 있는 보편적인 것임을 알아야 한다.

**신앙 텍스트 『전경』의 성구조작 (대표적인 예)**

1) 시루와 솥에 비유한 종통 조작을 뒷받침하기 위하여 지명(地名)을 조작하여 성구로 만들었다.

▶ 이 시루산 동쪽 들에 객망리(客望里)가 있고 그 산 남쪽으로 뻗은 등(燈)판재 너머로 연촌(硯村) . 강동(講洞) . 배장골(拜將谷) . 시목동(柿木洞) . 유왕골(留王谷) . 필동(筆洞) 등이 있으며 그 앞들이 기름들(油野)이오. 그리고 이 들의 북쪽에 있는 산줄기가 뻗친 앞들에 덕천 사거리(德川四街里)마을이 있고 여기서 이평(梨坪)에 이르는 고갯길을 넘으면 부정리(扶鼎里)가 있고 그 옆 골짜기가 쪽박골이로다. (전경 1:1:4)

☞ '시루산 → 부정리 → 쪽박골'은 '증산 → 정산 → 박한경'으로 이어지는 종통을 짜맞추기 위해 지명(地名)을 조작한 것이다. 실제 답사 결과 부정리는 솥 정자의 부정리(扶鼎里)가 아니고 고무래 정자의 **부정리(扶丁里, 夫丁里)**임이 드러났고, 쪽박골은 **좃박골**로 밝혀졌다.

### 신앙 텍스트 『전경』의 성구조작 (대표적인 예)

2) 자칭 옥황상제 조철제의 태어난 마을의 지세를 설명하는 구절 속에 마치 대 도덕군자가 태어난 듯이 도덕골(道德谷)로 적고 있지만, 실제 답사결과 도둑놈을 뜻하는 도둑골(도둑고개)로 밝혀졌다.

▶ 여흥 민씨(驪興閔氏)가 어느날 하늘로부터 불빛이 밝게 자기에게 비치더니 그후 잉태하여 한 아기를 낳으니라. 이 아기가 장차 상제의 공사를 뒤 이을 도주이시니 때는 을미년 십 이월 초나흘(十二月四日)이고 성은 조(趙)씨이요, 존휘는 철제(哲濟)이요, 자함은 정보(定普)이시고 존호는 정산(鼎山)이시며 탄강한 곳은 경남 함안군 칠서면 회문리(慶南咸安郡漆西文會文里)이도다. 이곳은 대구(大邱)에서 영산, 창령, 남지에 이르러 천계산, 안국산, 여항산, 삼족산, 부봉산으로 연맥되고 도덕골(道德谷)을 옆에 끼고 있는 문동산. 자고산의 아래로 구미산을 안대하고 있는 마을이로다. (전경 3:2:1)

☞ 도덕골이 아니라 **도둑골**임

3) 시루와 솥의 비유를 정당화하기 위하여 예로부터 비결서에 전해 내려오는 양산도(兩山道)라는 말을 마치 증산 상제님께서 직접 말씀하신 성구처럼 만들어 끼워 넣었다.

▶ 또 상제께서는 때로 금산사의 금불을 양산도(兩山道)라고 이름하시고 세속에 있는 말의 양산도와 비유하기도 하셨도다. (전경 7:1:15)

☞ 이 구절은 초기기록인 『증산천사공사기』(1926년 출간), 『대순전경』 초판(1929년 출간)을 비롯한 여타의 어떤 기록에도 보이지 않는 내용이며, 오직 박한경이 태극도 대표(교주)격인 도전(都典)으로 있던 1965년에 발행된 『선도진경』과 1974년부터 발행되기 시작한 대순진리회 경전인 『전경』에만 나오는 내용이다.

## 대순진리회 천륜파괴의 현장

### 대순진리회에 빼앗겼다가 다시 찾은 아들, 그러나 그 아들은 아직도 제정신이 돌아오지 않고 있는데…

사람을 찾습니다!
사례금 : 일백만원
김○○
(790△03-10△8△1△)
가출일: 98.10.30
특 징: 주걱턱
신 장: 180 Cm
체 중: 57 Kg
연락처: 전국파출소 112
서울남부경찰서강력3반: (02)868-1172
서울남부경찰서 소년계 : (02)856-7000
자 택 : (02)△04-△80△, 01△-2△8-4△02
○○야! 모든걸 용서하니 속히 귀가하여라.


서울시 금천구 시흥 1동에 사는 김○○씨는 98년 10월 참으로 이해할 수 없는 일을 당하였다. 그것은 한마디로 청천벽력이었다. 아들 하나 딸 하나를 두고 남 보기에도 어엿한 모회사의 중견간부로 살아가던 평범한 가장이었다. 그런데 어느 날 갑자기 그토록 믿어오던 하나뿐인 아들(당시 모 전문대 1학년)이 아버지의 저금통장(이 통장에는 ○○○○만원 가량의 돈이 들어 있었다고 한다)과 도장을 들고 온다 간다 말도 없이 사라져 버린 것이다.

도대체 아들이 어디로 갔단 말인가? 왜 통장을 들고 사라진 것인가?

아버지는 이해할 수 없었다. 뜬눈으로 밤을 지새우고 다음날 은행에 돈이 인출되었는지 확인해 보았다. 국민은행 대림동 지점에서 돈이 모두 인출된 것이 밝혀졌다. 아버지는 당장 은행으로 달려갔다. 이미 돈은 빠져나간 뒤였지만 과연 당신의 아들이 그 돈을 빼간 것인지 확인하고 싶었다. 은행 C.C.TV에 찍힌 사람은 과연 아들이었다. 비록 화면이 흐리게 나왔지만 180cm가 넘는 큰 키의 아들을 아버지는 한 눈에 알아 볼 수 있었다. 아들이 돈을 찾아 옆에 누군지 모르는 어떤 여인에게 돈을 건네주는 것을 똑똑히 확인한 것이다.

화면을 보니 적어도 아들이 돈을 노리는 불순 깡패 세력에 납치된 것은 아닌 듯 했다. 왜 내 아들이 아버지의 통장에서 돈을 뽑아 저 여자에게 자연스럽게 건네주고 있는가? 저 여자는 도대체 누구란 말인가?

그날 이후 아버지와 어머니는 갑자기 들이닥친 이 이해할 수 없는 상황 속에서 무수히 많은 고통의 밤을 지새우게 된다. 비록 공부를 잘해 4년제 대학에 진학하지는 못했지만 그래도 여느 아이와 다름없이 잘 자라던 하나밖에 없는 아들이며 집안의 종손이었다.

아버지가 할 수 있는 일은 오직 하나뿐이었다. 아들을 직접 찾아나서는 일이다. 아버지는 경찰서로 달려가 아들의 가출을 신고하고 자신이 할 수 있는 최선의 방책을 모색하게 된다. 혹시 배나 비행기를 타고 해외로 빠져나가지나 않을까 하여 출입국 관리소를 비롯한 모든 관계기관에 신고하고 전단지를 만들어 전국에 뿌리기 시작하였다.

이 아들을 잃어버린 아버지와 어머니의 고통을 누가 알겠는가?

해가 바뀌어 1999년 7월초에 아버지와 어머니의 지극한 정성이 하늘에 닿았던지 저 멀리 남쪽지방 창원에서 어느 날 갑자기 남모르는 사람으로부터 연락이 왔다. 길거리에서 **대순진리회** 포교행위를 벌이고 있던 몰골 흉한 어린 학생을 맞닥뜨린 한 중년남성이 도(道)가 어쩌느니 조상이 어쩌느니 하면서 횡설수설하는 것을 수상히 여겨 오히려 다그친 것이었다. 학생증을 확인해 보니 멀리 서울 학생이었다. 그 중년남성은 잘못된 길로 빠진 학생임을 즉시 눈치채고 전화번호를 알아내 당장 전화를 걸었다. 아니나 다를까 서울의 부모님은, 자기 아들이 삿된 길로 빠져 가출한 사실이 있다는 것을 확인해 주는 것이 아닌가? 부모님은 비용은 상관치 말고 아들을 꼭 붙잡아 택시로 서울까지 올라오라는 간곡한 당부를 하였다. 밤을 새워 택시는 창원에서 서울까지 달렸다.

집을 나간 지 9개월만에 드디어 아들을 찾은 것이다. 그러나 아들의 몰골은 물론 정신도 이미 과거의 아들이 아니었다.

아들의 소지품을 검사한 아버지는 ○○○ 선감이니 ○○○ 선사니 하는 용어가 적힌 메모지와 반성문(매일 매일 주어진 포교목표를 달성하지 못한 것에 대한 반성문)을 찾아내었다. 하지만 아버지는 그 때까지도 아들이 대순진리회에 빠져있는지를 알지 못했다. 아들에게 직접 다그치자 아들은 뜻밖에도 증산도에 다녔다고 말하는 것이 아닌가?

그러나 이토록 어렵게 찾은 아들은 다시 3일만에 또 몰래 가출하고 만다. 아버지가 아들의 행방을 찾아 우리 증산도 도장을 방문한 것은 올(1999년) 7월 20일이다. 비록 아들이 또 나가 버렸지만, 아들이 말한 증산도라는 말을 똑똑히 기억하여 가까운 증산도 시흥 도장을 찾아온 것이다.

이 때 아들 부모를 응대한 사람이 당시 시흥 도장의 배희숙 포정이다. 배포정은 상황을 차근차근 일러주며 아들이 간 곳은 이곳 증산도가 아니라, 대순진리회라는 것을 설명해 주었다. 그리고 시흥에 있는 대순진리회 연락소의 위치를 알려주고 그곳으로 가서 찾아보라고 말했다. 말뜻을 알아들은 부모는 곧바로 대순 연락소로 찾아갔다. 하지만 대답은 우리는 모르는 학생이며, 그 일에 대해서는 전혀 모르는 일이라고 말하였다. 부모님은 아들이 창원에서 머무르다 서울로 올라온 것에 착안하여 창원으로 내려갔다. 그리고 2주일만에 창원의 대순진리회 모 연락소에 있는 아들을 직접 데려 올 수 있었다.

* * *

아버지는 아들이 8월 24일이 군 입대예정일이라고 말했다. 하지만 이런 정신으로는 군대를 보낼 수 없었던 것 같다. 얼마 전에 전화를 했을 때 아버지는 그저 모든 일을 잊고 싶은 듯 다시는 전화하지 말라고 당부했다. 아직 아들의 정신이 원래대로 돌아오지 못하고 있고 아버지 자신도 이 충격에서 애써 벗어나려는 듯했다.

"다시는 이런 일이 이 땅에서 일어나지 않도록 하기 위해서도 아버님께서 이를 세상에 알려 대순진리회의 이 천인공노할 짓거리를 알려야 하지 않겠습니까? 저희들이 이런 이야기를 글로 묶어 알리려고 합니다. 협조해 주십시오."

하지만 아버지의 대답은 이러했다.

"예, 그 취지는 충분히 압니다. 하지만 우선 가만히 놔 두어 주십시오. 아직 아들의 정신이 원래대로 돌아오지 않았습니다. 저희들도 아들놈에게 충격을 주려하지 않고 있습니다. 죄송하지만 그만 가만히 놔두시고 … 이만 전화를 끊겠습니다."

대순진리회라는 난법단체에서 저지른 패악이 얼마나 큰 피해를 남겼는가를 짐작할 수 있다. 당사자의 거부로 더 자세한 실상을 지면에 옮기지는 못하지만, 이 사실만으로도 대순진리회가 얼마나 사회에 큰 패악을 행하고 있는가를 알고도 남음이 있지 않은가!

# 제 6장

# 대순진리회 신앙 체험기

## 내가 겪은 대순진리회

올해 나이 62세 되시는 ○○○ 성도님은 1973년 당시 35살의 젊은 나이에 대순진리회 천안방면에 입도하여 약 10여 년 동안 신앙하면서 선감의 지위에까지 올라가셨던 분이다. 누구나와 같이 ○○○ 성도님도 처음에는 도통을 앞세운 교리와 금산사 미륵전의 시루와 솥의 비유에 현혹되어 도통의 운수마당이 열리기만을 고대하며 열심히 신앙하였으나 세월이 흐르면서 대순진리회가 난법 집단임을 깨닫게 되고 드디어 1984년에 제명을 당해 나오시게 된다. 그리고 1990년 드디어 증산도의 진리를 알게 되고 올바른 상제님 진리에 눈을 떠 현재에는 새로운 신앙의 길을 걷고 계신다. 다음 ○○○ 성도님의 증언은 초기 70년대 대순진리회가 어떠한 난법 행위를 하며 살아 움직였는가를 말해주는 귀중한 자료이다.

**대순진리회에는 언제 입도하셨나요?**

▶▶▶ 73년도 당시 제 나이 35살 때지요.

**그러면 대순진리회 초창기 때 들어가신 거군요.**

▶▶▶ 제가 들어가니까 중곡동에 영대 건물 하나만 서 있었어요. 제가 들어간 뒤에 중곡도장이 공사가 완료되더군요.

**대순진리회에 입도하기 전에는 무엇을 믿으셨나요?**

▶▶▶ 학창시절에는 교회에 다니다가 결혼한 후에도 시부모님의 반대에도 불구하고 계속 교회를 나갔어요. 그런데 어찌된 일인지 위로부터 낳은 아들, 딸 6남매를 모두 잃었어요. 그러니까 시어머니께서 며느리의 종교가 틀려서 그렇다는 거예요. 시어머니는 불공을 드려서 아들 (현재의 남편) 하나를 얻었는데 종교가 다른 며느리가 들어와서 기독교를 믿으니까 손자 손녀들이 죽는다고 하셨어요. 그런데 제 시댁이 보은 속리산 근방이었거든요. 그때 시어머니가 휴가를 주셔서 제가 3개월간 절에 들어가서 공부를 하고는 종교를 불교로 돌렸지요. 그때 절에서 공부할 때 미륵불에 대해 공부를 했던 기억이 있어요. 그리고 나서 현재의 아들 삼형제 낳아 키웠지요.

**그런데 누구 인도로 대순진리회에 들어가신 겁니까?**

▶▶▶ 우리 집 아저씨(남편)가 마장동 시외버스 터미널에서 운전했었어요. 그런데 같은 회사 친구가 그때 돈 7만원을 꾸어 쓰고는 돈을 갚지 않고 사표를 내고 나가 버렸어요. 그래서 우리 집 아저씨가 쉬는 날 돈 받으러 가는데 제가 따라 갔었지요. 남자들끼리 싸울까봐요. 따라갔는데 막 남자들끼리 싸우는 거예요. 그래서 그쪽 부인하고 저하고 말렸지요. 그리고 나서 여자들끼리 앉아 술 한잔 받아놓고 앉아 있는데 그쪽 부인이 말하기를, 나를 믿어라 하는 거예요. 그래서 제가 내가 당신을 언제 봤다고 믿느냐고 하니까 나는 미륵부처님을 믿는 사람이기 때문에 거짓말이라는 것을 안한다고 하는 거예요. 제가 절에서 공부할 때 미륵에 대해서 공부를 좀 했는데, 미륵부처님을 믿는다고 하는 말에 깜짝 놀랐지요. 그리고 거기 앉아서 2시간 도담을 듣고 그냥 뿅 가버렸어요. 그날이 3월 18일이었는데 돈은 3월 25일날 해 주기로 약속을 하고 저는 그 길로 중곡동 도장에 따라가서 보고는 그 다음 날인가 입도식을 했어요.

**그러니까 아주 열정이 있으셨네요.**

▶▶▶ 저는 대순에서도 후각(後覺)들이 아는 사람이 없어서 포덕을 못 한다고 하면 저는 항상 제 얘기를 했어요. 나는 싸우러 가서도 도담 듣고 당일로 입도한 사람이다. 포덕을 못한다니 말이 되느냐 이런 얘기를 항상 했어요.

**그 당시 천안방면에 입도하셨다는데 그럼 박희규 선감하고는 어떤 연운 관계가 됩니까?**

▶▶▶ 그러니까 그 박희규 선감 밑에 이순악, 그 다음에 우종옥, 그 다음에 한옥순, 그 다음에 바로 저예요.

**그러면 대순에서 10년 신앙하시면서 어느 선까지 올라 가셨나요?**

▶▶▶ 선무, 선사를 거쳐 선감까지 올라갔어요. 제가 선감이 됐다는 것은 제 밑으로 뻗어 내려간 인원이 1000여명이 넘었다는 것이거든요. 제가 선감이면 제 윗 선은 자동적으로 다

선감이에요. 그리고 제 밑으로도 선감이 네 줄이나 내려갔지요.

밑으로 선감이 네 명이나 나왔다면 파워가 있는 선감이 아닙니까?

▶▶▶ 있지요. 하지만 저는 파워가 없었어요. 저는 임명받은 걸로만 선감이지 부르는 것은 교령으로 불러주더라고요. 왜냐하면 제가 대순에서 평소 입 바른 소리를 잘 하고 해서 미움을 받았거든요. 그래서 저를 내쫓으려고 하는데 제가 처음에는 막 안 나가려고 발버둥을 치니까 내쫓을 수도 없고 그랬지요. 그래서 임명장은 선감임명이 내려왔는데도 부르는 것은 교령이라고 불러 주더라고요. 그 정도로 제가 미움을 받았어요. 그래서 나중에는 제 판단도 있었지만 결국 제명을 당하고 말았지요.

그럼 선감이 되려면 밑에 선사를 몇 명이나 거느려야 되는 건가요?

▶▶▶ 선사를 5명 이상이요. 그런데 선사의 숫자는 둘째치고 주로 호수로 따지거든요. 당시에는 800호수 이상을 거느려야 선감이 되었어요.

그러면 선사는 몇 명이나 거느려야 하나요?

▶▶▶ 선사는 300호 이상이지요.

호라는 것은 사람 머리 숫자입니까 아니면 가족입니까?

▶▶▶ 그러니까 대순에는 한 사람 입도시키면 그 식구들이 다 한 호수로 들어가거든요. 만약 식구가 다섯이면 다섯 명이 다 한 호로 들어가는 것이지요.

그러면 한 호에서 한 명만 대순을 믿으면 월성금은 믿는 당사자만 내는 것인가요?

▶▶▶ 아니에요. 앞앞이 식구대로 다 내요. 예를 들어 내가 입도를 했으면 제 남편하고 아들 삼형제도 다 성금을 올려요. 입도를 안 했어도요.

입도를 할 때에 처음에 선각으로부터 주로 어떤 얘기를 들으셨습니까?

▶▶▶ 우선 제 마음에 쌓인 것을 얘기해야 겠네요. 저는 지금 아들 삼형제 위로도 6남매가 더 있었어요. 그런데 그 중에 7살 먹은 딸이 연탄가스로 죽었지요. 제가 젊어서부터 활동력이 있어서 다니면서 사업도 하고 하여튼 돈도 많이 벌고 그랬어요. 그런데 어느 여름 비오는 날에 제 딸이 연탄을 피운 거예요. 비가 오니까 엄마 오면 야단맞는다고 연탄을 피우고 아무도 없는 방에서 자다가 연탄가스로 딸이 죽었거든요. 그래서 그것이 마음속에 한이 맺혀 가지고 있었는데 조상들을 잘 섬긴다고 말하길래 처음에 들어갔지요. 그리고 제 고향이 이북인데, 어머니와 아버지 다 돌아가셨거든요. 동생 하나하고 저하고만 남았었는데 6 · 25 피난 오느라고 동생도 죽고 저 하나만 남았지요. 그런 문제도 있고 해서 조상님 잘 모신다고 하기에 처음에는 친정부모와 그 죽은 딸 때문에 마음이 혹해 가지고 들어갔어요. 그런데 들어가서 공부를 하다 보니까 제일 귀중한 도통문제가 나오더라고요. 그 다음에는 이제 도통 받는 것에 현혹이 된 거지요. 그래서 결국 도통에 미쳐서 세 아들 공부도 안 가르치고 그냥 고등학교만 마치게 하고는 등록금이고 뭐고 다 대순에 갖다 바치고 집이고 뭐고 다 팔아다 올렸지요. 아마

제 얘기 들으시면 이해가 안 될 줄 알지만 하여간 저는 이제 곧 도통이 나온다는 말을 당시에는 완전히 믿었어요.

그런데 처음에 입도할 때 입도 성금을 얼마나 올렸습니까?

▶▶▶ 그 당시에 5만원을 올렸거든요. 73년도에 5만원이면 작은 돈은 아니지요. 대순은 아무데서나 입도식을 해요. 그때 선각 집에서 혼자 독치성을 하는데 아주 거창하게 음식을 많이 차리더라고요. 그런데 요즘 들어보니까 입도할 때는 많은 돈을 받지는 않는 것 같아요. 지금은 대순 사람들이 입도식 하는 것을 목적으로 안 두니까 입도하는 돈은 조금 받는 것 같아요. 그리고 입도시키고 난 후에 조상님 어쩌고저쩌고 하면서 조상님을 빌미로 큰돈을 뽑으려고 입도비는 크게 중점을 안 두는 것 같아요. 얼마 전에 대순에 갔다가 나온 한 학생으로부터 들으니까 입도는 돈 3만원 내고 했대요. 그런데 입도하고 나니까 조상님들 운운하면서 5백만원을 내라고 얘기를 하더래요. 입도하고 집에도 안 보내주고 3일 동안을 거기서 먹고 자고 교육받고 하고는, 3일째 되는 날 그 말에 혹해서 통장 속에 들어있던 돈을 내어 주었다는 거에요.

아무 것도 모르는 사람이 어떻게 3일만에 그럴 수가 있습니까? 잘 이해가 안 가는군요.

▶▶▶ 겉은 멀쩡해도 어리숙한 것이 사람이라고 하잖아요. 최근에는 이런 경우로 저한테 어떻게 해결이 안되겠느냐면서 찾아온 사람도 있었어요. 지금 부평에 사는 최○○이라는 젊은 새댁인데 어느 날 처음 보는 여자 하나하고 남자 하나가 문을 두드려서 열어주니까 물 한 컵만 달라고 하더래요. 그래서 물 한잔을 주니까 그 사람들이 여자 혼자만 있는 것을 알고는… 그런데 대순 사람들은 사람보고 움직이거든요. 여자 혼자 있는 것을 확인했는지 물 한 컵을 마시고는 하는 말이 우리가 이 집에 어떻게 왔느냐 하면 이 집 조상님이 꿈에 나타나 선몽을 해서 묻고 물어 여기를 찾아오느라고 무지하게 고생을 했다. 그러니까 이 순진한 젊은 새댁이 혹했는지 어쩐지 무슨 꿈인데요 하고 물었답니다. 그러니까 좀 안으로 들어오라는 소리 안 하냐 그러더래요. 그래서 집안에 들어와 앉아 가지고 하는 말이 어제 밤에 당신 조상님이 나타나서 이 집 신랑에게 그렇게 여러 번을 알음귀를 열어줬는데도 못 알아들으니 우리보고 대신 찾아가서 몇월 달 이 집 세대주가 교통사고로 비참한 사고를 볼 거다. 그래서 일러주라고 해서 이렇게 왔다고 하는 거예요. 이 말을 들은 순진한 새댁이 그럼 그걸 막으려면 어떻게 해요 하고 물으니까 지금 속초 미륵암에서 큰 종을 만드는데 그 종에다가 이 집 세대주하고 아들 이름을 적어 넣고 조상님 천도를 해 주면 그걸 면한다고 하더랍니다. 그러니까 이 순진한 새댁이 또 얼마면 됩니까 하고 물었대요. 그때 마침 그 집 아저씨가 낚시 대리점을 하다가 부도가 나서 집을 팔아 전세로 간 다음 부도 막고 남은 돈 2천만원을 은행에 넣어 놨었대요. 그런데 공교롭게도 2천만원 든다고 하니까 어머 이 사람들 진짜 도사구나! 우리 집에 2천만원 있는 것을 어찌 알고 얘기하나 생각했다는 거예요. 아이 참! 병신도 여러 가지예요. 이렇게 순진하게 믿는 것을 본 그 두 남녀가 이러고 저러고 무슨 소리를 못 했겠어요. 그리고는 그 길

로 데리고 나가 은행에 가서 돈을 찾아가지고 건네주고 돌아서니까 선감이라는 여자는 벌써 달아나고 없더래요. 그래서 아니 돈 가지신 분은 어디 가셨어요 그러니까 지금 종을 만드느라고 쇠를 이렇게 끓여서 붓는 중이라 빨리 가야 되기 때문에 인사도 못하고 갔다 라는 거예요. 그리고는 그 날로 그 교감이라는 남자가 어디 어디 얄구진 데로 데리고 가서 입도를 시키더래요. 입도가 뭔지도 모르고 그냥 절하고 왔대요. 하여튼 그 사람들한테 홀리면 고양이 앞의 쥐가 되나봐요. 그래 집에 와서 가만히 생각하니까 아이고! 이거 속은 것 아닌가 싶더래요.

그러면 이렇게 세상 사람들을 상대로 온갖 사기 행각을 하는데 혹시 대순의 선감 줄에 있는 사람 중에서 아이고! 이런 짓은 인간으로는 도저히 해서는 안 되는 일이다. 대순은 난법이다.
증산 상제님의 참법을 한번 알아봐야겠다
이렇게 생각하는 분이 안나올까요?

▶▶▶ 제 생각에는 현재는 없어요. 왜냐하면 저 사람들은 말로 그냥 현혹시켜 버리니까요. 박한경 죽었을 때도 봐요. 물론 일부가 떨어져 나가기는 했지만 대다수는 더 열심히 믿었어요. 박한경이 1996년 죽고 나서 제가 바로 포천으로 들어가 과거 대순 시절 제가 알고 지내던 사람들 몇 명을 어떻게 해보려고 했는데 오히려 눈동자가 더 번들번들 한 거예요. 저는 박한경이 죽고 나서 헬렐레 하고 있을 줄 알았는데 아닌 거예요. 이제 박한경이 죽었으니 도통이 나올 시간이 임박했다느니 하면서 눈동자가 반들반들하고 아주 그냥 더 열심히 믿더라고요.

이렇게 마주 대하고 앉아 얘기해 보니까 OOO 성도님은 아주 열정이 넘치시는 분인 것 같습니다.
처음에 얼마만에 선무가 되셨습니까?

▶▶▶ 그때 당시에 30명을 포덕하면 선무 임명을 주었거든요. 그런데 저는 4개월만에 70명을 포덕했어요. 그런데 70명을 했는데도 선무 임명을 안주더라고요.

아니 규정대로라면 당연히 선무가 되어야 하지 않습니까?

▶▶▶ 저는 원래 욕심이 많아요. 그래서 저도 왜 선무 임명을 안 주느냐 그러니까 선감들이 여자가 애기 낳는 과정을 비유하며 말하는 거예요. 지금 너에게 선무임명을 주고 나면 말하자면 너는 늙었다는 거다. 선무 되기 전까지는 성장과정이다. 포덕을 많이 한 것은 새댁시절에 자식을 많이 낳는 것인데, 선무 임명을 받고 나면 이제 자식 낳을 때가 넘었다는 것과 같다. 이렇게 말하더라고요. 무슨 말씀인지 모르시죠?

예, 모르겠는데요.

▶▶▶ 여자가 젊은 나이에 결혼을 해서 자식을 낳잖아요. 그것처럼 막 입도했을 때는 갓 결혼한 것과 같은 어린 나이인데, 이제 포덕을 많이 한 것은 이를테면 자식을 많이 낳은 거라는 거에요. 그런데 포덕을 많이 해서 선무 임명을 딱 받고 나면 이제 나이가 먹어 더 이상 자식을 못 낳는 것과 같다는 거죠. 그렇게 되면 기운이 꺾이면서 더 이상 포덕이 안 되니까 지금 선무 임명 받는 것을 좀 미루고 좀더 많이 포덕한 후에 받자는 거예요. 그래서 제가 한 3개월인가 더 포덕에 전념을 해서 하여튼 백여 명을 넘기도록 포덕을 해 가지고 선무 임명을 받았어요.

그러면 그렇게 3, 4개월 사이에 많이 포덕을 했다는 거네요? 뭐 거의 하루에 한 명 이상씩 했다는 것 아닙니까? 그게 가능했단 말입니까?

▶▶▶ 하루에 한 명이 아니고 처음에는 하루에 열 댓 명씩 입도하고 그랬어요. 지금 생각해도 그때는 무슨 기운이 붙었는지 그렇게 잘 되더라고요.

그럼 입도하는 사람들이 진리 내용을 알고 입도를 했단 말입니까?

▶▶▶ 모르는지 아는지 모르겠지만 하여튼 좋다고 입도를 했어요.

그러면 그때 무슨 말씀을 하시면서 포덕을 하신 겁니까?

▶▶▶ 지금 생각해 보면 어리숙하지만 윗 선감들이 집에 와서 막 도담해 주면서 뭐라고 했느냐 하면 이 도 열심히 잘 닦으면 후천이라는 지상선경을 가게 되고, 구름을 타고 학을 타고 다니고, 농사도 안 짓고 먹고 살고 뭐 앉아서 마음만 먹으면 뭐든지 자연으로 나오고, 도술세상이 온다 이런 얘기를 많이 했어요. 하여튼 처음에는 그랬어요. 그때 제 남편에게 이런 얘기를 하니까 그 꿈같은 소리 하지도 말라고 하더군요. 어쨌든 선감들이 꿈같은 소리인지 아닌지 모르지만 세월이 흐르고 앞으로 살다보면 그것이 현실로 그림같이 다 이렇게 나오게 될 거다 하고 얘기를 했어요. 지금 생각하면 완전히 꿈같은 소리지만요. 그런데 저는 그 당시에 혹시 그렇게 된다면 얼마나 다행일까 이런 마음으로 아이! 내가 조금만 더 믿어보면 알게 될 테지 하고 이렇게 차차 믿다보니까 저도 완전히 거기에 빠져 가지고 아이들 학비고 뭐고 다 전부 거기다가 갖다 바친 거예요.

그러면 다 월성으로 바친 겁니까?

▶▶▶ 아니요. 월성은 따로 있고, 다달이 치성마다 유공(有功, 특성금)이라는 것이 있어요. 그것이 뭐냐 하면 저도 처음에 임원이 되기 전까지 그런 말을 많이 들었어요. 하루는 윗 선감이 와서 하는 말이 요번에 무슨 대치성이 있는데, 소가 한 마리 올라간다. 다른 사람도 할 사람이 많은데, 내가 ○○○ 공덕을 쌓게 해 주기 위해서 다른 사람이 자기에게 기회를 달라고 하는데도 안 주고 특별히 ○○○한테 이 공덕을 줄려고 왔다. 할래 못할래? 못 한다고 하면 난 아무개한테 갈란다. 이런 식으로 하니까 다 내는 거예요. 당시 소 한 마리면 돈이 얼마입니까?

그런데 처음에는 정말 그 기회가 나한테만 온 것인 줄 알았는데, 내가 임원이 되어 가지고 위에 올라가 보니까 그런 말을 듣고 유공을 한 사람이 수천명이더라고요. 그런 식으로 해서 빼내는 돈이 얼마나 커요. 그래서 그때 어느 순간 아! 이거 가짜구나! 가짜구나! 하는 것을 느꼈어요. 또 내가 결정적으로 마음이 돌아섰던 것은 열심히 신앙하는 싹이 보이는 주부들에게 남편과 자식을 버리고 나오라는 거였어요. 가정에 매여 있으면 50% 밖에 도를 못 닦지만 가정이 없다면 100% 완전히 닦을 수 있지 않느냐. 지금 이런 시급한 때에 가정 때문에 내가 50% 밖에 도를 닦지 못해서 1만 2천 도통자리 끝트머리 가느니 집을 나와서 100% 닦아서 상대자리에 가라. 네가 집을 나온다 해도 가족들은 지금 당장은 고생이 되지만 그래도 죽지는 않는다. 다 신명께서 보살펴 주니까. 그러니까 나와서 100% 닦다 보면 1만 2천 자리에서 상대에 올라가서 그 후에 가족들을 그 자리에 갖다 놓을 수가 있지 않느냐. 이런 식으로 현혹을 시키는 바람에 가정을 버리고 나오는 사람들이 수없이 많았어요.

**아니 결혼한 여자가 가정을 버리고 나온다 이겁니까?**

▶▶▶ 그럼요. 자식이 2남매, 3남매 되는 사람들이 다 두고 나왔어요.

**그럼 집을 나오면 잠은 어디서 잡니까?**

▶▶▶ 위에서 사람을 판단해요. 그래서 아! 이 사람은 포교전선에 내 보낼 사람이다 하면 방법을 가르쳐서 포교전선에 내 보내요. 그리고 아! 이 사람은 부엌에서 밥이나 해야 될 위인이다 싶으면 부엌에다가 쳐박아놓고 부엌일이나 시키면서 시장도 보러 못 나가요. 그런데 부엌에다가 쳐박아놓고 있으면 막 처음에는 자식이 보고 싶어서 울고불고 야단이잖아요. 그렇게 되면 또 그런 사람을 정신교육 하는 사람이 따로 있어요. 그렇게 막 교육해 가지고 자식 생각 안 나게끔 그렇게 만들어 놓아요. 저는 그것을 볼 때마다 무지무지하게 가슴이 아팠어요. 저도 한 동안 집을 나와 가지고 있었거든요. 그런데 남편은 보고 싶은 생각이 안 드는데, 자식이 보고 싶어서 못 살겠더라고요. 저도 자식 생각을 많이 하다가 굳게 결심을 하고는 오늘부터는 자식 생각은 완전히 끊는다 하고 마음먹으면 이제 자식 생각을 잃어버리게 되요. 저는 성격이 그렇거든요. 하지만 처음에는 그렇게 견뎠지만 나중에는 도저히 못참겠더라고요. 그래서 집 나온 지 한 1년 하고 몇 개월인가 있다가 다시 집으로 들어가 버리고 말았어요.

**대순진리회에 입도하고 나서 그 당시 '지축이 선다'는 것을 아셨습니까?**

▶▶▶ 몰랐죠. 그것은 90년대에 증산도에 들어와서나 들은 사실이고 대순에 있을 때는 지축이 뭔지도 몰랐어요.

**그럼 우주의 봄, 여름, 가을, 겨울이 있다는 우주일년에 대한 것을 아셨나요?**

▶▶▶ 대순에는 그런 것은 일절 없고, 오직 상제관밖에 없었어요.

**상제관밖에라니 그게 무슨 말입니까?**

▶▶▶ 여기 증산도에 오니까 8관법 중에 상제관이라는 말을 알게 되어서 하는 말이죠. 대순진리회 『전경』 책에 상제님이 오신 내력이 나와 있지만 그 책도 못 보게 했어요. 저는 본래 책보기를 좋아해 『전경』을 들춰보다가 들키고서 윗사람한테 막 야단을 맞은 적이 있어요. 이 책은 족보다. 대순의 족보인데, 이것은 너같은 것은 아무리 봐도 모른다. 이 책의 내용은 상제님 이외에는 아무도 못 푸니까 그저 깨끗한 종이에 싸서 높은 곳에 올려놓고 절대 보지 말아라 이렇게 말하는 거예요.

**경전인 『전경』 책을 신도들이 못 보게 했다는 겁니까?**

▶▶▶ 예, 그렇기 때문에, 처음에 우리도 그 책은 못 보는 책인 줄 알았어요. 대순에서는 무학도통(無學道通)이라고 그랬거든요. 우리 도는 무학도통인데, 너 잘난체 하면 너 죽어. 그러니까 너 잘난 척 하지 말아라. 그래도 뒈지고 싶으면 잘난 척하고 살고 싶으면 잘난 척하지 말아라 이렇게 교육받았거든요. 그러니까 무조건이거든요, 무조건. 돌멩이 갖다 놓고도 이게

돈이다 해도 예 돈 맞습니다 라고 할 정도가 되어야 만이 일꾼으로 써 주니까 무조건 믿었던 것이지요.

**얘기를 듣다보면 도대체 뭐가 안 씌운 다음에야 어떻게 그렇게 되겠느냐 그런 생각이 듭니다.**
**아니 제 정신을 갖고 있는 사람이, 아니 이치도 모르는 사람이 어떻게 그렇게 믿을 수가 있냐 말이에요. 할머니들이 자손들 잘되라고 뭐 절에 가서 믿는 차원도 아니고 그렇게 가정이고 뭐고 다 때려치우고 믿었다는 게 말입니다.**

▶▶▶ 그래서 저는 나중에 이 문제를 곰곰히 생각해 보고 내린 결론인데 우리가 인생의 길을 타고날 때 다 각자의 운을 받고 타고나는 것이 아닌가 이렇게 생각을 하고 싶어요. 왜냐하면 진짜 가짜라는 것이 눈에 뻔히 보이는데도 사람들이 그때는 그렇게 믿거든요.

대순사람은 다른 종교하고 비교를 해서 대순이 가짜라는 것을 깨닫게 될까봐 그랬던지 타종교인들하고는 절대로 대화를 못하게 하고, 친하게도 못하게 했어요. 타종교는 둘째치고 같은 대순진리회 도인인데도 방면이 틀리면 서로 접촉하는 꼴을 윗사람들이 용납을 안하는 거예요. 저는 막 많이 듣고 싶고, 배우고 싶고, 알고 싶고 그런 스타일이었지요. 당시 사람을 인도해서 중곡동 도장에 데리고 들어가면 거기 벽화를 보고 설명을 해주는 경우가 많아요. 그런데 그 벽화를 보고 사람마다 얘기하는 것이 다 틀리는 거예요. 제가 얘기하는 것 틀리고 한 방면, 한 식구인데도 다 틀려요. 다 개성이 틀리니까 그렇겠지요. 그래서 저는 다른 방면 사람이 들어와서 설명 해주는 것을 듣고 싶었어요. 나도 알아야 남한테 설명을 해주니까 말이에요. 그래 가서 들으면 꼭대기 선감들이 보고 막 꾸중을 해요. 네가 아는 것만 가지고도 충분하니까 남 얘기하는 곳에 가서 귀 기울이지 말아라. 그렇게 하기 때문에 한 방면 식구인데도 친절한 꼴을 못 보았어요. 처음에는 그걸 왜 그러는가 생각을 안해 봤어요.

**그러면 OOO 성도님께서 대순에 입도를 해서 선무가 되기 전까지 포교할 때에 어떤 얘기를 하신 거예요?**

▶▶▶ 주로 상제님 오신 얘기지요. 상제님이 이 땅에 오셨다. 그래서 그 일화 중에 송광사 절에 가셔서 기둥 빼신 것이 있다, 너 못 믿으면 내가 차비 대어서 데리고 갈 테니까 가자. 상제님께서 동곡약방에서 계셨다 너 궁금하면 차비 내어줄 테니까 가자. 저는 아주 그냥 직속으로 팍 상제님 얘기를 해요. 다른 것은 필요가 없어요. 이런 얘기만 해도 좋은데 무슨 우주관이 필요가 있어요. 그렇게 얘기를 하면서 저는 도담할 때 막 울어요. 막, 속이 터지니까. 그러니까 제 오장육부에서 우러나는 말을 막 퍼부어도 상대방이 안 들어줄 때는 막 속이 터지니까 막 우는 거예요. 야! 너 나 못 믿겠냐? 응? 그러면서 이렇게 보면 상대방도 같이 막 울고 그래요. 이렇게 대순에서 포교할 때는 상제님이 오신 내력만 가지고 포교를 했거든요.

**상제님이 오신 내력이라는 것이 구체적으로 어떤 것을 말합니까?**

▶▶▶ 상제님이 우리 나라에 오셔 가지고 금산사에 머무신 후에 나오셨다는 얘기며 금산사를 지은 그 진표율사 얘기하며, 뭐 이런 것이죠. 그런데 이런 얘기만 잘 해도 상대방이 관심을 가져요. 우리나라에서 그런 진지한 도담이

없지 또 어디 있나요? 그런 얘기만 해 줘도 야! 너 굉장히 똑똑하다 하는 소리를 들었어요.

**아니 그럼 73, 74년 그 당시에 금산사를 지은 1300여 년 전의 진표 율사 얘기를 아셨습니까?**

▶▶▶ 그럼요. 대순에서는 그 얘기를 밥먹듯이 하거든요. 여동빈 빗장사 얘기하고 함께 말이에요. 물론 나중에 증산도에 들어와서 진표 율사 얘기를 공부해 보니 당시 대순에서 얘기했던 것은 엉터리로 꾸며서 조작한 부분이 많았다는 것을 알았지만 하여간 금산사 얘기가 중심 메뉴였어요. 특히 금산사 연못을 메우려고 눈병을 퍼뜨려 숯으로 메웠다는 등 어쩌고 저쩌고 하면서 재미있게 얘기했지요. 그리고 최풍헌 얘기도 많이 했어요. 지금은 오래 지나 잊어버렸는데 왜 상여 나갈 때 장남만 따라가서 살고 다른 사람은 다 죽지 않았습니까? 그런 것처럼 이번에 다 죽는다 그렇게 얘기했지요. 그리고 여동빈 빗장사 얘기처럼 나중에 후회하지 말고 이번에 잘 믿어라 하는 식이었죠.

**그 당시 '개벽'이라는 단어를 썼습니까?**

▶▶▶ 그런 말은 사용 안했어요.

**그러면 '후천선경'이라는 말은 썼습니까?**

▶▶▶ 후천이라는 얘기는 했어요. 그런데 주로 얘기한 것이 '도통'이었어요. 도통은 1만 2천 자리가 있는데 상대 중대 하대로 나오고 상대는 어떻고 하대는 어떻고 뭐 주로 그런 얘기를 했어요. 지금 생각해 보니 증산도의 우주 4계절이 어떠니 지축이 서니 어쩌니 하는 얘기는 듣지도 알지도 못했고 또 할 필요도 없었어요.

**아니 우주의 가을철이 온다는 얘기도 몰랐다는 겁니까?**

▶▶▶ 그런 것도 몰라요. 하여튼 상제님 오셨다는 것 밖에 몰라요. 조철제에 대한 얘기도 그 분이 바로 옥황상제님이시다. 아! 그분이 참으로 위대하신 분이라는 것만 알지, 조철제에 대한 내력도 없어요.

**그런데 '증산 상제님'이라고 그런 말을 썼습니까?**

▶▶▶ 증산 상제님이라고 안 그러죠. 강성상제님 또는 구천상제님이라고 그러죠. 그리고 조철제 보고는 조성옥황상제라고 그랬어요.

**상제가 두 명이라는 것이 부자연스럽지 않았습니까?**

▶▶▶ 전혀요. 옛날에 부모님들이 새벽에 일어나면 제일 처음 세수하고 조왕에다가 물 떠 놓잖아요. 그 조왕에다가 물 떠다 놓은 것이 바로 조성옥황상제님께 하는 것이다. 이렇게 말했어요. 여하튼 말 되잖아요. 그 말을 들으면 그냥 다 뿅 가요. 당연히 조철제가 조성옥황상제라고 믿죠. 왜 상제가 두 명이라느니 하면서 의심하는 사람은 없어요. 또 구천상제님은 하늘님이시고, 옥황상제님은 땅님이시다 그렇게 얘기를 하거든요. 그리고 대순에서는 옥황상제님을 더 받들어요. 왜냐하면 박한경이 조철제 슬하에 있다가 나왔기 때문에 더 생생하잖아요.

**더 가깝다 이거죠?**

▶▶▶ 예. 그래서 구천상제님 말씀을 한 마디 하면 옥황상제님 말씀은 열 마디를 해요. 그래서 우리가 들을 때에도 박한경 씨가 태극도에서 직접 닦으시다가 이렇게 오고 하셨으니까 우리

는 아주 그냥 한 분이라는 생각으로 조철제씨도 생각을 했거든요.

그런데 혹시 박한경의 태극도 시절에 대한 얘기를 아셨습니까?
그러니까 박한경이가 태극도에서 도전 노릇 10년 하다가 만사가 여의치 않으니까 뛰쳐나오게 된 것인데 그런 얘기를 아셨습니까?

▶▶▶ 그 당시에는 어떻게 들었느냐 하면 조철제 아들들이 박한경이를 미워해서 막 죽이려고 했는데 박한경이가 도저히 못 버티니까 조철제 진영을 빼돌려 가지고 태극도에는 가짜를 갖다가 해 놓고 그리고 서울로 올라왔다. 그런데 당시 주머니에 돈이 한푼도 없어서 처남 경석규 집에 가서 차비만 받아 가지고 서울로 왔다. 그런데 태극도에서는 뭐라고 하느냐면 보물이고 금덩어리고 전부다 박한경이가 가지고 갔다고 이렇게 누명을 씌우더라. 그러면 그게 무엇과 같으냐 하면 왜 엄마가 애기를 낳을 때 그 애기가 꾸정물을 덮어쓰고 나오지 않느냐? 박한경이가 태극도에서 나오는 것이 바로 그와 같은 것이다. 그런 비유를 해서 설명을 했고 과연 들으니 딱 맞는다고 생각을 하게 돼요. 천안 방면은 다 여자들뿐이고 다 애 낳은 경험이 있잖아요. 박한경이가 조성옥황상제 밑에 있다가 이렇게 서울로 올라와 대순을 차린 것이 마치 애기를 낳았다는 것이에요. 박한경이 누명을 쓴 것은 애기가 구정물을 덮어쓰고 나온 것과 같다고 설명을 해주는 거예요. 그런 얘기를 들으면 다 믿지요. 저도 그 얘기를 들으니까 그 당시에는 이해가 가더라고요. 사실 금궤니 뭐니 그런 것 절대 안 가지고 나오고 돈이 없어서 경석규 처남한테 가서 차비만 얻어 가지고 나왔다. 그런데 그런 누명을 썼다 라고 이렇게 얘기를 하더라고요. 사람들은 그 비유에 그저 다 넘어가 버리는 거예요. 증산도에서 발행한 『대순진리회 정체』라는 책을 대순진리회 사람들이 아무리 보아도 이게 다 구정물 쓰고 애기 나오듯이 누명을 쓰는 것이다라고 생각한다고 보면 틀림없어요. 대순 사람 중에서 그런 책을 읽고 마음을 바꾸는 사람들은 많지 않을 거라는 생각이 들어요.

박한경이 누명을 쓴 것이다 라고 말하면 당시 대순 사람들이 다 그렇게 믿었다는 거죠?

▶▶▶ 그렇죠. 그리고 또 이런 이야기도 있었어요. 부산서 올라온 박한경이가 도장을 지으려고 터를 잡는데 그 중곡동 도장 터를 박한경이는 알면서도 그 데리고 나온 몇몇 선감들의 마음을 뜯어보기 위해서 도장 터를 찾아보라고 했다는 거예요. 그래서 아무것이는 무주구천동으로 가고, 아무것이는 강원도로 가고, 아무것이는 어디로 가고 이렇게 해 가지고 뿔뿔히 흩어져 보내면서 어디쯤 가서 땅을 파 봐 가지고 파란 혈이 여기 손가락 맺을 만한 것이 나오면 그게 도장터다 그랬다는 거예요. 그래서 뭐 그렇게 30일을 보냈는데도 아무도 못 찾으니까 박한경이가 하는 말이 “야 이놈들아! 그렇게 해서 찾을 것 같으냐! 나를 따라서 오라”고 해 가지고 중곡동에 선감들을 데리고 갔는데 뱀들이 그 터를 지키고 있었다는 거예요. 그래 박한경이가 가니까 뱀들이 꼿꼿이 서 가지고 절하는 것 같이 고개만 딱 이렇게 숙이고, 임자가 왔다는 그런 식으로 이렇게 있었다는 것이죠. 그래서 박한경이가 거기다가 도장 터를 잡고 공사를 시작 하니까 뱀들이 다 도망하고, 한 마리도

안 나타나더라. 그런 말을 하는 거예요. 듣기에 따라서는 얼마나 묘합니까? 이런 말을 믿기 시작하면 한없이 믿게 되잖아요.

**그런 얘기를 믿기 시작하면 한없이 믿게 되죠. 그런데 주로 교리는 어떻게 배웠습니까? 『전경』은 보지 못하게 했다고 했으니 책을 놓고는 안 배웠을 것이고 말입니다.**

▶▶▶ 예. 선사끼리 회의하는 날 따로 있고 그 다음에 선사 · 선무가 함께 모이는 날 따로 있고, 그 다음에 일반신도 모이는 날이 따로 있었어요. 하여튼 모이는 때는 박희규가 주로 도담을 하는데, 우리는 박희규 말이 곧 상제님 말이라고 믿었어요. 그러니까 박희규가 일언지하로 얘기해주면 그냥 그게 이 뇌에 전부다 입력이 되는거예요. 입력은 되지만 나중에 말하는 것은 다 틀리죠. 각각이죠.

**그러면 OOO 성도님께서 선무가 되신 것은 입도 후 얼마쯤 입니까?**

▶▶▶ 제가 선무된 것은 입도 후 한 6, 7개월 되었을 때죠. 그 다음에 선사는 1년만에 바로 되었어요.

**그러면 선감이 되신 것은 언제였나요?**

▶▶▶ 선감은 한 3년만에 되었어요.

**선감이 되시고 주로 무슨 일을 하셨습니까?**

▶▶▶ 주로 저는 교화를 많이 했어요. 그러니까 여기 증산도 용어로 하면 진리를 강연하는 것이죠. 예를 들어 금산사를 가게 되잖아요. 그 때는 대순버스가 없으니까 한번 갈 때는 관광버스로 한 다섯 대가 가거든요. 그러면 그 참석한 사람들을 금산사에 내려가지고 점심을 먹고는 한 귀퉁이다 모아놓고, 교화를 주로 제가 맡아 가지고 했거든요. 금산사에 가서는 더 말할 것도 없고 가는 도중에 막 이 차, 저 차 교대로 타면서 하여튼 1분 1초 입 다물 시간이 없이 떠들었지요.

**버스 안에서 교화하실 때 주로 무슨 얘기를 하셨는가 알고 싶네요.**

▶▶▶ 거기 가는 사람들은 주로 처음 들어온 사람들이거든요. 그 사람들에게 내가 도문에 들어올 때 어떻게 들어왔으며, 내가 부모와 자식을 잃은 기구한 인생을 살다가 도를 닦게 된 과정을 전부 설명하는 거예요. 저는 처음부터 적극적으로 신앙했듯이 다음 타자들인 여러분도 내 본을 떠라. 그리고는 제가 걸어온 인생과정을 쭉 얘기해 주고, 상제님 오신 그 얘기도 해 주었지요. 또한 앞으로 오는 후천선경이라는 것이 이런 곳인데 돈을 한 짐을 지고 들어와도 이런 길을 찾을 수가 없다. 오늘 이 자리에 참석한 분들은 감사의 눈물이라도 흘릴 줄 알아야 된다고 막 제가 먼저 울면 다 감격해서 울거든요.

**우주일년이 있고 봄, 여름, 가을, 겨울이 있는데 지금은 여름 가을이 바뀌는 때라는 이런 얘기는 없고, 오로지 상제님 오신 내력 말씀만 했다는 것이죠.**

▶▶▶ 예. 그런데 우리는 사람을 한 사람만 앉혀놓고 도담을 안 해요. 시간이 너무 아까우니까. 주로 어느 동네에서 연락이 와요. 우리 친구들이 내일 몇 명이 이렇게 오기로 했는데 좀 와 주세요. 그러면은 딱 봐서 두서너 명이 모일 것 같으면 선사를 보내고, 보통 10명 이상이 되

어야 선감이 가게 되죠.

**10명 이상이 되어야 선감이 가서 교화를 한다 이거죠?**

▶▶▶ 예. 또 출타할 때에는 선무나 선사가 인도를 하잖아요. 그 당시에는 뭐 자가용도 없으니까 택시를 타게 되면 밑에 사람들이 택시비도 내주고, 또 식사도 선감이라고 독방에다가 독상, 진수성찬을 차려 주거든요. 요즈음은 어떤지 모르지만 그때는 그랬어요. 그리고 식사하는 것을 누가 보면 식사하는 데에 마음이 편하지 못할까봐 문을 딱 닫아두지요. 그러면 내가 마냥 먹고 싶은 데로 뭐 드러누워서 먹든지 꺼꾸러져서 먹든지 그렇게 먹고 나서 교화를 해 줍니다. 그러면 돌아 올때에는 봉투에다가 수고하셨습니다는 표시로 돈 10만원씩 넣어 주거든요.

**당시 천안방면은 신도 계층이 어땠습니까? 아주머니가 많았다고 들었는데요.**

▶▶▶ 우리 천안방면은 주로 여자들이었죠. 아! 그러니까 무슨 특별히 교육을 많이 받은 필요도 없고, 주로 감정으로서 이렇게 도담을 해서 이렇게 참 좋은 도다 이렇게 하여튼 마음을 감화시켜 주는 것밖에 없어요.

**'개벽' 이라는 용어는 안 썼다고 그랬죠?**

▶▶▶ '개벽' 이라는 말은 알지도 못했죠. 대신 세상 뒤집어진다는 말은 했어요. 그러면 그 뒤집어진다는 말은 무슨 뜻이냐 하면 지금 생각하면 참 우스워요. 이제 말세가 와 가지고 상제님 기운이 올 때에는 이렇게 전기불 스위치 누르듯이 스위치 딱 누르면 그냥 우리 대순 도인이라면 전 세계 어디를 가 있든지 그 기운이 다 간다는 거여요. 그리고 그때에는 눈 먼 봉사가 되었든, 눈 뜬 사람이 되었든, 이 세계가 천지가 암흑세계가 되니까 전기불도 없고, 자동차불도 없고, 아무 것도 없으니까 굴러서라도 중곡동에 찾아와야 된다는 거예요. 그러니까 지금부터 중곡동 도장을 자주 드나드는 사람은 길을 아니까 굴러서라도 찾아올 것이요, 자주 안 드나드는 사람은 못 올 테니까 너희들이 스스로 신세를 알아서 해라. 그리고 신변 주위 사람들이 이렇게 막 매달리면 도 닦는 데 지장이 있으니까 딱 딱 다 끊어라. 일가 친척, 시부모, 친정부모 뭐 동창생 뭐 다 끊고 오로지 도만 알게 만들거든요.

**아니 그렇게 천륜과 인맥을 끊으면 포덕할 수 있는 바탕이 없어지지 않습니까? 그러면 어떻게 포덕하라는 것인지 모르겠군요?**

▶▶▶ 그래도 나가서 모르는 사람을 개척포교하는 것이 아니라 누구 하나 포덕 시키면 그 사람이 또 하나 시키고, 또 시키고 이렇게 해서 줄줄이 사탕으로 내려갔어요. 길거리 나가서 개척하고 뭐 그런 것은 그 당시에는 없었어요. 지금은 학생들이고 막 젊은 사람들이 길거리에서 포덕을 하고 있는 줄 알고 있지만 그 당시는 전부 인맥으로 포덕을 했어요.

**그러니까 아는 사람을 타고 연줄 연줄로 내려갔다는 얘기군요?**

▶▶▶ 예. 그러니까 한 사람 포덕되어 들어오면 이 한 사람을 놓고 오늘은 선무가 들어가고, 내일은 선사가 들어가고, 모레는 교령이 들어가고, 또 그 다음에는 선감이 들어갑니다. 입도

식을 해 가지고 이 사람이 됐다 싶으면 그 사람에게 잠시도 시간을 안 줘요. 계속 전화하면서 가꾸거든요. 그리고 포덕하도록 만들어요. 그래 가지고 그 사람이 딱 마음이 설 때에는 그때에는 다른 사람은 안 들어가고 선감이 도장으로 불러내지요. 불러내 가지고 확실히 교육시킨 다음 가정이고 뭐고 모든 것을 털고 나와서 일하도록 만들어요. 입도시킨 다음 몇번 이렇게 왔다 갔다 하면서 본 후에 이 사람은 살림이나 할 사람이지 가망 없다 판단되면 그냥 들어앉혀 가지고 돈이나 뽑아냅니다. 대순은 사람 다루는 시스템이 그렇게 체계적으로 딱딱 정리되어 있어요. 아무것이는 누가 맡고, 돈 많이 있는 사람은 돈 잘 뽑는 사람이 맡고, 살림하는 사람은 또 성금만 모시러 다니는 선무가 맡고, 다 이렇게 아무 앞에나 맞는 사람이 다 있어요.

**그런데 대순에 입도하시면서부터 도통에 대해 알으셨는데 그러면은 도통은 누가 준다고 아신 겁니까?**

▶▶▶ 도통을 누가 준다는 얘기도 없이, 그냥 상, 중, 하대로 자연으로 이 세상에 상제님이 오실 때에는 스위치만 딱 누르면 기운이 좍 뻗친다고 들었습니다.

**그 상제님이라면 어떤 상제님을 말하는 것인가요?**

▶▶▶ 구천상제님이죠.

**그러면 박한경이가 주는 것도 아니란 말입니까?**

▶▶▶ 어떤 사람은 박한경이가 준다고 그러고, 또 어떤 사람은 그때 기운 따라서 뭐 스위치만 누르면 막 기운이 좍 온다고 그랬어요. 저는 박한경이가 준다고 생각을 안 했어요. 그런데 또 박한경이가 준다고 믿었던 사람들도 많이 있었어요.

**지금 생각해 보시면 물론 그 당시의 일이 잘못된 난법이신 것을 아실테지만 당시에도 혹 이렇게 해서는 안 되는데 하고 생각하시지는 않았습니까?**

▶▶▶ 입도한 사람에게서 돈을 뽑으러 갔다가 이 집에서 분명히 천만원 나올 능력이 있는 집인데 돈이 안 나오면 저 천호동에 있는 주판 점쟁이한테 갔어요. 박희규가 그 사람을 주판 점쟁이라고 하면서 그리로 보냈지요. 그곳에 가서 부적 써 가지고 와서 돈 안 나오는 집에 주인 몰래 농 밑에나 어디 갖다 넣어놓은 다음 불태워버리는 그런 짓도 많이 했어요.

**그게 일리가 있는 얘기입니까? 부적 쓴다고 된다니? 하여튼 그런 식으로나마 믿고 열심히 했다는 그런 얘기죠?**

▶▶▶ 당연히 의미가 없죠. 그 당시에는 박희규가 우리에게 그렇게 시키면서 우리가 혹 이상하게 생각할까봐 이런 말을 했어요. 이 사람은 한이 많으니까 정말 해원을 시켜줘야 한다. 그리고 공덕을 쌓게 해줘야 한다. 우리가 하는 일은 이 사람을 해원시켜 주려는 일이고 공덕을 쌓도록 하는 일이지 않느냐. 나중에 저 불구덩이에나 들어가고 말 돈이 아까워서 이렇게 못 내놓고 있는데 이 사람 살리기 위해서는 우리가 수단과 방법을 가리지 말고 이렇게 해야 된다. 그러면 우리도 그 말 듣고는, 이 사람 살려주기 위해서 그런다는 오로지 그 마음 하나로 진짜 수단과 방법을 안 가리고 돈을 그렇게 뽑아 내었지요. (하하) 당시는 오로지 살려주려는 그 마음 하나로 했거든요.

**전경을 공부하지 않으셨다고 했는데 혹시 그 당시 구천상제님의 수제자 격으로 김형렬 성도가 있었다는 정도는 아시지 않았나요?**

▶▶▶ 아이! 그런 것은 전혀 몰랐어요. 그저 박공우 성도 얘기만 들었지요. 그런데 그건 왜 그러냐 하면, 박공우의 이름을 풀이해 보면 박공이 또 우(又)자 라고 하면서 박씨가 또 오는데 그게 바로 박한경이라는 것이지요. 그래서 박공우라는 얘기만 들었지, 차경석이나 문공신이나 김경학 성도님 같은 다른 성도님들 이름은 전혀 몰랐어요.

**그럼 그저 금산사 얘기, 여동빈 얘기 몇 개 알고 그저 정신없이 도통이나 바라고 믿었단 말입니까?**

▶▶▶ 그럼요. 지금 생각하니까 제가 진짜 어리숙했던 것이 뭐냐 하면은 금산사에 가면 미륵불 밑에 시루와 솥이 있다고 해서 어둠 컴컴한 가운데도 촛불을 밝히고 제가 만져봤거든요. 만져보니까 시루는 이렇게 둥구렇게 된 뿐인데 보통 솥은 가장자리에 이렇게 전이 있잖아요. 그런데 제 느낌에는 위로부터 내려오면서 뭔가 턱이 지면서 튀어나온 것이 솥 같은 생각이 드는 거예요. 그래서 진짜 시루와 솥이 있구나 하고 믿었어요. 나중에 증산도 문화소식지를 보고서 그 오해가 풀렸습니다만 당시에는 진짜로 시루와 솥이 있는 줄 알았어요.

**그런데 대순에서는 시루와 솥 이야기를 많이 합니까?**

▶▶▶ 그럼요. 금산사에 가면 시루와 솥이 있는데 구천상제님은 시루 증(甑)자로 오시고, 옥황상제님은 솥 정(鼎)자로 오시고, 도전님은 나무 목(木)자로 오셔서 밑에서 불 땐다는 얘기를 많이 했지요. 아! 그렇게 해 가지고 이 세 분이 천존, 지존, 인존이 되시는 것이다. 바로 삼위일체로 맞는 것이다. 야! 너희들 학교에서도 하나, 둘, 셋 하면서 이렇게 뛰뛰지 않느냐 하면서…

**그런데 그러시다가 결정적인 회의를 품으시고 나오시게 된 것은 언제인가요?**

▶▶▶ 신앙 중기 이후에는 마음속에 끊임없는 갈등이 있었어요. 그러다가 그런 것이 계속 쌓이면서 제가 자꾸 딴 길을 알아보게 되었죠. 또 틀린 것은 틀렸다고 하며 입바른 말을 윗선에다 자주 했었어요. 그러다가 84년에 결국 제명 처분 당했지요.

**대순의 초창기 멤버이신데 그 당시 활동할 때는 천안 방면이 많았습니까?**

▶▶▶ 주로 천안방면이었지요. 뭐 금릉방면이고 무슨 방면이고 다 지금 새로 생긴 것이지, 그 전에는 몇 방면 안 되었어요. 그 당시에는 참 고생 많이 했어요. 박희규 선감도 쌀자루 들고 다니면서 동냥도 하고 그랬지요. 그래 가지고 자기 선각인 김기태 선감댁을 먹여 살렸어요. 그때 그분들이 그 나물 죽 끓여 가지고 멀겋게 떠 가지고 드시는 것을 보고 저는 그때부터 무슨 생각을 했냐하면 야! 나같은 소인이 삼시 세끼 이렇게 좋은 밥을 먹는데, 여기 와서 보니까 저렇게 위대하신 분이 이런 식사를 하시는구나. 나도 이제부터는 꼭 하루에 분식(粉食)을 한 끼씩 할거다. 그래서 그때부터 지킨 분식이 지금까지도 우리 집에는 하루에 한 끼는 꼭 분식이에요.

그러면 대순진리회를 70년대 초반기부터 신앙했던 사람들은 고생을 했겠네요?

▶▶▶ 예. 고생 많이 했지요. 옛날에 그 월남치마가 막 싸구려 되어도 우리는 월남치마를 몸에 하지를 못했어요. 도인들이 가난하니까. 돈이 없어 가지고. 또 저녁거리만 있어도 갖다 올려야 되니까.

올린다는 것은 뭡니까?

▶▶▶ 돈 갖다 내니까요.

그런데 중곡동 도장에는 언제 언제 갔습니까?

▶▶▶ 본부도장은 제사지내러 치성 때나 들어가요. 대순에는 1년 12달 12번 치성이 있거든요. 그게 그러니까 만들어 놓은 치성인데 음력 정월 초하루 치성, 2월에 무슨 치성, 3월에 무슨 치성, 4월에 무슨 치성, 구천 상제님 화천 · 성탄치성 조철체 성탄 · 화천치성 등등이 있어요. 그러니까 추석 명절과 구정만 정직한 치성이고 다 그 외에는 다 뭐 무슨 날 무슨 날 해서 만들어 놓은 치성이죠.

그럼 본부치성 때는 누구나 다 갈 수 있습니까?

▶▶▶ 예. 하지만 신도수가 워낙 많으니까 1월 달 치성에는 누구누구 치성참석하고, 2월 달에는 누구누구 참석하라고 명단이 나와요.

방면별로 나옵니까?

▶▶▶ 예. 그래서 아무나 못 들어가요. 그 인원이 거기에 꽉 차서 넘치지도 모자라지도 않기 때문이죠.

그런데 방면별로 조직이 분가해서 나가는 것은 어떻게 되는 건가요?

▶▶▶ 방면의 상징이 회관건물이에요. 왜 그 빨간 벽돌로 지어놓은 건물 말이죠. 그런데 그 회관에 딸린 것이 연락소예요. 연락소는 예를 들어서 어떤 선감 밑에서 선사가 살림을 나간다고 쳐요. 그 선사가 이제 포덕 호수가 5백 명이 넘었다든가 하면 그 선사채가 자그만한 연락소를 하나 만들어서 나가게 되는데 그 평수에다가 돈 액수에까지 위에서 딱 정해줘요. 월세는 안 되고, 전세 얼마 짜리를 얻어라. 그러면 그게 연락소예요. 그리고 그 연락소가 커지면 많은 신도들 데리고 회관을 짓게 되고, 이제 신입선사가 예전의 연락소를 지키든지 뭐 이사를 가든지 이렇게 하죠.

그런데 듣자하니 초기 시절 박희규의 위세가 대단했다고 하는데 과연 그랬습니까?

▶▶▶ 그럼요. 박한경도 박희규를 터치 못했죠. 박한경씨도 그때 죽은 송장과 마찬가지였는데요, 뭐. 박희규가 전부 다 일을 만들어서 박한경씨도 박희규 선감 때문에 호강을 하고 있었어요.

그러니까 박희규라는 여자가 천안방면을 부흥시키면서 대순진리회가 컸다는 말씀이지요?

▶▶▶ 그럼요. 다른 방면은 회관 짓는 등 그런 건물공사 그렇게 뽑는 것도 없었어요. 전부 천안방면에서 그렇게 했지. 그래서 대순은 오로지 박희규 선감이 그렇게 다 키워놓은 것이니까 박한경도 마음대로 못 했어요. 그러니까 박희규 선감을 다른 방면의 선감들이 막 내쫓을 때에도 박한경이가 우리 대순은 다 박희규 선감 노력 덕분이다. 그래서 그냥 내보낼 수가 없

지 않느냐 해 가지고 얼마간 재산을 줘서 내보냈다 라는 소문을 제가 들었거든요. 하여간 당시 천안방면에는 누구를 막론하고 박희규 선감을 정말 상제님 대행으로 알고 있었거든요.

**최근의 대순 양분 분열사태에 나오는 인물 가운데 예전에 가장 빈번하게 접촉하셨던 인물이 있습니까?**

▶▶▶ 경석규 원장하고는 자주 접촉을 했었어요. 당시 한 몇개월간 배웠던 기억이 있어요. 제가 수시로 전화를 해서 여기 말씀을 듣고자 하는 도인들이 몇 사람 있는데 좀 와 주세요 하면 경원장이 말하기를 내가 어디로 갈 테니 몇 시까지 거기로 와라 하는 거예요. 그러면 거기 가서 식사대접하고 그리고 도담을 들었어요.

**혹시 그때 들었던 내용하고 최근 분열사태하고 연결되는 내용은 없습니까?**

▶▶▶ 그때 중곡도장에서 종을 치는 사람이 있었거든요. 그런데 그 종을 치는 사람이 종을 네 번 치면서 뭐라고 했냐하면 종을 땅하고 한 번 치고는 "천지하강하고~" 두번째 땅하고 치면서 "지기상승하고" 그리고 세번째 땅하고 치면 "인도중정하고" 그리고 네번째 땅하고 치면서 '만유구비로다' 하는 거예요. 그런데 누군가 이 말을 풀어주면서 천지하강은 구천상제를 말하는 것이고, 지기상승은 조성옥황상제를 말하는 것이고, 인도중정은 박한경 도전을 말하는 것이고, 만유구비는 세상 만가지가 다 경석규 손에서 이루어진다는 것을 뜻한다는 것이래요.

**그것은 경석규가 박한경이의 뒤를 잇는다는 얘기 아닙니까?**

▶▶▶ 그렇죠. 이제 이 말은 연동흠이한테 들은 것으로 대순에서는 없는 말인데 영대 건물이 4층이라는 거예요. 왜 그러냐 하면 맨처음에 나온 무극도가 첫번째니까 1층이고, 태극도는 두번째니까 2층이고, 대순진리회가 세번째니까 3층이고, 앞으로 네번째 분이 나온다고 해 가지고, 그 해가 몇년인지 그걸 잘 기억을 못하겠지만 하여튼 몇년도에 세번째 기운은 다 떨어지고 네번째 분이 나오실 때가 되었기 때문에 보수공사를 했다는 거예요.

**여주 도장 영대를 말씀하시는 겁니까?**

▶▶▶ 아니요. 중곡동 도장이에요. 연동흠이가 말하기를 중곡도장 영대가 몇층인지 모르지. 그래서 우린 아무도 모릅니다 하니까 그럼 내일 ○○○ 교령이 한번 올라가 봐라 하는 거예요. 그래서 다음날 층계를 세면서 올라가 보니까 층계는 3층 층계예요. 그런데 한층이 이렇게 다락방 같이 해 가지고 따로 지어져 있더라고요. 연동흠이가 말하기를 이것이 앞으로는 네번째 기운이 나오는 것인데 지각(知覺)있는 자는 알 것이요, 지각(知覺)이 없는 자는 모를 것이니라 이러더라고요. 그 당시 중곡도장 보수공사로 영대가 4층으로 지어졌다는 것을 아는 사람 없어요. 하지만 연동흠이한테 공부한 사람은 아마 다 알거예요. 그러면서 앞으로 새로 도장 영대를 지을 때는 4층으로 지을 것이다 이렇게 말하더니만 여주 도장 영대를 딱 4층으로 짓더라고요.

**그 얘기는 바로 박한경이 다음에는 경석규라는 얘긴데 그 얘기가 70년대부터 돌았습니까?**

▶▶▶ 그 얘기는 70년대가 아니고 80년대부터죠. 연동흠이가 뭐라고 하면 이제 여주에 도장이

생기면 경석규가 거기 주인이 된다 이제 봐라. 경석규 종원장님 이름으로 영대 건물이 4층으로 올라갈거다 그랬거든요. 그러더니만 진짜 4층으로 올라가더라고요. 그런데 박한경이 하고 경석규 하고 처남 매부지간이니까 이 사람들이 처음부터 각본을 짠 것인지 아니면 건물을 세우면서 짠 것인지 그것은 모르지만 하여튼 제가 보기에 그랬어요.

연동흠이란 자는 원래 태극도 시절에 박한경의 계열이었나요?

▶▶▶ 그 계열은 모르겠는데, 하여튼 박한경이 쪽이었어요. 제가 연동흠한테 직접 듣기로는 조철제 아들이 박한경을 죽이려고 밥 먹는데 약 타러 간 것을 연동흠이가 그걸 미리 보고 막았다는 거죠. 그래서 그때부터 박한경이 식사는 연동흠이 허락 없이는 못 만들게끔 됐다고 해요. 그 일 때문에 연동흠이가 반대파에게 두들겨 맞고 고문도 많이 당하면서 이렇게 고생을 하고 대순에 왔다고 들었거든요. 나중에 연동흠이는 용화일심회를 거쳐 청우일신회라는 것을 만들어서 한판 차리고 나갔지요. 그 과정에서 제가 아주 큰 역할을 했는데 그 얘기는 나중에 하지요.

박한경에 대해 물어보겠습니다.
시봉이라는 것이 조철제 때부터 있었다고 들었는데 박한경에게도 시봉이 있었습니까?

▶▶▶ 그럼요. 박한경 도전실에 꼭 중학교 3학년에서부터 고3 사이의 여자 애 하나를 시봉으로 두었다가는 3년만에 한번씩 바꿨어요. 그런데 시봉을 바꿀 때에 누구를 새로운 시봉으로 추천하냐 하면 그 자리는 상대 도통이 나오는 자리니까 선감들이 서로들 자기 딸을 들여보내려고 했지요. 하지만 자기 딸이 없을 때에는 자기 밑에 교령이라든지 하여튼 간부급들 딸을 들여보내려고 눈들이 빨겠어요. 왜냐하면 그래야 자기가 도통을 받으니까요.

박한경이 옆에 있으면 상대 도통이 나온다고 믿었단 말이지요?

▶▶▶ 예. 그래서 시봉으로 들어가게 되면 그것은 그 집 가문에 대통령 비서쯤 되는 것이죠. 그러니까 그 집 가문에 이제 영광이 시작된 셈이죠. 그래서 옷도 잘해 입히고 보내고 했는데, 저는 다른 것이 눈에 띈 것이 아니고 3년이 지난 후에 시봉을 갈아치울 때면 먼저 시봉 하던 애를 집 하나 장만해 주고는 박한경이가 세컨드로 두고 살더란 말이에요.

그럼 몇명이나 그러던가요?

▶▶▶ 그러니까 몇십 명이 되는지는 모르지만, 제가 아는 숫자로는 네 집을 알아요. 주로 제가 어떤 집을 봤냐 하면 저기 저 둔촌동 아파트 있죠? 둔촌동 아파트 그 뒷편은 그게 무슨 동네인데, 그쪽 넘어가 경기도예요. 둔촌 아파트가 여기 있고, 여기 길 하나 사이에 두고 건너면 하여튼 거기는 경기도인데 그쪽에다가 별장 같은 집을 하나 사 놓고, 주로 박한경 도전이 거기 가서 산다고 얘기를 들었어요.

아니 늙은 박한경이 시봉을 거느리고 살았다는 겁니까?

▶▶▶ 예. 3년마다 한 번씩 갈았는데, 거기서 3년 후에 나오는 애들을 그렇게 하나씩 마누라로 두더라고요. 그래서 제가 당시 윗사람한테

막 질문을 했거든요. 그때 박한경 본처는 중곡동 도장 밑에서 잡화상 가게를 하면서 장남하고 살고 있었는데 그때 제가윗사람에게 따지듯 질문하기를 어떻게 본 아주머니는 도장 옆에서 이렇게 사시는데, 도대체 저렇게 해도 되는 겁니까? 그러니까 윗사람이 말하기를 그것도 다 도수에 따라서 하는 일이니까 너는 알려고 하지 말고 제발 좀 똑똑한 척하지 마라. 그러면서 저를 막 면박을 주더라고요. 하지만 그 당시는 그것이 제 눈에는 너무도 이상한 거예요. 한편으로는 뭐 도수에 있다니까 그게 뭐 그런가 보다 했지만 또 한편으로는 다 늙어빠진 사람이 꽃같이 피어나는 아가씨들을 시봉으로 두었다가 저렇게 데리고 사는 것을 보니 정말 날도둑놈 행동을 하는구나 생각했죠.

혹시 박한경씨 본처는 보신 적이 없습니까?

▶▶▶ 직접은 못 봤어요. 중곡도장 아래에 있는 가게에 뭐 사러 가면 며느리가 물건을 팔았지 부인은 안 나왔어요. 박한경 본처 살던 집은 초라했어요. 그리고 잡화상 가게도 조그만 했지요.

그러면 그 당시 70년대에 박한경이는 주로 어디서 기거를 한 겁니까?

중곡동 본부 안에는 박한경이가 잠자는 곳은 없었나요?

▶▶▶ 있었어요. 본부에서 주로 살았어요. 그리고 자기 마누라하고 자식은 근처 가게 집에서 떨어져 살았고요. 그리고 박한경이 먹는 음식이며 옷 같은 것 수발은 시봉이 다 하잖아요. 시봉은 박한경 도전 옆에 방이 또 하나 있거든요. 그 시봉은 당시는 여자 한 명이었어요.

그럼 시봉은 박한경의 수족이라고 봐야겠네요?

▶▶▶ 그럼요. 막 그 시봉자리에 자기 연줄을 밀어 넣으려고 선감들이 환장을 했지요. 하하. 텔레비젼 사극에 나오는 그 사람들처럼 말이에요. 하하하. 아이고, 참말로, 참말로 묘한 일도 많아요.

그런데 박한경을 보신 적이 자주 있습니까?

▶▶▶ 저는 당시 도정실에 들어가니까 가끔씩 보지만 입도한 지 십년이 됐어도 못 본 사람은 전혀 못 봤어요. 당시 신도들이 박한경을 어떻게 생각했느냐 한번은 이런 경우가 있었어요. 박한경이가 당시는 항상 빨간 마고자를 입고 다녔는데 하루는 한복 덧저고리에 빨간 마고자를 입고 멀리 저만치 가물가물하게 보이는데 그날은 마침 비가 오는 날이었거든요. 그런데 수염이 허연 할아버지가 두루마기 입고 공부하러 중곡도장에 들어오다가 멀리서 가물가물하게 보이는 박한경을 알아차리고는 갑자기 그 뒷통수에 대고 그 비가 와서 막 철퍽철퍽한 땅바닥에다 절을 하더라고요. 차~암, 그것을 보고 또 한번 진짜 놀랬어요. 아직도 그 장면이 눈에 선해요.

그럼 박한경이와 직접 대화를 한 적은 있습니까?

▶▶▶ 자주는 봤지만 일대일로 대화는 안해봤죠. 옆에서 말하는 소리만 듣고 있었어요. 도정실에서 박한경하고 만나면 고개를 못 들어요. 전부다 고개를 숙이고 있죠. 그것을 면수라고 해요.

보통 우리가 인사하듯 고개를 숙이는 것입니까?

▶▶▶ 예. 보게되면 처음에 인사를 하는데, 누

군가 "인사"라고 말하면 그냥 90도 고개를 숙여 가지고 인사하거든요. 그러면 다시 "면수" 그래요. 그러면 다음부터는 고개를 숙이고 있죠. 그러느라고 박한경의 얼굴을 자세히 볼 틈이 없는 거예요. 하지만 옆 눈으로 힐끗 힐끗 봐서 지금도 그 얼굴이 기억은 나죠.

얼굴이 어떻게 생겼던가요?

▶▶▶ 박한경이 죽은 뒤에 TV와 신문에 얼굴이 나오고 해서 왠만한 모습은 아마 사람들도 알 거예요. 박한경이는 이렇게 앞이마가 뚝 튀어나오고 뒷통수도 튀어나왔어요. 그러니까 양쪽으로 튀어나온 거죠. 그런데다가 키도 제 키만큼 작았죠. 걸어가면 꼭 난장이 걸어가는 스타일이에요. 그런데 그 당시 제 마음속 기억으로는 경석규와 박한경이 외모에서 크게 차이가 나는구나 하고 생각을 했던 적이 있어요. 박한경이에 대면 경석규는 보통 체격에 키도 크고 미남형이었거든요. 그리고 얼굴 표정도 박한경이에 대면 훨씬 인자했던 것 같아요.

대순에 있으면서 증산도라는 곳이 있다는 것을 알지 못했습니까?

▶▶▶ 70년대에는 전혀 몰랐어요. 그런데 80년대 초에 들어서 박희규가 임원들 모였을 때 고수부님 얘기를 하면서 증산도라는 곳이 있다. 증산도 사람 만나면 안되니까 그 앞에는 가지 말아라 라고 말해서 그때 증산도라는 것이 있는 줄 알았어요.

70년대 당시 한참 대순을 신앙하실 때 고수부님에 대하여 아시고 계셨습니까?

▶▶▶ 몰랐죠. 그 당시는 『전경』책을 보지도 못하게 했고 그러니 누가 책을 펴놓고 체계적으로 가르쳐 주지를 않았어요. 교육이라고는 임원들이 모였을 때 선감이나 선사들이 얘기해 주면 그것이 교육의 전부였으니까요.

그러면 당시 당연히 고수부님이라는 분에 대해서 알지도 못했겠네요?

▶▶▶ 알지도 못했지요. 80년대 초에 들어서 박희규가 고부인이라고 얘기를 해서 알았는데 그때 어떻게 얘기를 했냐하면 고부인은 본처가 아니고 요즘 말로 하면 세컨드로 들어와 가지고 이제 막 한 일도 없는데 증산도에서 고수부를 앞세워 사람을 이렇게 포덕하고 그런다. 그렇게 얘기를 하더라고요. 그러니 우리가 생각할 때 '어머! 본처가 있는데 아이고, 못 쓰겠구나! 본처가 있으면 당연히 본처를 받들고 해야 하는데, 증산도는 세컨드를 내세워 상제님 대행이라고 하면서 포덕을 하니 정말 못 쓰겠구나' 그렇게 생각을 하고 진짜 나쁘게 생각했지요.

지금도 대순진리회 사람들이 그렇게 생각할까요?

▶▶▶ 당연하지요. 아마 더하면 더했지 덜하지 않을 거예요. 제가 증산도에 입도하고 나서 고수부님에 대해 눈을 떠보니 더욱 확실히 대순진리회가 종통이 아니라는 것을 알았거든요. 수부(首婦)라는 말이 바로 상제님의 부인자리를 말하는 건데 천안방면의 무식한 여자들이 그저 세속적인 세컨드로만 알고 있는 거예요. 생각해 보세요 어떻게 하느님한테 세컨드가 있을 수 있겠어요. 더구나 상제님 진리가 정음정양인데 말이에요. 그런데도 그 당시는 그 세컨드 운운하는 얘기가 먹혔거든요. 지금 생각해

보면 하여튼 제가 대순진리회를 신앙할 때 상제님 진리는 아무것도 모르면서 그저 도통에 미쳐서 천지도 모르고 날뛰었다는 생각뿐이에요. 너무너무 부끄럽고 천지에 죄지은 것이 안타깝기만 해요. 대순진리회가 바로 그 수부님 자리를 모르고 시루와 솥이라는 말에 현혹되어 도통이 나오기만을 바라다가 이번에 다 죽는 것 같아요. 참 가슴아픈 일이에요.

**그런데 대순진리회가 이제는 옛날하고 달라서 젊은 사람도 많고 또 책읽기를 좋아하는 사람도 많을 텐데 왜 그 사람들이 고수부님을 모르는 것일까요?**

▶▶▶ 제가 한참 대순진리회에 빠져 있던 70년대에는 젊은 사람이라고는 거의 없었어요. 주로 천안방면 부녀자들뿐이었고, 여자도 나이 어린 처녀는 별로 없었고 나이 많은 처녀들이 많았지요. 천안방면은 지금도 주로 부녀자들이 대부분이라고 해요. 그러니 그 살림만 하는 아녀자들이 무엇을 알겠어요. 『전경』은 네가 아무리 봐도 모르는 책이라고 말하며 그저 잘 모셔두라고나 할 뿐이지 누가 진리를 체계적으로 얘기나 해 주느냐 말이에요. 제가 증산도를 알게 되면서 여러 가지 책을 읽고는 비로소 대순진리회가 얼마나 교육을 안시키는 무지막지한 단체인가를 알았어요.

한마디로 대순진리회는 체계적인 교리 책자가 하나 없어요. 방면마다 하는 얘기가 다 다르고 그저 입에서 입으로 건너다니는 그럴듯한 말이 교리의 전부란 말이에요. 그런데 그 한마디 흘러 다니는 얘기가 보통 사람들 마음을 쏙쏙 파고 들어갔던 것 같아요. 예를 들어 조강지처라는 말이 있지 않느냐. 바로 조씨(조철제)와 강씨(강증산)를 말하는 거다 이렇게 얘기를 하면 사람들이 쉽게 그 말을 그냥 믿어버리는 거예요. 그리고 무엇보다도 도통이 곧 나온다는 말에 빠지다 보니까 참과 거짓을 구분하는 눈을 완전히 잃어버리고 만 것 같아요.

**그런데 한달에 한번씩 내는 정성금(월성금)은 어떻게 내는 것인가요? 그 액수가 정해져 있습니까?**

▶▶▶ 월성금은 보통 선무가 걷어 가요. 그리고 액수는 처음에는 자기 성의대로 내겠지만 몇달 지나가면 요새 쌀 한말 값이 얼마냐? 제사상을 차리는 기준으로 볼 때 과일 값이 얼마냐? 이렇게 얘기하면서 성금 액수를 자꾸 올리게 만들었어요. 당시 제가 대순에 있을 때와 지금과는 사람 숫자가 차이가 있으니까 아마 다를 거예요. 또 방면마다 다를 것이고요. 어쨌든 그렇게 해서 선무들이 명세서에다가 다 기록해 가지고 선무들이 모여서 선사 앞에서 성을 보게 되요.

**성(誠)을 본다는 말이 무엇입니까?**

▶▶▶ 성금을 모아서 계산하는 거예요. 그렇게 선무들이 모여 앉아서 선사의 감시 아래 계산을 다 해보고 모자라면 선무로 하여금 채우게 해요. 그리고 금액이 딱 맞으면 선사가 성보따리를 가지고 선감한테 가서 선감의 감시 아래 앉아서 또 성을 보지요.

**금액이 모자라면 채워 넣는다는 말이 무슨 말인가요?**

▶▶▶ 예를 들어 어떤 선사 아래 선무가 다섯이면 각 선무 앞에 딸린 호수가 다 다를 것 아녀요. 그러니까 선무마다 성금이 얼마 될지는 모르지만 그 명세서를 보면 이름과 액수가 쫙 나와 있잖아요. 그런데 한 사람이 도를 안 닦겠다고

떨어져 나가게 되면 명세서에 사람이름은 있지만 돈을 안내니 액수가 줄어들게 되죠. 그러면 그 사람도 네 책임이니까 네가 책임지라고 해요. 지금 생각해 볼 때 떨어져 나간 사람이 예를 들어 예전에 10만원 모신 사람이라면 1만원이라도 대신 내서 이름이라도 올려라 이렇게 할 텐데 대순은 그게 안 되요. 10만원 모셨던 사람은 10만원 계속 모셔야 하고, 5만원 모셨던 사람은 계속 5만원을 해야 되요. 이처럼 1만원이라도 빠지면 안되고 어디 가서 도둑질이라도 해서 채워 넣어야 해요.

**한번 입도한 사람은 그 이름이 끝까지 가네요.**

▶▶▶ 그러니까 선무가 막 죽어나죠. 그래서 선무 때 그냥 하다가 도망가는 사람이 많아요. 그렇지만 선무 때만 넘기면 괜찮아요.

**그러면 선무는 빨리 선사로 올라가야 되겠군요.**

▶▶▶ 예. 그래서 저는 어떻게 했냐하면 선무 성 보는 날이든 선사 성 보는 날이든 하여튼 백만원씩 딸라 돈을 얻어 가지고 들어가요. 왜냐하면 내가 선무 때 너무 힘들게 올라갔기 때문에 내 밑에 사람은 나 같은 사람 만들기 싫었기 때문이죠. 저는 그렇게 밑에 사람들 참 아꼈어요. 그래서 많은 사람들이 저를 따랐죠. 하여튼 밑에 선무들 성 보는 날, 제 돈으로 빚을 얻어다가 모자란 돈을 채워주었어요. 이렇게 채워 가지고 올라간 사람 저 밖에 없어요. 그래서 꼭대기 선감이 저를 보고 자식을 오냐오냐하고 키우면 버르장머리가 없다고 하면서 하도 야단을 쳤죠. 그래서 나중에는 몰래 선무를 만나서 성 보는 날 모자라면 이걸로 채우라고 하면서 그 전날 얼마씩 주곤 했지요. 그래서 저는 빚이 무지하게 많았어요. 빚이 하도 많아서 한동안 어려운 때가 있었어요.

회관이 낙원 예식장 건물로 이사를 갈 때인데 그리로 이사를 가면서 저를 못 나오게 하더라고요. 그러니까 그 날이 6월 27일 날인데 잊어버리지도 않아요. 꼭대기 선감이 나를 불러 앉혀 놓고는 빚을 많이 졌으니까 빚쟁이들이 낙원예식장으로 찾아오면 시끄럽지 않느냐? 그러면 대순진리회 명예도 훼손되고 하니까 들어앉아 있어라. 그리고 이 돈을 신도들한테 다니면서 뜯어 가지고 갚든지, 뭘 해서 갚든지 이 빚을 다 갚고 나와라 이러는 거예요. 우리 선감이 나 혼자만 방안에다가 불러놓고 이렇게 설명을 쭉 하고 일어서서 나가는데, 내가 선감 치마폭을 붙들고 그러면 이번 달에 치성만 참석하고 들어앉아 있겠습니다 하고 치마폭을 붙들고 매달렸어요. 그런데 얼마나 강하게 붙잡았는지 치마 말기 손으로 꼬맨 것이 이렇게 타닥 떨어지더라고요. 그렇게 붙들고 늘어졌어요. 그런데 그래도 안된다 내일부터 나오지 마라 하고 딱 잘라 버리더라고요. 그러고는 이제 며칠 있다가 낙원예식장 건물에서 회의 있던 날인데, 낙원예식장 앞에 구멍가게가 있었어요. 그 가게 안에 들어가서는 내 밑에 있던 신도가 몇 명이 나오는가 그게 보고 싶어서 거기 앉아 가지고 그것을 지켜 봤어요. 저는 그렇게 밑에 사람을 사랑했어요.

**그러면 대순을 믿으시면서 직급이 높아지시면서 돈을 모으셨다거나 하지는 않으셨겠네요?**

▶▶▶ 아이고, 저는 그렇게 못 했지요.

그러면 그렇게 돈을 모은 사람은 있습니까?

▶▶▶ 많지요. 선감이 되면 이제 월세방에서 전세로 옮겨가고 다시 더 올라가면 이제 집 사 가지고 남편들 다 놀고 그러죠. 하지만 선감이 되자마자 곧바로 형편이 나아지는 것은 아니예요. 자신이 선감까지 오르기 위해서는 선무와 선사를 거치면서 자기가 가진 돈을 다 바쳐야 하거든요. 그 과정에서 집도 팔고 전세로 옮겨 가고 또 전세를 줄여서 월세로 옮겨가고 그래요.

꼭대기 선감들이 집을 사게 된다고 했는데 어떻게 사게 되는 겁니까?

▶▶▶ 아까 선사들이 선무들이 올린 성을 가지고 선감한테 가져간다고 했잖아요. 그러면 선감들은 거기서 40%를 떼고 위로 올려요. 그리고 그 돈을 다시 밑으로 내려보내게 되죠. 그런데 그 40% 떼는 것 그것은 뭐 별 큰 돈이 아니예요. 그것은 회관이며 연락소며 운영하는 자금이거든요. 오히려 선감들이 도인들 집에 심방할 때에 생기는 돈이 오히려 무시 못하거든요. 선감이 부지런히 쫓아다니면서 하루에 세 집을 돌면 한 집에서 10만원씩만 주면 30만원이고, 5만원씩 주면은 15만원이에요. 15만원도 얼마나 큽니까?

그렇군요. 하루에 15만원씩 한 달이면…

▶▶▶ 그런 돈은 다 선감이 혼자 마음대로 쓰거든요. 그리고 밥 나오지, 또 돈 나오지. 그렇게 생기는 돈은 다 그냥 선감 주머니로 들어가는 돈인데.

아니, 선감이 됐다고 모두 집을 사게 되는 것은 아니잖습니까?

▶▶▶ 선감이 된다고 다는 아니지만, 좀 꼭대기 선감이 되면 밑에서 집을 사줘요.

집을 누가 사 줍니까?

▶▶▶ 말하자면 밑에 교령, 선사들이 그 아래 사람들에게 우리 아무개 선감은 도사업으로 평생 늙으실 분인데, 지금 집도 한 채 없이 이렇게 살고 있다. 너희들이 이렇게 좋은 집에 살면서 무슨 얼굴로 도통 받을래? 이렇게 말해 가지고 몇 사람만 구워삶으면 집 한 채 사지요.

으~음. 그렇게 하는군요. 말씀은 들으면서도 아직 이해가 안되는 부분도 많고, 그 세계를 직접 들어가서 겪어보지 않으니까 실감이 나지 않는군요.

▶▶▶ 그럼요. 지금 대순 믿는 사람들은 그런 내막을 잘 몰라요. 왜냐하면 좋은 것만 보여주고 하니까, 그 꼭대기 선감들 집 사주고 하는 것 뭐 이런 것은 하나도 모르지요. 또 그런 일은 전부 비밀로 하니까요. 제가 대순에서 클 때만 해도 그 사람들하고 같이 컸으니까 내막을 알지, 지금 믿는 사람들은 뭐 꼭대기에서 똥을 싸는지 밥을 어떻게 먹는지 사정은 하나도 모르죠.

지금 대순진리회 믿는 사람들은 모른단 말이죠?

▶▶▶ 그럼요. 아무 것도 모르죠. 그래서 제가 이런 얘기하면 자기들 꼬실려고 거짓말하는 걸로 알아요.

그렇겠군요. 참 세상에 별 일도 다 많고.

▶▶▶ 그 당시에 첫째, 마음 아픈 것이 남편 자식 버리고 나온 사람들이에요.

남편 자식 버리고 나온 그런 경우가 많았습니까?

▶▶▶ 많았어요. 우리 천안방면에서는 하여튼 열심히 믿는 신도는 다 가정 버리고 나오라고 그랬거든요.

그러면 그렇게 집 나온 사람들은 어디서 살았습니까?

▶▶▶ 회관에서 살지요. 또 연락소에도 사람이 필요하고. 사람 모이는 데는 부엌일이 제일 크거든요. 그래야 같은 방면 소속으로 광주에서, 수원에서, 전국 어디에서고 중곡동 본부 구경온 신도들을 모두 다 밥 해먹이잖아요. 중곡동 도장에서는 밥을 안 해먹이거든요. 각자 소속 방면 연락소에서 해먹이거든요. 잠도 소속 방면 회관에서 하던지 연락소에서 자든지 해요. 하여간 부엌에서 일하는 분들이 많았어요.

그러면 회관이나 연락소에서 있던 그 여자들은 가정 버리고 나온 사람들이었습니까?

▶▶▶ 그렇지요. 다 남편이고 자식이고 버리고 나온 사람들이지요. 그리고 그런 사람들은 그 사람들끼리 회의하는 날이 따로 있어요.

그 부엌 살림 하시는 분들끼리? 그럼 그 분들은 무슨 낙으로 사시나요?

▶▶▶ 하하. 도통 받을 때 기다리면서 살지요. 도통 주는 날 기다리는 거지요.

그래요? 아니 '개벽'이라는 말도 안 쓰고 지축이 서는 것도 모르면서요?

▶▶▶ 하여튼 대순사람들도 세태 돌아가는 것은 다 아니까 세상이 얼마 안 남았다는 것은 다 알거든요.

얼마 안 남았다?

▶▶▶ 예. 세상이 이렇게 시끄러우니까. 하하.

그럼 OOO 성도님이 대순 믿으시던 70년대부터 세상이 얼마 안 남았다고 했습니까?

▶▶▶ 그럼요. 하하하. 저는 81년도에 꼭 도통이 나오는 줄 알았거든요.

81년도에? 그럼 그때 대순에서는 그런 분위기였나요?

▶▶▶ 예, 그럼요. 그래서 내가 하도 대순에 열을 내니까 우리 남편이 저를 하도 두들겨 패 가지고, 제가 남편 다리를 붙들고 81년도까지만 참아달라. 나는 박씨 가문의 조상님들과 ○씨 가문의 조상님들을 위해서 다 이러는 거지 내가 춤바람 난 여자처럼 뭐 춤추러 다니고 그러는 것이 아니지 않느냐. 거기다 비교하면 나는 할아버지 아니냐 이렇게 말했어요. 그래서 남편이 주저앉았어요. 그런데 81년이 됐는데도 아무 일도 없으니까 남편이 야! 왜 이렇게 조용하냐? 그래서 올 12월 달 마지막까지 가 봐야죠 했었어요. 하하하. 그런데 마침 그때 여의도에서 국풍 81이 딱 나오더라고요. 그래서 남편한테 자 봐라 큰 일이 터지려면 우선 북소리부터 나야되지 않느냐? 이제 81년도에 북소리가 났다. 그러니까 조금만 더 기다려라. 이렇게 말했어요. 하하하. 차~암, 저는 그때 남편에게 매도 많이 맞았어요. 너무나 도통 나온다고 미쳐 가지고 나대는 바람에 남편이 소실도 얻고 그랬지요. 그러면 그 마누라들도 포덕해 가지고 입도를 시켜버려요.

대순진리회로 말입니까?

▶▶▶ 예. 제가 도담으로 자근자근 말해 가지

고 네가 이런 높은 사람 남편을 뺐었으니 죄 받는다고 말하면 그 말을 듣고는 진짜로 죄 받겠다 싶어서 그냥 다 도망가는 거예요. 얻기만 얻으면. 하하하.

그러면 성금 있잖습니까? 물론 지금과는 같지 않겠지만 한달에 한번씩 모시는 월성금이라는 것이 있는데 그건 언제 마감하는 겁니까?
마감날이 따로 있습니까?

▶▶▶ 그게 따로 있지요. 이제 지금은 나이가 들어서 당시 치성 날짜를 다 잊어버려서 모르지만 예를 들어서 9월 19일 날이 치성이면 10일 전에 선무끼리 성을 봐요. 딱 열흘 전에. 그리고 선무 성 본 후 3일 있다가 선사 성을 보고 그리고 또 3일 있다가 선감 성을 봐요. 그리고 나서는 박희규 선감이 그 선감 성 본 것을 몽땅 가지고 중곡동으로 가요. 그 다음에 그 돈이 어디로 가는지는 모르죠.

그러면 유공이라는 것은 뭡니까?

▶▶▶ 유공이라는 것은 월성금하고는 별도로 걷는 성금을 말해요. 예를 들어서 돈 많은 사람한테는 버스 한 대 값을 부르고, 또 돈이 없는 사람한테는 아무 아무가 이렇게 차 한 대 산다고 하니까 너도 거기 한번 끼어라 이렇게 말해 가지고 돈을 내게 해요. 예를 들어서 차 한 대 값이 일억이면 좀 가난한 사람에게는 천만원씩 열 명이서 한다든지 하고, 돈 많은 사람한테는 요번에 너 혼자 끝내주게 공 한번 세워 보라고 해요. 그렇게 하면 하여튼 대순에서는 크게 불러도 다 나와요. 버스 한 대씩 사는 사람도 많아요.

그런데 아까부터 묻고 싶었는데 선감이 선무와 선사를 거쳐 선감까지 올라간 후에 자기가 투자했던 것을 회복할 때가 언젠가요?

▶▶▶ 선감이 된다고 다 금방 돈을 모으고 그러는 것이 아니에요. 오히려 선감이 되기까지 선무와 선사의 과정을 거치면서 자기가 가진 돈을 다 갖다 바치고, 또 밑에 사람이 가지고 있는 돈을 부지런히 뽑아 올리고 하여튼 돈이란 돈은 다 위로 올라가요. 그런 선무와 선사 과정을 거치면서 선감까지 올라가는 거예요. 저도 역시 그런 과정을 거치기는 마찬가지였어요. 그렇게 알거지가 되면서도 끝까지 남아서 꼭대기까지 올라가면 이제 다 되찾죠.

끝까지 남는 사람이라. 어떻게 되찾는 것입니까?

▶▶▶ 예. 그러니까 예를 들어 내가 수선감이 되었는데 우리 막내딸이 싸구려 옷을 입었다든지 하면 아래의 선사 선무들이 다 좋은 옷을 사다가 입히거든요. 선사나 선무들이 돈 있는 신도한테 가서 말하는 거예요. 아무개 선감 댁에 갔더니 막둥이 딸이 아니 글쎄 세상에 2000원짜리 옷을 입고 있더라. 그런데 이 집 애기 좀 보라 저렇게 고급으로 옷을 입히고 있지 않느냐. 너무 마음이 아프잖아. 그러니 선감 딸 옷 좀 한 벌 사줘라 이렇게 말하죠. 그러면 그 신도들이 다 사 줘요. 그래서 우리는 입을 조화덩어리라고 불렀어요. 입으로 다 벌어들이거든요. 그렇기 때문에 꼭대기까지 올라가면 만사가 안 생기는 게 없어요. 장판만 조금 찢어져도 밑에 선사 선감들이 금방 새것으로 싹 깔아주거든요 뭐. 하하.

그럼 꼭대기까지 못 올라가면 소용없네요.

▶▶▶ 네. 중도 하차하면 아니 간 것만 못 하지요.

예? 대순에서 그런 말도 합니까?

▶▶▶ 그럼요. 중곡동 도장에 정문을 지키는 남자 분이 있었는데 그분이 상의용사예요. 그 분이 당시 정무였거든요. 정무는 포덕으로 올라온 것이 아니고 돈으로 올라온 거예요. 성이 신씨인데 신정무이고 그 사람 부인은 상계방면 선감이었어요. 그런데 그 부인은 박희규 선감 말을 들으러 가고, 그 신정무는 또 별도로 공부를 했어요. 그렇게 공부를 하더니 나중에 세월이 흐르다 보니까 신정무 쪽에 모이는 사람이 따로 있었어요. 신정무한테서 공부하는 패들이 따로 있었지요. 그런데 그 신정무가 공부하려고 기를 쓰는 저를 참 기특하게 여기고 그랬어요. 그런데 한번은 제가 도담 들으러 가니까 태극기를 그려 놓고 풀어주는데 내용은 지금은 다 잊어버렸어요. 그런데 다음에 다른 사람도 태극기를 놓고 풀어주는데, 완전히 틀리더라고요. 그런데 그 신정무가 뭐라고 하냐 하면 "내 마누라가 선감이지만, 선감들은 이 세상 해원을 다 한 사람들이다. 선감들은 한마디로 NO다. 그저 여기서 일하다가 그냥 갈 사람들이다" 이렇게 얘기하더라고요. 자기 마누라가 선감인데도 그렇게 말하는 거예요. 그러니까 대순 안에서도 모르는 가닥이 많은가 봐요. 그 당시 신정무가 저를 자기편으로 끌고 들어가려고 밥도 잘 사주고, 도담도 해주고 그랬는데, 저는 안 말려 들어갔어요.

아까부터 물어보려고 했던 것인데 어떻게 대순은 그렇게 변변한 교리 책자도 하나 없이 입으로만 얘기를 해서 사람들의 정신을 휘어잡아 포교를 했습니까? 특별한 무엇이 있습니까?

▶▶▶ 아마 그것이 대순진리회에만 흐르는 독특한 기운인가 봐요. 지금도 책 없이 포교하는데 저렇게 대형버스 한 차씩 사람들을 가득 채우고 다니잖아요. 뭔가 모르지만 기운 자체가 그런 것이 아닌가 생각을 해요. 대순에는 진짜 아무 진리도 없어요. 오로지 그냥 말로 만들어서 귀에 걸면 귀걸이고 코에 걸면 코걸이 식으로 포교를 하는데도 포교가 그렇게 되는 것을 보면 그건 사람이 똑똑하고 잘나서 그런 것도 아니거든요.

대순진리회에서는 주문 수행을 어떻게 하나요? 우선 태을주 주문을 어떻게 읽는지 확인하고 싶군요. 제가 듣기로는 앞부분 '훔치 훔치'를 처음에 한번만 하고 다음부터는 안한다고 들었는데 맞습니까?

▶▶▶ 예, 맞아요. 제가 증산도에 들어와서 이질감을 느꼈던 부분중에 하나가 그 부분이었어요. 대순에서는 태을주를 읽을 때 시작하는 '훔치 훔치'는 맨처음 한번밖에 안 읽어요. 그리고 다음부터는 빼고 나머지만 계속 읽지요. 저는 태을주는 어디에서나 똑같이 읽는 줄 알았어요. 그런데 알고 보니까 다르더군요. 증산도의 태을주 주문소리를 듣고는 대순진리회 주문소리가 아주 음산한 장송곡같은 소리인줄 알게 되었죠.

아니 왜 빼고 읽는다고 하던가요? 태을주의 '훔치훔치'는 증산 상제님이 붙이신 것인데 왜 자기들 마음대로 빼고 읽는답니까?

▶▶▶ 대순신도로써 그런 것에 이유를 붙이는 사람은 별로 없어요. 처음에 입도하고 들어간

사람이 무엇을 알겠어요. 그저 위에서 시키는 대로 읽는 것이지. 나중에 얘기를 들어보니까 훔치훔치를 읽지 않는 것은 태극도때부터 그렇게 읽었다고 해요. 아마 조철제가 그렇게 만든 모양이어요. 뭐 훔치훔치를 붙여 읽게 되면 주문 음율이 잘 맞지 않는다나 어쩌나 하는 얘기였던 것 같아요.

대순진리회 본부도장에서는 하루 24시간 1년 365일 계속 주문 소리가 끊이질 않는다고 하는데 맞습니까?

▶▶▶ 맞아요. 본부도장에서는 1분 1초도 빠뜨리지 않고 1년 365일 주문을 돌리거든요. 2박 3일 주문 읽는 3인 1조의 조를 서너 개 짜서 들어가면 공부방 대기실에서 시간 맞춰서 잠을 깨우는 사람이 따로 있거든요. 그럼 한 10분전에 일어나서 세수하고 옷 입고 주문 읽는 곳에 가서 5분전에 대기하고 있어요. 그러면 먼저 공부하던 조가 '~소원성취케 하옵소서' 하고 끝내고 뒤로 물러나면 뒤에서 기다리던 조가 그것을 받아서 자리에 앉아 바로 일분 일초도 안 끊어지고 계속 1년365일 돌리거든요. 저도 그런 공부를 여러 번 들어가 봤는데 지금 생각해 보면 진짜가 됐든 가짜가 됐든 주문 돌리는 기운이 정말 보통이 아니구나 이런 생각을 많이 해요. 대순은 진리 알맹이는 아무것도 없어요. 오로지 주문 돌리는 것밖에는 없거든요.

주문 읽는 방이 크기가 얼마 만 합니까?

▶▶▶ 중곡동 본부에서 주문 읽는 곳은 두 군데예요. 하나는 3명이 들어가면 딱 맞는 그런 골방이 하나 있고 또 하나는 한 30명이 들어가서 읽는 좀 넓은 방이지요. 양쪽 모두 주문 소리가 끊이질 않아요. 3명이 들어가는 골방은 창문도 없고 촛불도 안 켜니까 캄캄해요. 단지 향만 피우죠. 그리고 한 여름에는 선풍기도 못 틀게 해요. 수도하는 사람인데 더운 것 못 참으면 어떻게 하냐고요. 그러니까 별로 더운 줄도 몰라요. 정신이 딱 무장이 되어있기 때문에 더운 것도 몰라요. 골방이 꼭 다다미 한 장 크기예요. 두 장도 아니고. 그곳에서 요만한 다이 하나 놓고 거기다 향만 피우고는 셋이 쪼르르 앉아서 주문을 읽죠. 그리고 교대할 때 대기하는 조가 뒤에 와서 두 줄 앉을 정도니까 꼭 다다미 한 장이죠. 아주 꼼짝도 못해요. 그리고 바깥 마루에 종 조그만 것 갖다놓고 땡 하고 치면 '~소원성취케 하옵소서' 하면서 뒤로 물러나면 뒤에 있던 조가 앞으로 딱 들어와 앉아서 주문을 계속 읽죠.

그러니까 2박 3일 골방에 들어간 사람들은 2박 3일 내내 읽는 것이 아니라 서로 시간표를 짜 놓고 교대를 하는 것이군요.

▶▶▶ 그렇죠. 두 시간씩 하거든요. 두 시간씩 세 팀인가 네 팀인가 해서 서로 교대를 하죠. 그러니까 별로 힘들지 않아요.

그럼 읽는 주문이 태을주만 읽는 겁니까?
아니면 여러 주문을 섞어서 읽습니까?

▶▶▶ 섞어서 읽어요.

그렇게 주문 공부를 하면 어떤 체험을 합니까?

▶▶▶ 예. 체험하는 사람이 굉장히 많아요. 얘기 들어보면 뭐 별의별 사람이 다 있지요. 구름 타고 갔다기도 하고 뭐 별나라에 갔다온 사람도 있고 하여튼 별사람이 다 있는데 거기서 공부하고 나오면 대부분이 체험들을 많이 해요.

저도 거기서는 많이 했거든요.

어떤 체험을 하셨습니까?

▶▶▶ 저는 주로 저 새파란 물 속에서 하얀 바둑알 같은데 앉아서 목욕하는 걸 주로 많이 봐요. 어떤 사람들은 뭐 구천상제님이 오셔서 손 붙들고 가는 사람도 있다고 하기도 하고. 그런데 그런 얘기 들을 때는 저건 사신(邪神)이 든 건 아닌가 자꾸 그런 생각을 많이 했어요.

2박 3일 공부를 들어가면 두 시간씩 하는 공부를 몇 번이나 하는지 모르겠네요. 몇 차례나?

▶▶▶ 밤 10시부터인가 봐요. 10시부터 시작해서 새벽 1시에 교대를 해요. 아마 팀이 여섯 팀이었던 모양이네요. 기억이 가물가물해서 잘 모르겠지만. 제가 대순에 있던 70년대에는 신도 수가 작아서 그 공부를 들어가고 싶으면 언제든지 들어갔거든요. 그런데 이제 대순에서 나올 80년대에는 사람들이 많아서 대기하고 있으니까 들어가기가 힘들어졌어요. 그리고 다달이 있는 치성도 1년에 한번 들어가기가 힘들어지더군요.

그 치성은 보통 몇 시에 했습니까?

▶▶▶ 치성은 밤 1시에 해요. 시간은 딱 정해져 있어요.

그럼 밤 1시까지 대기하고 있어야겠네요.

▶▶▶ 치성 참석하는 사람들은 9시쯤 들어가요. 들어가면 무슨 방면은 어디에 서고 무슨 방면은 어디에 서고 이렇게 정해서 연락해주거든요. 그러면 각자 방면 따라서 들어가서 있으면 인원파악하고 그리고 10시에 그 자리에 앉혀놓고 나름대로 방면 선감이 도담을 해주기도 하죠. 한복 가져왔으면 어떻게 입어야 되고 들어갈 때는 예의범절은 어떻게 되고 그것도 한시간 교육받아요. 그러면 9시에 들어가서 10시 11시쯤 되잖아요. 그럼 이제 한 시간을 앉아서 주문하고 있거든요.

치성은 어디서 한 겁니까?

▶▶▶ 영대에서 하죠. 영대에는 구천상제님, 옥황상제님, 석가모니를 비롯해서 관운장 등등 신명이 모셔져 있어요.

치성은 어떤 치성이 있습니까?

▶▶▶ 정월 초하루 치성, 8월 15일, 구천상제 탄신치성, 화천치성, 조성옥황상제 탄신치성, 화천치성 등등 매달 한번씩 있어요.

치성을 할 때 누가 집전을 합니까?

▶▶▶ 박한경이가 하죠. 그러니까 앞에 있는 사람들은 박한경이를 보고 뒤에 있는 사람들은 못 보니까 주로 앞자리로 가려고 자리싸움을 하기도 해요.

치성이 끝나면요?

▶▶▶ 치성이 끝나면 치성 음식을 만든 사람들이 소복차림에 마스크를 하고 들어와서 일단 음식을 다 가지고 가죠. 그리고 우리들은 음복을 하기 전에 앉아서 한시간 도담을 들어요.

누가 도담을 합니까?

▶▶▶ 주로 박희규 선감이 많이 했어요.

아니 그날 치성 참석한 사람들은 천안방면 사람들뿐만

**아니라 각 방면에서 다 왔는데도 박희규가 합니까?**

▶▶▶ 주로 천안방면 선감 박희규가 도담을 많이 했어요. 그때 다른 선감들은 얘기를 별로 못해요. 박선감이 주로 한 시간 정도 도담을 하고 나면 새벽 두시 반 정도가 되죠. 그리고 도담 후에는 음식을 먹을 수 있도록 쟁반에 나누어 가지고 들어와요. 그러면 둘러앉아서 먹죠. 그리고 남은 음식은 다 싸 가지고 가라고 해요. 하나도 남기지 말라고 하죠. 그럼 하나같이 다 싸 가지고 가요. 왜냐하면 치성에 올린 귀한 음식이니까 후각들 먹이고 싶어서 다 싸 가지고 가죠. 그러니까 뭐 설거지 할 것도 없고 그래요. 그리고 음복이 끝나고 나면 3시가 좀 넘어가죠.

**영대 안에서 치성을 올릴 때 한복을 입는다는데 맞습니까?**

▶▶▶ 치성를 할 때는 한복을 입어요. 영대 안에서 치성을 하는 것을 보면 안이 이렇게 좁으니까 한복을 입고 다닥다닥 붙어서 절을 하는 것을 보면 진짜 나비들이 펄럭이는 것 같아요. 특히 여자들이 팔과 팔이 딱 끼고 요대로 앉았다 섰다 하는 것을 멀리서 보면 꼭 나비같이 너무너무 균형이 잡혔어요. 그런데 도장에 처음 구경온 사람이 호감을 갖는 것이 뭐냐 하면 너무나 예의범절이 깍듯한 거예요. 중곡동에 들어서면 다들 한복을 입고 손을 모으고 면수한 채로 발뒤꿈치 들고 다니지 않습니까? 한복입고 그냥 나비같이 팔랑팔랑하고 다니는 게 너무 보기 좋다는 거예요. 과연 여기는 뭐 한국 민족종교라고 하더니 진짜 사람들 보니까 여긴 정말로 순수하구나. 처음에 도장 안에 들어선 사람이 그런 이미지를 가지게 되요. 그런 다음에 영대에 들어가서 그 벽화를 보고 설명을 들으면 거기서 그냥 뿅가요.

**그 벽화에는 무엇이 그려져 있나요?**

▶▶▶ 그 벽화는 도통을 받기까지의 상황을 그린 것이죠. 제일 처음 그림이 도통받는 신명들이 이렇게 있고 두 번째는 말 타고 가는 신명이 있고… 그러니까 그 그림들이 무엇을 상징하고 있냐하면 아무 것도 모르는 사람이 대순진리를 찾아 가지고 말 탄 신선을 따라서 가는데 말발자국이 이렇게 있어 그 발자국을 보고 막 어딘지 모르게 산 속으로 찾아 들어갔는데 거기 들어가서 보니까 수염을 늘어뜨린 주인이 있는 거예요. 그래 그 주인한테 도담을 듣고… 하여튼 신선이 되어서 도통 받는 것까지 그렇게 그림이 빵 돌려있어요. 그런데 그 벽화 설명만 듣고도 뿅가는 사람들이 많아요.

**그런데 아까 말씀하신 것 중에서 궁금한 것이 있는데요. 입도를 하게 되면 당연히 그 다음부터 선무가 월성금을 받으러 오겠죠.**
**그럼 월성금을 낼 때 자기 것만 냅니까?**
**아니면 남편과 자식들 것까지 다 냅니까?**

▶▶▶ 처음에 진리를 모르고 그럴 때는 가족들 것은 안 줄려고 해요. 돈 없다고. 그러면 그걸 입으로 설명해 가지고 가족들 성금까지 모셔 가지고 나오는 사람이 진짜 자격 있는 선무거든요.

**설득을 해서 말이죠?**

▶▶▶ 그렇죠. 그런데 과연 선무가 열명이면 과연 그 중에서 새로 입도한 사람의 가족들 성금까지 다 모시게끔 만드는 정말로 능력있는

선무가 몇이나 되는가 바로 윗 선에서는 선무들 중에서 또 그걸 추리거든요. 그래서 정말로 능력 있고 일 잘하는 선무는 막 회초리질을 해서 일꾼으로 키우죠. 만약 그 선무가 회초리로 맞을 일을 안했어도 억지 누명이라도 씌워 가지고 막 몰아치는 거예요.

**능력 있는 선무라고 생각되면 선사가 회초리로 때립니까?**

▶▶▶ 그렇죠. 선무 쯤 되면 자기 돈도 많이 내야돼요. 모지라면 메꿔야 하니까 어쨌든 다 그렇게 메꾸면서 커나가서 나중에 꼭대기까지 올라가거든요. 저 역시 다 그렇게 했으니까요. 그런데 너무 힘든 게 뭐냐 하면 이제 한 5, 6년을 닦다보면 너무 힘들어서 떨어져 나가는 사람들이 얼마나 많겠어요? 하지만 위선 선감에서는 그 사람들 하나도 못 버리게 하는 거예요. 그러니까 선무들이 성를 볼 때는 그냥 돈 뭉텅이를 딸라 돈이라도 미리 준비해 가지고 와야 되요.

**빚을 내서라도 말입니까?**

▶▶▶ 예. 그런데 선무 중에 자기집에 돈이 있는 사람이 몇몇이나 있겠어요. 이미 자기 돈도 다 갖다 바쳤고 그러니까 항상 성 볼 때는 딸라 돈을 얻어다가 메꾸죠. 그래서 선무 때는 빚도 많이 지고 힘들어서 선무 하다가 그냥 중도하차 하는 사람이 너무 많아요. 선무때 중도하차가 많아요.

**그럼 중도하차 하면 대순진리회를 아예 안 믿는다는 겁니까?**

▶▶▶ 안 믿지요.

**그러면 선무가 떨어져나가면 그 밑 붙어있던 사람들이 다 떨어져 나갈 것이 아닙니까?**

▶▶▶ 물론 떨어져 나가는 사람도 있지만 윗선에서 볼 때 이미 선무가 이렇게 봐서 싹수가 노라면 그 위의 선사가 다니면서 다 미리 손을 봐 놓거든요. 아무리 나를 나아준 선각이라 해도 사람이니까 너무 믿지 말아라. 이렇게 좀 싹수가 노라면 위에 선사가 돌아다니면서 다 다독거려놔요.

**그렇게 조직 관리를 하는구나.**

▶▶▶ 선무 때 적응 못하고 떨어져나가면 개인신앙도 못해요. 대순은 완전히 떨어져나가요.

**그러면 선무에서 선사로 올라가는 경우가 얼마나 됩니까?**

▶▶▶ 선무가 열이면 50%도 못 붙어요. 선사로 올라가는 사람은 다섯 명이 될까 말까예요.

**선무 열명 중에서 다섯 명이 선사로 올라간다. 그럼 선사에서 선감으로 올라갈 때는요?**

▶▶▶ 그때는 좀 쉬워요. 선사가 되면 그래도 용돈 같은 것이 생기거든요. 밑에 사람을 수반이라고 해요. 수반네 집에 돌러 간다고 그러거든요. 선사쯤 되면 수반들이 용돈도 좀 주고 옷도 하나 사입으라고 주기도 하죠. 그럼 그것을 누가 그렇게 하도록 만드느냐 하면 선감이 만들어요. 만약에 내가 선사인데 가정을 버리고 나왔다고 해요. 그리고 이제 나에 대한 모든 책임은 선감이 지고 있거든요

그런데 선감은 내 밑에 신도 중에서 누구는 싹수가 있고 누구는 싹수가 없는지 다 알거든

요. 선감들은 그 집에 뭐 바퀴벌레 몇 마리가 돌아다니는 것까지 다 알거든요. 그런데 예를 들어서 선사가 몸이 아프다고 하면 선감은 걱정하지 말아라 내가 만들어 놓을테니 그렇게 말해요. 그리고 선감이 신도들에게 돌아다니면서 아무개 선사 오면 용돈 좀 드려라 그동안 도인들 가꾸러 다니느라고 가정도 버리고 나와서 지금 몸도 아픈데 돈도 하나도 없다. 그러니 용돈도 주고 옷도 해주라고 그렇게 다 만들어놔요.

이렇게 대순에서는 밑에 사람은 윗분이 만들어 가지고 대우를 받게 하고 윗사람은 밑에 사람이 만들어 가지고 대우를 받고, 이렇게 서로 음양으로 그렇게 해요. 그러니까 대순에서는 혼자서는 도인을 못 키우는 걸로 알거든요. 혼자서는 절대 안돼요. 예를 들어서 어떤 선무 직계로 있는 어떤 사람한테서 돈이 꼭 나올 것 같은데 도저히 안나온다고 하면 윗사람과 상의를 해요. 그러면 윗사람은 뭐라고 하냐면 후각한테 가서 거친 말로 막 치라고 그래요. 쳐라 그러면 뒷책임은 내가 지겠다. 그러면 선무가 가서 막 내려치는 거예요. 그러면 그 사람이 막 억울하니 분하니 어쩌니 하면서 있다가 몇 일 지나서 위의 선사를 먼저 보거든요. 그러면 그 사람이 선사를 보고 막 어쩌고저쩌고 하소연을 하죠. 그러면 선사는 어떻게 하느냐면 아무개 선무가 와서 그렇게까지 했어, 아이구 선각이 얼마나 가슴이 아프면 그랬겠나. 내 자식 하나 도통 운수자리 앉혀줄려고 했는데 그 자손이 엄마 마음을 모르니까 얼마나 괴로우면 그랬겠나 하면서 막 다독다독 하는 거예요. 만일 그래도 안되면 그때는 선감이 들어가요. 그러면 그건 100% 되는 거예요. 이렇게 돈을 뽑을 때는 사람 하나를 놓고 몇 단계가 막 들어갔다 나왔다 하면서 사람을 조종하거든요.

만약에 한 사람이 입도를 했다 하면 그것이 윗선에 보고가 됩니까?

▶▶▶ 그럼요. 선무가 알고 선사가 알고 나중에 선감까지 다 알죠.

만약에 우리 줄에 싹수있는 놈이 들어왔다고 판단되면은요?

▶▶▶ 선무가 판단해서 돈이 좀 크게 나올만한데 자기 힘으로는 힘들고 벅찰 때는 이러저러 해서 이런데 좀 봐주세요 하고 윗선에 보고를 해요. 그러면 알았어 내일 몇시에 가자고 응답이 와요. 그리고 선감이 몇번만 들락날락하면 일이 되거든요.

그러면 돈을 뽑아내는 겁니까?

▶▶▶ 예. 지금 생각하면 너무나 허무맹랑하고 어떻게 보면 바보들만 모인 것 같고 그렇죠. 하지만 그 당시에는 대순진리보다 더 좋은 진리가 정말로 없는 걸로 알았거든요. 남 살리는 공부니까 눈만 뜨면 남 살려주러 포덕하려 다니고 또 돈 뽑아내서 그 사람 공덕 세워주러 돌아다니고 그러니까 본인이 얼마나 떳떳하게 생각했겠어요. 하니까 잠 잘 때도 참 편안하게 잠이 잘 오지요.

그러면 구천상제께서 '천지공사'를 보셨다. '천지공사'라는 말은 들어보셨습니까? 또 무슨 무슨 '도수'를 보셨다 라든지 하는 말은요?

▶▶▶ 글쎄요, 방면마다 다 뭐라고 하는지 하는 소리가 다르니까 다른 방면은 모르겠는데 저는 '천지공사'라든지 '도수'라든지 하는 말은 못 들었어요.

**그러면 진리의 내막은 전혀 모른다는 말씀 아닙니까?**

▶▶▶ 예. 하여튼 상제님이 이 세상에 오실 때에 가난하고 비참하고 천한 자를 구해주러 오셨다. 우리가 지금 맺힌 한이 많지 않느냐. 상제님께서 말씀 하셨듯이 이 세상 불쌍한 사람들을 구해주러 오셨으니까 우리는 미륵부처님을 따라야 되지 않느냐 이렇게 하나만 잘 얘기해줘도 들어오는 사람들이 그렇게 믿고 들어와요. 뭐 책을 보고 읽어줄 필요가 어디 있습니까? 그리고 회관에서 회의 때도 박희규 선감이 그냥 말로 줄줄이 사탕으로 엮어 가지고 이야기를 만들면 거기서 감동이 되서 울고불고 그렇게들 하거든요.

**그러면 제가 다시 한번 죄송스러운 질문 좀 하겠습니다. 당시 천안방면에서는 입도를 해서 자식과 남편을 버리는 케이스가 많다고 했잖아요.**

**그러면 당시 OOO 성도님이 대순진리회 선감까지 간 상황에서 그렇게 가정을 버리게 만드는 것이 과연 일꾼을 만든다고 떳떳하게 생각하신 겁니까?**

▶▶▶ 그렇죠. 예를 들어서 ○○○는 100% 도를 닦고 싶은데 가정 때문에 50%밖에 못 닦는다고 해봐요. 그러면 지금은 남편과 자식이 애지중지 해서 50%만 도를 닦으며 어영부영하다가 정작 도통 받을 때가 되면 나는 50%밖에 못 받는다 이거지요. 그러느니 이제 시간이 얼마 안 남았으니까 남편 자식이 좀 고생이 되더라도 신명의 덕화로 죽지는 않는다. 그러니 고생스럽더라도 남편 자식 내버리고 나와서 100% 닦아 가지고 운수 마당이 열릴 때 도통 자리 한자리를 차지 해놓고 그 때가서 남편 자식들을 그 자리에 갖다 앉혀놓는 것이 더 좋지 않느냐. 과연 가정을 가지고 50% 닦을래 아니면 가정을 버리고 100% 닦는 것이 중요하냐라고 설득하면 대부분 받아들이거든요.

한번은 이런 일이 있었어요. 자식은 아들이 둘인데 남편은 월남에 돈벌러 가고 이제 애기들 둘을 데리고 매일 아침마다 대순회관에 나오는 상계동 사는 애기 엄마가 있었어요. 결국에는 남편이 월남에서 돈벌어 부쳐준 돈을 다 갖다 바친 거예요. 그리고 나중에는 전세금까지 다 빼서 바치고 뭐 그때 돈으로 보증금 얼마에다 하여튼 월세 얼마 짜리 방으로 옮겨가고 말았는데, 마침 그 무렵에 남편이 월남에서 돌아왔어요. 남편이 와 가지고 돈 내놔라하니까 돈 다 잊어버렸다고 말하는 거예요. 아니 통장에 넣어둔 돈을 왜 잊어버리느냐 하고 따지니까 통장을 잃어버렸는데 통장 주운 사람이 돈까지 찾아가지고 갔다고 둘러댄 거예요. 위 선감들이 시켜서 그렇게 말하라고 다 만들거든요. 그러니까 그 말이 남편으로서 이해가 갑니까? 이제 막 마누라를 매로 때리면서 조진 거지요. 그러니까 매에 못 이겨서 대순진리회에 냈다고 불은 거예요. 그러자 이제 마누라 머리채를 붙들고 저 천호동 옆에 성내동 대순회관 앞에까지 마누라를 끌고 와서 막 발로 차고 패는 거예요. 그러니까 회관에서 누구 아무나 나와라 이거지요. 아침에 제가 보니까 그 사람이 바로 제 직계인 김내수인 거예요.

그래서 올라가서 선감한테 이러이러해서 지금 김내수가 남편 손에 끌려와서 저렇게 사정없이 맞고 있습니다 하고 말하니까 그때 선감이 저보고 뭐라고 하냐면 이 병신 같은 인간아, 네 손에서 해결해서 보내야지 뭐 좋은 일이라고 나한테까지 와서 그 얘기를 하냐 이러는 거예요. 저는 그 말을 듣고 막 열불이 터져 가지고 아따 모르겠다 맞아도 내가 맞자 해서 회관에서 내려와서 제가 말렸지요. 남편에게 나는 왜 이러는지 모르지만 그 귀중한 부부간에 이렇게 사람들이 보는 신작로 네거리에서 이렇게 패면 됩니까? 그러니까 당신 여기 나가는 사람이냐고 해요. 그래서 그렇다고 하니까 사정 얘기를 줄줄이 다하는 거예요. 전세돈까지 다 빼서 내고 지금 월세방에 사는데 나는 이 돈을 받아야 가지 그렇지 않으면 이년을 여기서 패서 죽일거다 라고 말하는 거예요. 그래서 나는 이 여자분이 어느 방면 사람인지는 모르지만 같은 여자로서 너무 안타깝고 불쌍하다. 이 사람이 나빠서 낸 것이 아니고 무슨 이유가 있으니까 낼 것 아니냐 그러니까 남편이 하는 말이 그 이유가 듣기 싫다 이거예요. 그러니까 이 여자가 불쌍하면 누구든지 나오라는 거예요. 그래서 내가 여기 나올 사람 하나 없다. 지금 빈 집인데 나만 회관을 지키고 있는 중이다. 내가 책임지고 누구든지 저녁에 들어오면 내가 얘기해서 돈을 받도록 해 줄테니까 오늘은 그만 집에 가라고 했어요. 그러니까 말로는 믿을 수 없고 각서를 써 달라고 해서 그냥 각서 써서 가짜이름 써주었어요. 그랬더니 이제 패는 것을 그만두고 부인을 놓고는 집에 가버렸죠. 그 사이에 부인이 도망을 간 거예요. 그것이 뭐냐하면 이제 우리가 뛰어들어서 그렇게 상황을 만들 때는 그 마누라보고 도망가라는 싸인이고 시간을 만들어 주는 것이거든요. 그 길로 그 여자는 자식 아들 둘하고 남편을 두고 집을 나왔어요. 집을 나온 후에 며칠 있다가 연락소로 찾아왔는데 윗 선감들이 너 도 닦고 싶으냐 안 닦고 싶으냐 물었어요. 그러니까 닦기 싫다고 대답하는 거예요. 도닦기 싫다고 하니까 그러면 도적부 줘서 내보내라 이렇게 한마디로 매정하게 말하는 거예요. 그리고 그걸로 딱 끝나고 말았어요.

그렇지만 저는 너무너무 마음이 아프고 해서 이 사람을 잘 아는 부잣집에 식모로 취직을 시켜주었어요. 그래서 그 여자가 거기서 식모생활을 하는 동안 그저 성금이라도 또 모시게 하려고 집에 찾아가서 몇번 성금을 모셔오고 했어요. 그런데 그때 '화평의 길'이라는 영화가 처음 나왔을 때 집주인에게 얘기해서 허락을 맡고 구경을 시켜주려고 데리고 나갔는데 그 길로 어디로 도망을 가고 없더라고요. 그러니까 이제 식모살이 해서 돈을 어느 정도 조금 모았으니까 그걸 가지고 어디로 도망가 버린 것이죠.

다시 남편한테 갔을까요?

▶▶▶ 안 갔어요.

남편하고 애들이 있지 않았습니까?

▶▶▶ 남편하고 애들 한테는 도저히 갈 수는 없는 것이고요. 그렇게 되면 남편하고 애들은 이제 거지 되고 폐인 되는 거예요. 이것처럼 저 사람들은 자기 이용 가치가 딱 끝나면 언제 봤더냐 하는 거예요. 저는 거기에서 너무나 큰 충격을 받았어요.

하지만 OOO 성도님이 바로 그 사람의 선각으로써 돈을 뽑아내고 그런 사람을 만들지 않았습니까?

▶▶▶ 그 사람이 제 밑에 사람이었지만 사실 그렇게 만든 것은 제가 아니고 제 위의 선감들이 그렇게 만들었던 거예요. 비록 제 직계 일꾼이었지만 윗 선감들이 저에게 그렇게 하도록 시키면 저는 가정까지 버리게는 안 만들어요. 그

리고 유공도 예를 들어서 천만원이 나올 능력이 있는 집인데도 저는 한 이삼백만 뽑았거든요. 그러면 윗선감들이 왜 이것만 가져오냐 다시 가서 기어코 천만원을 채워오라고 하는 거예요. 그러면 제가 어렵다고 이리저리 핑계를 대면 윗선감들이 직접 움직이는 거예요. 그러면 제가 그 집으로 미리 전화를 걸어서 아무 선감이 내일 이러이러해서 갈려고 하니까 잠시 피해라 집을 비워라 이렇게 전화를 해요. 그러면 다음날 선감이 찾아 갔다가도 아무도 없으니까 그냥 헛걸음만 하고 오지요. 그러면 그 다음에는 다른 선감이 내일은 내가 가 볼 거라는 거예요. 그러면 제가 또 전화를 해서 내일은 아무 선감이 들어가니까 피할 수 없으면 얼마만 해라 라든지 아니면 또 그냥 어디로 피해라고 말했지요. 항상 저는 이렇게 해왔어요. 그러니까 제가 윗선감들한테는 찍히고 밑에 사람들은 막 저를 좋아하고 그랬지요. 지금 생각해 봐도 제가 대순에서 나올 수 있었던 것은 전 그렇게 일을 했기 때문에 빠져 나온 게 아닌가 생각이 들어요. 저는 막 가정을 파괴하고 사람을 끌어내고 이런 일은 절대 못했어요. 아무리 도(道)도 좋지만 나도 초기에는 자식을 버리고 나와서 살아봤는데 도저히 자식을 보고 싶어서 못살겠더라. 그러니 우선 도(道)는 나중이고 천륜은 지금 현재 첫째 조건이 아니냐 이렇게 아래 사람을 설득시켜서 사람을 가정으로 들여보내려고 했지 저는 다른 사람처럼 그렇게는 못했어요.

그래도 OOO 성도님도 초기에는 하여튼 남편과 자식을 버리고 나왔지 않습니까?
그때는 대순에 미쳤던 겁니까?

▶▶▶ 미쳤죠. 저도 100% 닦고 싶어서 나갔지만 나가고 보니까 아이들이 그리워서 도저히 못견디겠더라고요.

어쨌든 OOO 성도님도 대순에 계시면서 선무 성도 모시고 선사 성도 모시면서 계속 조직관리를 하셨을 것 아닙니까? 그러면서도 그 당시에도 이게 100% 올바른 길이라고 생각을 하셨습니까?

▶▶▶ 아 그렇지요. 어쨌든 뭐 윗선감들처럼 매정하게는 못했지만 사람들 살려주려고 밑 사람들 잘 다독거리고 윗사람들 잘 받들려고 나름대로 해왔지요. 그렇지만 언제부터인가 아! 도(道)라는 것이 이게 아닌데 이게 아닌데 하는 마음이 들었던 거예요. 그런 마음이 들기 시작하니까 이제 윗선감들이 시키는 대로 말을 안 듣기 시작했죠. 당시 5일마다 한번씩 돈을 뽑는 일이 있었거든요. 한달이면 1일날, 5일날, 15일날, 20일날 이렇게 딱 닷새만에 한번씩 선사 이상급들이 선감 앞으로 들어가는 거지요. 그러면 밑에 호수에 따라서 예를 들어 천호 같으면 오일만에 한번씩 월성금 말고 천만원씩 뽑아냈어요.

5일만에 한번씩 천만원을 만들어냅니까?

▶▶▶ 예. 그럼요. 5일만에 한번씩 무조건이에요. 그러면 그 돈을 어떻게 뽑느냐? 신도가 많으니까 번갈아 가면서 하면 되긴 되는데 그게 어디 한두 달도 아니고 1년 365일 내내 5일만에 한번씩 그 돈을 뽑아가지고 선감에게 들어가는 거예요. 그러니까 선감 앞으로 돈이 5일마다 한번씩 천만원이 떨어지면 이제 그 천만원 할당된 것이 다시 선사한테 내려가고 또 선무한테도 내려가거든요. 선감이 내가 요번에 몇월 몇일까지 천만원을 만들어야되는데 누구

돈 나올 만한 신도 있으면 이름을 대봐라 그러면 선사 선무들이 누구누구가 있는데 이렇게 이렇게 해주세요 그러거든요. 이렇게 선감과 선사와 선감 셋이서 똘똘 뭉쳐서 5일만에 한번씩 돈을 만들어야 되요. 그런데 만일 그날까지 천만원을 못 만들어 들어간다. 그러면 그날은 못 들어가요. 그러니까 안되면 나 자신이라도 딸라돈이라도 얻어서 채워 가지고 들어 가야되죠. 그런 정성이 들어가요.

그럼 그것은 월성 모시는 것과는 다른 거죠?

▶▶▶ 당연히 다르죠. 그것이 바로 유공인데.

그 유공이라는 것이 하여튼 수시로 할당되어 내려오는군요.

▶▶▶ 뭐 수시가 아니라 5일만에 한번씩 무조건이에요. 무조건. 아! 몸서리나요. 몸서리나요. 나중에 1984년에 대순에서 제명되어 떨어져 나오니까 제일 첫번째 후련한 것이 그 돈 뽑으러 안 다니는거. 그것이 너무너무 기쁜 거예요, 세상에.

그러면 대순의 거의 모든 신도가 다 돈을 뺏긴다고 봐야합니까?

▶▶▶ 그러니까 제 얘기는 제가 대순에 있던 70년대 시절 천안방면의 얘기죠. 그러니까 80년대와 90년대에 들어서 다른 방면 경우는 모르죠. 하지만 요즘도 들려오는 얘기를 들으면 대동소이 할 거예요. 대진대학교며 제생병원이며 여주, 포천, 속초에 그 수도장 만들어 놓은 것을 봐요. 그것이 어떻게 월성금 적당히 걷어서 지은 것이겠어요. 물론 천안방면 중에서도 돈을 안 뺏기는 사람도 있었지요. 그런 사람은 깍쟁이 같은 사람이죠. 그러니까 그런 사람은 그냥 내버리기는 아깝고 하니까 월성금이라도 모시게 만들어요. 하지만 그런 사람은 대우가 빵점이지요.

그러면 당시 보통 얼마 정도 냈습니까?

▶▶▶ 그거야 사람마다 다 틀리니까 일률적으로 말할 수는 없죠. 환경에 따라서 부자는 많이 내고 뭐 가난한 사람도 하여튼 전세금까지 다 빼서 바쳐야 했으니까요.

그러면 보통 몇천만원은 보통이겠네요.

▶▶▶ 지금 액수로 따지면 몇천만원은 보통이지요. 그러니까 지금 대순 사람들이 돈이 저렇게 많을 수밖에 없잖아요.

참, 그럼 유공은 위로 올리면서 40%씩 안 떼는 겁니까?

▶▶▶ 월성금만 40%을 떼지 유공은 고스란히 올라가요. 그리고 경우에 따라서는 입도와 동시에 유공을 뽑아내요. 그러니까 한 사람이 입도를 했는데 이 사람은 돈도 좀 있고 사람 됨됨이가 됐다 싶으면 선무고 선사고 제켜두고 처음부터 선감이 직접 손을 대요. 빨리 뽑아야 되니까. 첫번부터 선감이 직접적으로 들어가서 사람을 만들거든요. 그리고 그 사람 정신을 막 헤까닥 돌아가게 만들어버려요. 선감 기운이 그렇게 달라요.

아니 선감이 무슨 말을 하길래 한번에 그렇게 됩니까?

▶▶▶ 뭐 말은 선사고 선무고 다 그런 말은 할 줄 아는데, 하여튼 상대방이 선감 앞에서는 헤어나질 못해요. 선감이 벌써 딱 들어가면 그 사

람이 자동적으로 고개를 숙이고 무릎을 딱 꿇고 앉는 걸요. 뭐. 누가 뭐 시키길 합니까? 어떻게 합니까? 입도시켜 가지고 신입신도 때 선감이 딱 들어가면 그냥 고개도 못 들고 무릎 딱 꿇고 그냥 무슨 죄인 같이 그렇게 수그러져요. 그러니까 어쩔 수가 없어요. 선감만 들어가면 안 되는 일이 없어요.

어떻습니까? 그렇게 가족을 버리고 집나온 여자분이 몇분쯤 된다고 생각하십니까?

▶▶▶ 많아요.

다른 방면도 그랬습니까?

▶▶▶ 당시 천안방면 빼고 뭐 방면다운 방면이 있었나요? 다른 방면은 좀 드물지만 천안방면은 주로 많았지요. 숫자는 알 수 없으니 정확히 말하기는 불가능하고. 당시 천안방면은 열심히 닦는 사람들은 대부분 다 가정을 버리고 나오게 해요. 그리고 미스들도 가정 버리게 해서 끌어내 가지고 결혼도 못하게 하고 회관에다 재우고 그랬죠. 예를 들어 ○○○가 그 회관생활을 했거든요, 집이 없으니까. 그런데 제가 이따금 가서 보면 미스들끼리 서로 무슨 주사를 놔주고 그래요. 그래서 저는 그게 무슨 영양제 주사인줄 알고 아이고 저것들 호강들 하네 그렇게 생각했는데 나중에 ○○○에게 그게 무슨 주사냐고 물어보니까 선감이 준 것이래요. 그것이 뭐냐하면 그거 뭐죠 남자 생각나지 말라고 놓는 주사라는 거예요. 당시 천안 방면에는 나이 많은 미스들, 막 40, 50된 미스들이 더러더러 있거든요. 그걸 저희들끼리 교대해서 주사를 놔주고 그랬다는 거예요. 왜 그런 주사를 놓느냐고 물으니까 ○○○이 얘기가 남자 생각나서 도망갈까봐 시집 못가게 만들려고 선감이 사다준 것이라는 거예요. 나중에 ○○○도 대순진리회를 나오고 말았는데 그렇게 선감들이 지독한 년들이라고 욕을 했었어요. 저도 당시에 깜짝 놀랐었죠. 지금 생각해 봐도 참 별일이 다 많아요.

그러니까 가정을 버리고 나온 사람 중에서 연락소나 회관에서  밥하고 살림만 하는 사람도 있고 또 그 사람들을 주기적으로 정신교육을 한다 이거죠?

▶▶▶ 그렇죠. 그렇지만 부엌 살림보다는 주로 활동하러 많이 나가요. 부엌으로 들여보내는 사람은 예를 들어서 10명이면 하나예요. 부엌일을 잘하는 사람들을 들여보내고 웬만하면 젊은 사람 치고 다 말 잘하고 활동하기 좋아하고 그러니까 포덕 활동하는 곳으로 많이 보내요. 또 부엌 살림하는 경우도 예를 들어 천안방면의 모 지역연락소 부엌에 인원이 꽉 찼다하면 이제 다른 연락소로 보내죠. 제주도로도 보내고 어디로도 막 보내니까 한번 집 나오면 그 집 가족들이 날고 기는 사람들이라도 못 찾아요. 어디 있는지 도저히 못 찾아요. 도저히 못 찾아요.

중곡동 본부에 가도 못찾습니까?

▶▶▶ 본부 부엌에서는 그런 사람들 안 받아들이거든요. 본부 부엌에는 태극도부터 오신 아주 연세 많이 드신 분들이 딱 지키고 있으니까 거기는 빽 있어야 들어가고 연조가 오래된 사람이나 들어가지요. 지금은 70년대나 80년와 달라서 방면도 수백 개가 넘을 것이고 속초나 연락소가 너무너무 많아서 도저히 못찾죠.

중곡동 본부에 가서 가출한 사람 이름 대고 찾으면 안됩니까?

▶▶▶ 모른다고 하면 그만이지요. 뭐 그런 사람 모른다고 하면 그만이에요. 어느 방면에 누군인 줄 압니까? 본부에서도 몰라요. 또 모른다고 하면 그만이에요.

참 얘기를 들으면 들을수록 마음이 자꾸 착잡해 지는군요. 참 그런 상상을 초월하는 난법의 역사가 70년대부터 80년대, 90년대를 거쳐 이렇게 계속 내려 왔으니…

▶▶▶ 그리고 대순진리회가 원체 돈으로 경찰서고 어디고 먹여 놔 가지고요. 연락소 근방 파출소나 하여튼 연락소 낀 가까운 파출소 이런 데는 돈으로 명절 때고 예를 들어 파출소 소장 생일이다 무슨 경관 생일이다 하면 그냥 뭉텅이 돈으로 들고 가서 미리 작업을 다 해놔요. 그러니까 약자들은 감히 말도 못 꺼내요. 법으로 할려고 한다? 안돼요. 안돼. 돈도 나라에다가 제일 많이 내잖아요. 무슨 평화의 댐 성금이다 무슨무슨 성금이다 하면 신문 성금란을 도배할 정도로 또 많이 내잖아요.

천안방면을 시작한 박희규 선감은 어떻게 대순진리회를 믿게 된 것인가요?
박희규는 시집도 안 간 처녀였다는 얘기를 언뜻 들었는데 사실입니까?

▶▶▶ 그러니까 박희규 집이 부자였다고 해요. 천안사람으로서 부자니까 옛날 그 시절에 서울로 통근 기차를 타고 다니면서 고등학교 다녔죠. 웬만하면 지방도시에서 누가 딸을 더 군다나 고등학교까지 그렇게 서울로 보냅니까? 어느 날 통근 기차를 타고 집에 가는데 옆에서 대순진리회 사람이 도담을 하는 소리를 듣고 그냥 너무 너무 감동 깊게 들어가지고 도담했던 분이 기차에서 내릴 때 같이 내려서 논둑에서 계속 도담을 들었다는 거예요. 그런데 알고 보니까 그 사람이 종로3가에서 무슨 한약방을 하더래요. 그래서 박희규가 그 한약방 약도를 받아 가지고 나중에 찾아갔는데 그 사람이 중곡동 도장에 가서 누구누구를 만나라고 했다고 해요. 그렇게 해서 중곡도장에서 만난 사람이 김기태 선감이래요. 김기태 선감이 자기 도제로 만들려고 했는지 박희규가 김기태 선감 밑으로 아마 포교가 됐나봐요. 그때가 고등학교 2학년 때인가 그런데 그때 대순에 들어와 가지고 고등학교 졸업하고 한 2년인가 3년 동안은 박희규가 막 동냥하다시피 해서 김기태 선감네 가족들을 먹여 살리다시피 했다는 거예요.

그럼 박희규가 대순에 입도할 때가 몇년도인지는 모르시나요?

▶▶▶ 몇 년도인지는 모르겠어요. 박희규가 돼지띠거든요. 그러니까 올해 오십 넷인가 하여튼 그래요.

그러면 아직도 정정하겠군요.

▶▶▶ 예. 그때 고등학교 2학년 때 들어와 가지고 한 2, 3년 동안 고생한 모양이예요. 그후 김기태 선감댁 가족들 먹여 살리면서 도장에서 일하다가 그 이순악 선감 하나 잡아 가지고 거기에서 이제 줄 뻗치는 바람에 크게 일어났죠. 그리고 옥천방면에 이유종이 그 사람 잡고서 그 두 사람에게서 그렇게 퍼져 나갔네요. 옥천방면도 무지하게 커요. 수십 수백 가닥이거든요.

이유종도 박희규 밑입니까? 그런데 이유종이를 보신 적이 있나요?

▶▶▶ 아이 그럼요, 같이 신앙했는데요. 이유종이 그 사람이 좀 무식해요. 아마 지금 대순 사태에서 이유종이 이름이 등장하는 모양인데 누군가 밑에 사람이 이유종이를 움직이는 사람이 따로 있을 거예요.

잘 생기지는 않았습니까?

▶▶▶ 인물도 별로예요. 그런데 한번은 경동시장 옆을 가는데 거기 여관에 이유종이하고 ○○○하고 같이 들어가는 걸 보고 제가 너무 너무 놀랬어요. 그래서 옥천방면의 저와 같은 나이 또래 보고 이유종 선감이 여관에 누구하고 들어가는 걸 봤다고 하니까 잘못 봤을거다 절대 그럴 리가 없다라고 딱 잘라 버리더라고요. 그래서 제가 거기서 더 얘기하면 괜히 저만 또 미움받을까봐 말아버렸거든요. 당시 이유종 옥천 선감도 굉장히 가난했어요.

선감인데도요?

▶▶▶ 아니 나중에 선감되고 나서는 괜찮았지만 처음에 도닦을 때 굉장히 가난했어요. 전세도 없어 가지고 월세방에서 살고 그러다가 이제 제가 나올 당시에 밑에 사람들이 집 큰 것 전세 얻어주었거든요. 70년대에는 이순악이고 우종옥이고 한옥순이고 전부 다 월세방에서 살았어요. 그러다가 밑에 후각들이 생기면서 전부 전세 얻어주었지요. 나는 집 사주는 것은 못보고 나왔거든요.

그런데 얘기를 듣다보니 그렇게 수많은 여자들이 천륜을 끊고 가출을 하고 사람들에게 그토록 많은 돈을 뽑아 냈는데 하늘도 무심하시지 무슨 벼락이라도 안 때렸습니까?

제가 보기에는 그 정도로 난법 패륜을 했다면

무엇인가 대형 사고라도 있었을 것이 아닌가 생각이 드는군요?

▶▶▶ 물론 크고 작은 사고는 종종 있었어요. 그런데 제가 보기에 진짜 천벌을 맞는 사건이 있는데 제가 84년에 대순에서 나온 후에 간접적으로 들은 얘긴데 90년대 초인가 그런 일이 있었어요. 92년인가 93년에 박희규가 대순에서 제명당할 그 시점 어딘가의 일인 것 같아요. 천안방면 계열인 전농 선감 이순악, 대흥 선감 이순규, 대전 선감 강희연 등등이 봉고차를 타고 포천으로 치성을 모시러 갔었는가 봐요. 그런데 치성이 새벽 1시에 있으니까 차를 타고 밤길을 가는데 운전사가 졸았는지 어쨌는지 나무 실고 가던 트럭하고 부딪쳐서 그 쟁쟁한 선감들이 그 자리에서 즉사하는 일이 있었다는 거예요. 왜 큰 트럭에 이제 갓 자른 큰 나무를 실고 가는 경우가 있잖아요. 그러면 나무가 길어서 트럭 길이보다 더 뒤쪽으로 길게 나오게 되고 보통 그 끝에다 위험하다고 빨간 천으로 묶어놓잖아요. 그런데 그날 봉고차에 어떻게 탔느냐 하면 운전사 옆에 대전 선감 강희연이가 타고 강희연이 뒤로는 대흥선감 이순규가 탔었다는 거예요. 그런데 다들 운전사만 빼고 잠자고 있었는데 갑자기 쿵 하면서 놀라 깨어 보니까 봉고가 트럭 뒤쪽하고 부딪히면서 반쪽이 나 있더라는 거예요. 정확히 운전사 뒤쪽에 앉은 사람들은 모두 무사하고 운전사 옆쪽의 대전 선감하고 그 뒤에 대흥 선감 앉은 쪽으로는 삐죽한 나무들이 밀고 들어와 사람 형체를 알 수 없을 정도로 그 자리에서 즉사 시켰다고

해요. 차가 세로로 완전히 두 쪽으로 박살이 날 정도였다고 하니 상상을 해 보세요. 그 얘기를 들으니 그 70년대부터 천륜을 끊게하고 돈을 뽑아내던 그 죄값을 이제야 받는구나 생각이 들더라고요. 그 사람들 얘기로는 죽은 선감 중에 하나가 그날 일진에 삼재가 들었다느니 어쩌니 하지만 상제님 도사업 한다는 사람들이 그렇게 참혹하게 죽을 수가 있나요. 그것도 쟁쟁한 대전방면과 대흥방면의 꼭대기 수임선감들이 그렇게 죽을 수는 없는 일이죠. 한마디로 천벌을 맞아 죽은 거라고 저는 봐요.

그런데 박희규는 왜 대순에서 쫓겨났습니까?

▶▶▶ 박희규가 박한경 도전 기운은 이제 때가 되어서 끝나고 이제는 내가 대행자다 이렇게 얘기하니까 그 성주방면에 안영일 선감하고 부전방면 정대진 선감하고 태극도에서 온 선감들 몇몇이 데모를 하다시피해서 박한경 도전한테 상신을 올렸다고 해요. 박희규가 지금 이런 망동을 하는데 그것은 다른 죄가 아니고 도전을 배신하는 죄이니 아무리 박희규가 아깝고 귀해도 내어쫓아야 한다고 했대요.

아니 박희규가 진짜 그런 얘기를 했습니까?

▶▶▶ 그거는 저는 모르죠. 그때는 제가 대순에서 나오고 난 다음의 일이니까요. 그전에 제가 대순에 있을 때도 그랬어요. 도전님이 이제 한계가 되면 우리 천안방면이 주도권을 잡을 것이다. 그런 얘기를. 그리고 우리가 볼 때도 당연히 그렇게 된다라고 알고 있었죠.

천안방면에서 잡는다?

▶▶▶ 예. 당시 박희규 선감이 대순진리회 일체를 다 도맡아서 하니까 우리도 그렇게 되야 한다라고 생각했거든요.

박희규가 대순진리회 도전이 되어야 된다고 생각을 한 겁니까?

▶▶▶ 도전은 아니고 대행자가 될거다.

하여튼 대순진리회 초기에는 천안방면을 만든 박희규라는 여자가 다 그렇게 일궜다고 하는 것이 맞는 말이죠?

▶▶▶ 그럼요. 일 많이 했어요. 포교 많이 하고, 회관 많이 짓고 했죠. 그러니 박한경이 죽고 나서 그 후계자 자리를 놓고 지금 싸우고 있는데 박희규는 비록 없지만 그 밑에 일하던 사람들이 자기들이 그토록 죽도록 고생해서 일궈놓은 대순진리회를 엉뚱하게도 뒷짐지고 왔다갔다나 한 경석규나 정대진 같이 태극도에서 온 사람들에게 빼앗길 수 없다는 거죠. 그렇지만 이번 대순진리회 사태를 보면 난법이지만 사필귀정인 것 같아요. 대순이 일어날 때도 천안방면에서 일어나더니만 결국 망하는 것도 천안방면에서 문제를 일으켜 망하는 것을 보니까요.

# 제 7장

# 태극도와 대순진리회에 관련한 주요 신문기사와 각종 자료들

## 금산사 미륵전을 엉터리로 조작하여 시루와 솥과 숯에 비유한 조작된 종통교리를 담고 있는 대순진리회 교육자료 13쪽

▶ 금산사 미륵전을 그들의 조작된 종통교리에 이용하고 있는 그림이다. 불상 셋을 천존(증산상제님), 지존(조철제), 인존(박한경)에다 맞추어 조철제와 박한경의 종통계승 및 절대성을 은근하면서도 노골적으로 합리화하고 있다. 그리고 불상 밑에는 철수미좌 하나가 있음에도 불구하고 시루와 솥이 따로따로 있다는 식으로 날조된 그림을 그리고 있다. 이런 거짓 교리가 방면을 초월한 대순진리회의 공통 교리이다. 문제는 이런 조작된 교리가 마치 위대한 진리인 양 지난 수십년 동안 수많은 사람들을 도통이 나온다고 미혹케하여 순진한 부녀자와 어린 학생들이 천륜을 끊고 가출하도록 만들었고, 신도들로부터 무수히 많은 재물을 갈취하여 교육사업이나 의료사업을 한다는 등 떠들었던 것이다. 이 그림 하나가 대순진리회가 근본적으로 무엇이 잘못인가를 말해주는 핵심그림이다.

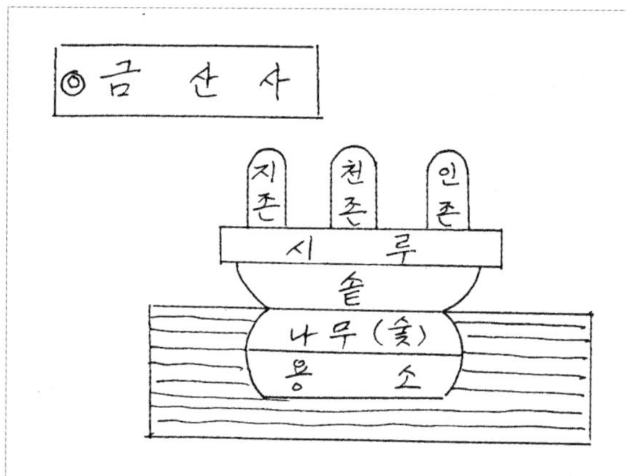


▶ 상제님이 보신 대나무 공사를 가지고 박한경이를 도통을 주는 대두목으로 조작하고 있는 그림이다. 박한경이가 죽산 박씨임을 밝히며 대나무 공사에 연결하고 있다. 그러나 다 헛 짓임이 판명되었다. 도통을 준다던 박한경은 죽었기 때문이다.

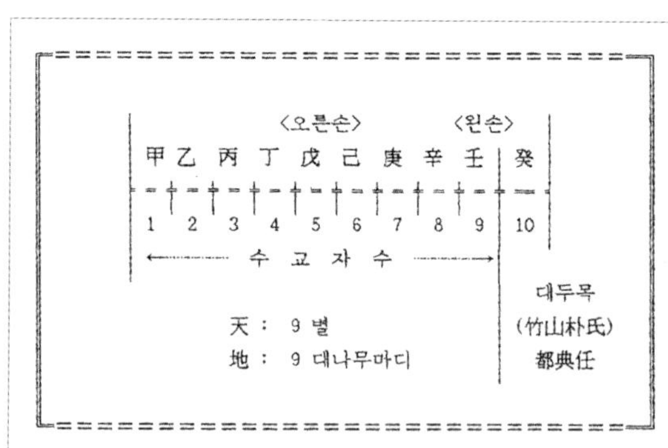

## 증산도 서적 내용을 무단으로 도용하여 만든 대순진리회 교육자료 21쪽

서양의 대예언

미셸 노스트라 다무스(1503-1566) : 프랑스의 대 시선(詩仙)
<Michel DE Notredame>
동양철학에 바탕을 둔 예언으로 20C 후반의 세계의 모습을 그리는 듯 묘사하고 있다.
저서 : '모든 세기'라는 예언서로, 이는 아들에게 전해주기 위한 것이었다.

* 예언의 특징

1. 종교적 색채. 신의 절대적 구원의 의지 강조.
2. 절대자의 존재를 자연의 변화원리로 해설.
3. 변화의 차원이 지구대, 우주적 차원.
4. 행성의 변화를 천문학을 능가하여 양적 차원에서 해설.
5. 생명의 본체자리와 현실의 변화원리를 아름답게 표현.
6. 지상의 변국은 천상영계의 선행에 의해 이루어짐을 강조.

* 예언요약

세계문명의 대혁신 : 인구폭발, 과학물질문명, 혼혈시대의 도래.
세계문명의 멸망의 징조는 혼혈시대의 도래로부터.

대전쟁이 지나간 후, 세계는 좁아지리라.
"육지에는 인간이 넘쳐나고, 사람들은 하늘이나 대륙이나 바다를 넘어 여행하게 되리라."

"크레디트가 금, 은 대신 풍부하고 명예를 누르기 어려워 소경이 된다."

하늘에는 긴 불꽃을 품은 물건이 날아다닌다.
"대지와 대기는 차가와져 간다. 큰 물도 함께..."

"백(白)과 흑(黑)은 둘이면서도 하나가 되고 적(赤)과 황(黃)도 그 색의 순수성을 지키지 못하리라. 이리하여 피와 지진, 질병과 기아와 불의 홍수가 그들을 엄습하게 되리라."

천지개벽에 대한 상황 : 천지의 순간적인 이변, 대륙의 침몰, 지구문명의 부패, 천지일월의 변화.

"태양이 황소자리의 제 20번째에 올 때 대기는 격렬하게 진동하며.
그 거대한 극장은 일순에 폐허가 되리라.
대기도 하늘도 땅도 깜깜하게 흐려진다.
불신앙자는 하느님이나 성자의 이름을 필사적으로 부르리라."

"볼스크(Volsque:반달족으로, 유럽과 미국인 진부의 조상)들의 괴멸은 너무도 처참하다. 그들의 거대한 도시는 썩고 치명적인 질병으로 넘치리라."

"하늘은 540번 타오른다. 불꽃은 거대한 새도시로 번지고 모든 것은 일순에 타버린다."

"전쟁, 평화, 식량부족, 수해가 지난 후 큰 도로가 붕괴되고 그 커다란 콘다드는 침몰해 간다. 거대한 메숨과 기반까지도..."

◀ 증산도에서 발행한 『이것이 개벽이다(상)』(89년판 기준) 19~23쪽의 내용을 도용해서 자기들의 교육자료로 만든 일부분.

대순진리회는 비록 장병길이 쓴 몇 권의 교리서가 있다고는 하나 상제님의 심법세계를 전혀 모르는 종교학자의 고루한 시각으로 쓰여진 것이라 대순진리회 신도들조차 잘 읽지 않는다고 한다. 크게 보면 증산 상제님 진리의 전 내용을 알기 쉽게 소개하는 교리서가 한 권도 없는 형편인데 이것은 글줄이나 읽을 줄 아는 대순진리회 선감들 조차 인정하는 내용이다. 따라서 대순진리회는 80년대 중반 이후부터 증산도에서 발행한 『이것이 개벽이다』를 비롯한 각종 책자를 표지만을 떼어내서 자기들의 포교 및 교육 자료로 활용하는 등 진리 도둑질을 밥먹듯이 했던 것이다.

## 증산도 서적 내용을 무단으로 도용하여 만든 대순진리회 교육자료 23쪽

**▶ 증산도에서 발행한 『이것이 개벽이다(상)(89년판 기준)』 24~43쪽의 내용을 도용해서 자기들의 교육자료로 만든 일부분.**

70년대만 해도 난법 대순진리회를 견제할 수 있는 증산 교단의 단체는 아직 없었다. 한마디로 70년대는 대순진리회의 독무대였다는' 점이다. 그러나 80년대로 들어서면서 상황은 달라진다. 1980년 들어서 증산도의 안경전 종정님께서 쓰신『증산도의 진리』가 발간되고, 1983년 『이것이 개벽이다』가 세상에 나오면서 상제님 진리의 진면목이 크게 드러나게 되자 대순진리회가 진리의 알맹이도 없으면서 세상을 상대로 도통을 준다고 사기치고 있음이 드러나게 된 것이다. 하지만 애석하게도 난법 대순진리회가 망한 것이 아니라 오히려 더 크게 발전하는 어처구니없는 형국이 되고 만다. 80년대 초 용암방면에서 신앙하다 나온 한 여성 신도의 증언에 따르면 『이것이 개벽이다』책자가 발간되자마자 자기가 속한 방면의 모든 임원들이 이 책을 사서 집안에 들어앉아 읽었으며 그 뒤로는 종통관을 제외한 모든 진리 내용을 그대로 본떠 포교 및 교육에 활용했다는 것이다. 더욱이 책표지만을 떼서 포교에 이용하는 일이 크게 유행했다는 것이다.

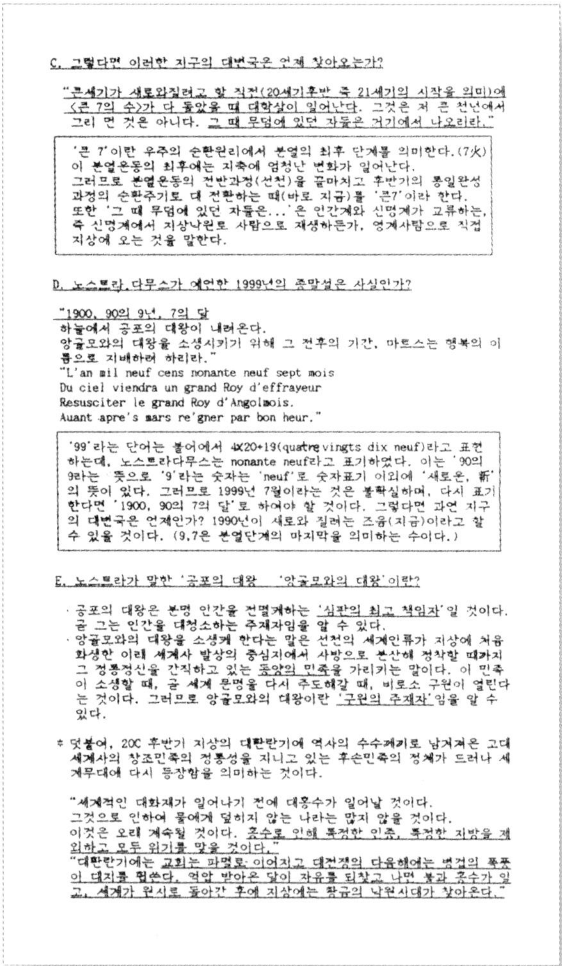

C. 그렇다면 이러한 지구의 대변국은 언제 찾아오는가?

"큰세기가 새로와질려고 할 직전(20세기후반 즉 21세기의 시작을 의미)에 〈큰 7의 수〉가 다 돌았을 때 대학살이 일어난다. 그것은 저 큰 천년에서 그리 먼 것은 아니다. 그 때 무덤에 있던 자들은 거기에서 나오리라."

'큰 7'이란 우주의 순환원리에서 분열의 최후 단계를 의미한다.(7火)
이 분열운동의 최후에는 지축에 엄청난 변화가 일어난다.
그러므로 분열운동의 전반과정(선천)을 끝마치고 후반기의 통일완성과정의 순환주기로 대 전환하는 때(바로 지금)를 '큰7'이라 한다.
또한 '그 때 무덤에 있던 자들은...'은 인간계와 신명계가 교류하는, 즉 신명계에서 지상나원로 사람으로 재생하든가, 영계사람으로 직접 지상에 오는 것을 말한다.

D. 노스트라.다무스가 예언한 1999년의 종말설은 사실인가?

"1900, 90의 9년, 7의 달
하늘에서 공포의 대왕이 내려온다.
앙골모와의 대왕을 소생시키기 위해 그 전후의 기간, 마르스는 행복의 이름으로 지배하려 하리라."
"L'an mil neuf cens nonante neuf sept mois
Du ciel viendra un grand Roy d'effrayeur
Resusciter le grand Roy d'Angolmois.
Auant apre's mars re'gner par bon heur."

'99'라는 단어는 불어에서 4X20+19(quatre vingts dix neuf)라고 표현하는데, 노스트라다무스는 nonante neuf라고 표기하였다. 이는 '90의 9라는 뜻으로 '9'라는 숫자는 'neuf'로 숫자표기 이외에 '새로운, 新'의 뜻이 있다. 그러므로 1999년 7월이라는 것은 불확실하며, 다시 표기한다면 '1900, 90의 7의 달'로 하여야 할 것이다. 그렇다면 과연 지구의 대변국은 언제인가? 1990년이 새로와 질려는 즈음(지금)이라고 할 수 있을 것이다. (9,7은 분열단계의 마지막을 의미하는 수이다.)

E. 노스트라가 말한 '공포의 대왕 '앙골모와의 대왕'이란?

· 공포의 대왕은 분명 인간을 전멸케하는 '심판의 최고 책임자'일 것이다. 곧 그는 인간을 대청소하는 주재자임을 알 수 있다.
· 앙골모와의 대왕을 소생케 한다는 말은 선천의 세계인류가 지상에 처음 화생한 이래 세계사 발상의 중심지에서 사방으로 분산해 정착할 때까지 그 정통정신을 간직하고 있는 동양의 민족을 가리키는 말이다. 이 민족이 소생할 때, 곧 세계 문명을 다시 주도해갈 때, 비로소 구원이 열린다는 것이다. 그러므로 앙골모와의 대왕이란 '구원의 주재자'임을 알 수 있다.

* 덧붙여, 20C 후반기 지상의 대환란기에 역사의 수수께끼로 남겨져온 고대 세계사의 창조민족의 정통성을 지니고 있는 후손민족의 정체가 드러나 세계무대에 다시 등장함을 의미하는 것이다.

"세계적인 대화재가 일어나기 전에 대홍수가 일어날 것이다.
그것으로 인하여 물에게 덮히지 않는 나라는 많지 않을 것이다.
이것은 오래 계속될 것이다. 홍수로 인해 특정한 인종, 특정한 지방을 제외하고 모두 위기를 맞을 것이다."
"대환란기에는 교회는 파멸로 이어지고 대전쟁의 다음해에는 병겁의 폭풍이 대지를 휩쓴다. 억압 받아온 달이 자유를 되찾고 나면 불과 홍수가 일고, 세계가 원시로 돌아간 후에 지상에는 황금의 낙원시대가 찾아온다."

## 증산도 서적 내용을 무단으로 도용하여 만든 대순진리회 교육자료 24쪽

2. 동양의 대예언

격암 남사고 (格庵 南師古, 1509-1571) : 이조 명조때 철인.
주역(周易)을 깊이 연구하여 천문,지리에 통달하여 기묘하게 예언을 적중시켰다.
저서 : '격암유록(格庵遺錄)' : 비결서

* 노스트라와의 비교

1. 생존연대가 비슷하다. (16C)
2. 노스트라는 서양을 중심으로 벌어지는 사건을 예언하고 있으나, 격암을 동양과 한국을 중심으로 역을 바탕으로 하여 역이 변함을 해명하고 그 근본원인을 제시하고 있다.
3. 16C-20C말까지의 사건을 기술하고, 최종적으로 후천세계가 열릴 것을 예언하였으며, 개벽이후의 모습에 대해서도 많이 언급하고 있다.
4. 특히, 영계의 변혁, 민족종교사의 변천과정, 절대자의 호칭문제, 외래종교의 수입, 새로운 구원진리의 출현을 잘 전해주고 있다.

* 예언 요약

A. 모든 종교의 도맥(道脈)은 끊어진다.

"...天說道德 亡失世 東西道敎會仙境 末世...儒佛仙 無道文章無用世..."
천설도덕 망실세 동서도교회선경 말세 유불선 무도문장무용세

- 하늘이 전해준 도덕이 잊혀지고 없어지는 세상이라. 동서의 도와 교가 모이는 신선의 경지에 말세를 당하여 유,불,선도에 어지러이 물들이니 진정한 도는 찾을 길이 없고 문장은 쓸모없게 된다. 미륵이 출세하나 어떤 인간이 깨닫는가? 하상공의 도덕경은 이단이라 주창되니 장차 망할 징조로다.
서학이 세운도를 찬미하는 사람들과 조선 땅안의 동학을 도로써 지키는 사람들도 옛것에 물들어 도를 잃으니 쓸모없는 인간이로다.-

枝枝葉葉 東西學 不知正道何修生 再生消息春風來"
지지엽엽 동서학 부지정도하수생 재생소식춘풍래

- 갈래갈래 뻗어나간 동서양의 학문도 바른 길을 알지 못하니 어찌 생명을 닦을 수 있으랴. 다시 태어난다는 재생의 소식이 봄바람을 타고 오는 것을...

격암은 이미 4백여년 전에 한국에 기독교가 전래될 것과 마지막 시대에 흐름 영적분위기까지 너무나 잘 알고 있었다.

| | |
|---|---|
| 儒 : | 공자와 맹자의 가르침을 읽는 선비들은 우물안에서 하늘을 보는 격이며 |
| 佛 : | 염불하는 스님들은 속세에 물들지는 않았으나 도를 알지 못하여 허송세월을 한탄하며, |
| 西仙: | 나라 밖의 하늘을 믿는 자들은 유아독존격으로 하느님을 믿으니 대복이 내려도 받지 못하리라. |
| 東仙: | 우리나라의 東道를 닦는 자들도 주문을 외나 생사의 이치를 깨치지 못하여 해원(解冤)을 알지 못하니 쓸모없도다. |

◀ 증산도에서 발행한 『이것이 개벽이다(상)』 56~57쪽의 내용을 도용해서 자기들이 교육자료로 만든 일부분.

80년대 초까지만 해도 대순진리회는 증산도의 존재 자체를 인정하지 않았다고 한다. 그저 젊은 대학생 애들 몇 명이 모여서 학술적으로 공부하는 단체 정도로 우습게 알았으며, 증산도의 안경전 종정님을 대순진리회를 믿다가 쫓겨난 자라거나 혹은 이제 곧 안경전 종정님이 대순진리회 OO 방면으로 입도를 할 예정이라는 등 말하면서 코웃음을 치는 시각이었다고 대순출신의 한 여성신도는 증언하고 있다. 그러나 80년대 중반을 넘어서면서 진리로 사상무장이 된 일꾼들이 증산도에 모여들고 전국의 중·소도시에 크고 작은 도장이 생기기는 등 발전을 거듭하자 증산도를 바라보는 입장이 바뀌었다는 것이다. 이 때 대순에서 나온 말이 소위 상제님 도판에 양판과 음판이 있다는 얘기로, 증산도는 진리를 밝혀내 책을 써서 상제님과 개벽을 세상에 알리는 역할만을 하는 양판이고, 대순은 실제로 사람을 따 담아 사람을 살리고 도통을 주는 역할을 하는 음판이라는 것이었다.

## 증산도 서적 내용을 무단으로 도용하여 만든 대순진리회 교육자료 29쪽

▶ 증산도에서 발행한 『이것이 개벽이다(상)』 328쪽을 도용해서 자기들이 교육자료로 만든 일부분.

대순진리회의 증산도 자료 도용은 단지 서적류에 그치는 것이 아니다. 최근에 대순진리회 분열사태이후 천안방면 계열의 모 방면에서 신앙하다가 진법을 찾아 증산도로 온 한 여성 신도의 증언을 들어보면 증산도에서 만든 『생장염장』 오디오 테잎을 그대로 복사하여 신도들의 교육용으로 활용하고 있음이 밝혀졌다. 『생장염장』오디오 테잎은 증산 도 도전의 상제님과 태모님 성구 말씀 중에서 심법교육과 교리교육의 핵심이 되는 것을 발췌하여 잔잔한 바탕음악과 함께 세련된 성우의 음성으로 녹음한 것으로 4개가 한 세트로 구성되어 있다. 그 여성신도는 증산도 입도식과 더불어 이 오디오 테잎을 선물로 받고는 비로소 이 오디오 테잎이 증산도에서 생산된 것임을 알았으며 대순진리회에서 신앙할 때는 이 사실을 전혀 몰랐으며 단지 선각을 통해 복사한 것으로 그저 증산 상제님의 말씀이라고만 믿고 있었다는 것이다. 더욱 놀라운 것은 그 말씀 중에는 대순진리회에서 부정하고 있는 태모 고수부님의 많은 말씀이 실려 있었는데 대순진리회 신도들은 이 말씀을 증산 상제님 말씀이라고 믿고 있다는 점이다.

중국 명나라 때 1583년에 진사 벼슬을 한 주장춘(朱長春) 선생(풍수·역학·천문에 통달)의 眞人道通聯系를 보면 유·불·선(기독교) 3대 성인의 도맥이 이루어지는 원리와 이를 통일하여 세계를 구원하시는 절대자의 강림을 地道의 섭리로써 오묘하게 전해주고 있다.

1. 崑崙山第一枝脈이 入于東海하여 生儒拔山하고 儒拔山이<br>곤륜산제일지맥 입우동해 생유발산 유발산

   生尼丘山하여 起脈七十二峯하니 運在子午卯酉라. 故로<br>생니구산 기맥칠십이봉 운재자오묘유 고

   生孔子하여 七十二名道通也라.<br>생공자 칠십이명도통야

2. 崑崙山第二枝脈이 入于西海하여 生佛秀山하고 佛秀山이<br>곤륜산제이지맥 입우서해 생불수산 불수산

   生釋定山하여 起脈四百九十九峯하니 運在寅申巳亥라. 故로<br>생석정산 기맥사백구십구봉 운재인신사해 고

   釋迦牟尼는 四百九十九名道通也라.<br>석가모니 사백구십구명도통야

3. 崑崙山第三枝脈이 入于西海하여 生橄欖山하고<br>곤륜산제삼지맥 입우서해 생감람산

   起脈十二峯하니 運在子午卯酉라. 故로 生耶蘇하여<br>기맥십이봉' 운재자오묘유 고 생야소

   十二名道通也라.<br>십이명도통야

4. 崑崙山第四枝脈이 入于東海하여 生白頭山하고 白頭山이<br>곤륜산제사지맥 입우동해 생백두산 백두산

   生金剛山하여 起脈一萬二千峯하니 運在辰戌丑未라. 故로<br>생금강산 기맥일만이천봉 운재진술축미 고

   生甑山하여 天地門戶母嶽山下에 道出於熬也라. 故로<br>생증산 천지문호모악산하 도출어오야 고

   一萬二千名道通也라.<br>일만이천명도통야

## 증산도 서적 내용을 무단으로 도용하여 만든 대순진리회 교육자료 32쪽

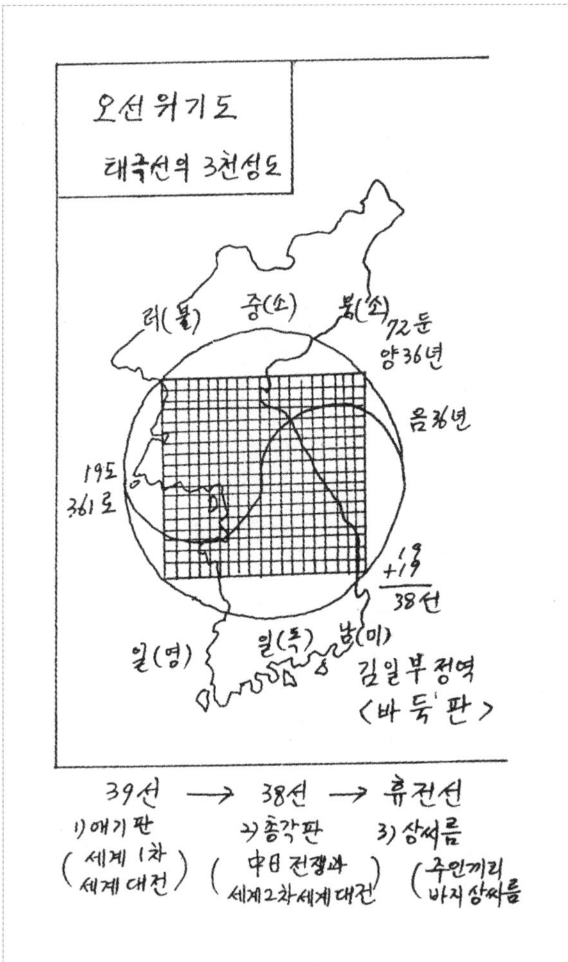


◀ 증산도에서 발행한 『증산도의 진리』 297쪽의 그림을 그대로 도용해서 자기들 교육자료로 만든 일부분.

## 증산도와 대순진리회는 어떻게 다른가?

| 구 분 | 증 산 도 | 대 순 진 리 회 |
|---|---|---|
| 신앙대상 | 증산 상제님과 태모 고수부님을 신앙함.<br>증산 상제님은 건(乾),<br>태모 고수부님은 곤(坤).<br>증산 상제님은 부(父),<br>태모 고수부님은 모(母).<br><br>천, 지, 인 삼계대권을 주재하는 우주의 최고 통치자 하느님은 증산 상제님 한 분으로, 증산 상제님이 바로 옥황상제(줄여서 상제)임. | 상제 개념을 임의로 조작하여 증산 상제님을 구천응원뇌성보화천존상제(줄여서 구천상제)라는 48신장(神將)의 한 이름으로 그릇 호칭하고 조철제를 옥황상제, 얼마 전에 죽은 박한경을 박성상제로 부르는 등 3명의 상제를 신앙함(경석규파는 기존의 양위상제론을 고수하고 있고 이유종파는 삼위상제론을 주장하고 있는 등 난법의 극치를 달리고 있다). |
| 종통(宗統) | 증산 상제님께서 수부(首婦)도수로 천지대업의 종통 대권을 전하신 천지공사에 근거하여 태모 고수부님을 종통으로 받듦.<br>"내일은 수부가 들어야 되는 일이니라" (道典 11:3:2)<br>"수부의 치마그늘 벗어나면 다 죽으리라" (道典 6:32:4)<br>천지공사를 집행하신 증산 상제님은 우주의 아버지가 되시고 인류역사 속에 첫 도운을 개창하신 수부님은 우주의 어머니가 되심. | 천지공사의 수부(首婦)도수에 근거한 고수부님의 종통계승을 완전 부정함.<br>수부도수에 관한 증산 상제님의 천지공사 말씀을 삭제하고 자기들 경전인 『전경(典經)』을 꾸몄음.<br>금산사 미륵전을 종통조작에 이용하여 시루와 솥과 숯이라는 유치한 자작 논리를 개발하여 조철제와 박한경으로 이어지는 거짓 종통을 만듦.<br>특히 정산 조철제는 상제님 천지공사에 근거하지 않고 꿈과 계시에 의해 종통을 전수 받았음을 주장하며 이를 뒷받침하기 위하여 상제님 누이동생인 선돌부인을 끌어들여 봉서를 전달받았다고 주장하고 있으나 이는 오로지 조철제 개인의 조작된 사견(私見)일 뿐임. |

| | | |
|---|---|---|
| 교단의 지도자 | 상제님 천지공사의 숙구지 도수와 칠보산 새울도수에 따라 의통성업의 성사재인 천명을 받으신 태사부(太師父)이신 안운산 종도사님과 종도사님을 보필하는 사부(師父)이신 안경전 종정님이 교단을 이끌고 계심. | 상제님 천지공사의 27년 헛공부의 난법 헛도수를 받은 박한경이 후계자 지목 없이 1996년 사망하였음. 그 이후 각 방면 수임선감들을 중심으로 집단지도체제로 유지되어 오다가 1999년 7월을 기점으로 경석규파와 이유종파로 양분되었음. 현재 교주 없이 표류하는 상태임. |
| 경전(經典) | 『증산도(甑山道) 도전(道典)』<br>기존의 모든 성훈 성적 기록문서를 20년이 넘는 철저한 현지 답사와 문헌고증으로 확인하였고, 증산 상제님의 가족과 직접 모신 성도 및 그 후손들을 추적하여 과거 기록의 오착을 최대한 바로 잡아 집대성한 증산교단의 통일경전.<br>증산 상제님과 태모 고수부님의 말씀을 11편에 담았음(1200여 쪽의 분량에 달함)<br>특히 상제님 9년 천지공사의 전 과정을 지켜본 김호연 성도의 생생한 육성 증언이 최초로 수록되어 있음. | 『전경(典經)』<br>이상호가 편찬한 『증산천사공사기』와 『대순전경』의 상제님 말씀을 적당히 편집한 『선도진경』이라는 난법 문서에 조철제의 일생을 성구로 미화하여 끼워 넣어 만든 책(불과 340여 쪽에 불과함).<br>이 전경 편집작업을 70년대 초 박한경의 협조요청을 받은 서울대 종교학과 장병길 교수가 주도하여 증산 상제님 말씀을 삭제, 조작, 첨가하였음.(특히 고수부님에 관한 대부분의 기록과 의통에 관한 핵심기록을 모두 삭제하였음) 이 과정에서 이상호가 쓴 『대순전경』이라는 제호에서 「대순」을 빼어다가 〈대순진리회〉라는 교명을 만들고 「전경」을 빼어다가 『전경』이라는 경전을 만듦. |

| | | |
|---|---|---|
| 교리 해설서 | 상제님 진리를 쉽고도 체계적으로 해설해 놓은 『증산도의 진리』를 비롯하여, 증산 상제님 진리의 핵심인 「개벽의 도」를 종교, 철학, 과학, 역사, 예언 등의 종합적인 방향에서 쉽고도 자세하게 소개하는 『이것이 개벽이다』(상, 하), 『관통 증산도』(상, 하),『증산도 대도문답』(상, 하)『다이제스트 개벽』등 다수의 교리 해설서가 있으며 이 서적들은 전국의 어느 서점에서 진리에 관심 있는 자는 누구나 자유롭게 사 볼 수 있음. | 진리의 전반적인 내용을 해설하는 교단의 정식 교리해설서가 없음.<br>단지 대순진리회 신도도 아닌 장병길이 쓴 안내서가 몇 권이 있으나 대순신도들 조차 잘 보지 않음. 대순진리회에서 발간한 모든 책자는 오로지 대순진리회 각 방면의 회관에서만 구입할 수 있고 일반인은 기존 사회 서점에서는 구경조차 할 수 없는 지극히 음적이고 폐쇄적인 구조를 가지고 있음.<br>따라서 각 방면마다 교리가 서로 다르며 주로 말 맞춤과 시담 및 비결로 정신을 마비시키는 포교가 횡행하고 있음.<br>사정이 이러하다 보니 증산도에서 발간한 많은 책자들의 표지를 떼어 내거나 일부 내용을 표절하여 자신들의 포교 및 교육 교재로 도용하는 사례가 비일비재 하였음. |
| 교단의 정식명칭 | **증산도(甑山道)**<br>증산 상제님이 펴신 무극대도(無極大道) 증산(甑山)은 상제님의 존호(尊號)로 성숙과 결실과 무극의 정신을 의미하며 도의 근본 이념과 도의 뿌리를 나타내는 정통 도명(道名). | **대순진리회(大巡眞理會)**<br>대순하는 진리의 모임이라는 의미<br>대순은 크게 돌아본다는 의미이고 회(會)는 단순한 모임이라는 의미. 이름부터가 진리의 주체자인 도조(道祖)가 배제되어 있으며 상제님 대도진리의 특성에 부합되지 않는 교명(敎名)임. |

| | | |
|---|---|---|
| 신앙조직과 포교 | **조직 :** 전국 각 중소대도시에 지역 도장이 있으며 사는 지역을 따라 전신도가 모여 한가족이 되어 신앙함. 신도 상호간 정보교류가 자유로운 개방조직.<br><br>**포교 :** 증산 상제님의 진리 말씀을 팔관법 체계 아래 낱낱이 드러내어 책으로 성편하였으며 이를 이 세상 누구에게도 떳떳하게 공개하며 진리를 전함. 진리의 대의를 전함으로써 건전한 사상신앙으로 이끔. | **조직 :** 다단계 피라밋 조직과 유사한 점조직. 수하에 수직으로 내려간 인간 피라밋 숫자에 따라 선무—선사—선감의 직급이 주어짐. 같은 방면이 아니면 누가 누군지 알기 어려움. 같은 지역에 살아도 방면이 다르면 같은 공간에서 신앙을 하지 않음.<br><br>**포교 :** 교단의 정식 교리해설서가 없다보니 방면마다 서로 다른 교리를 가지고 있음. 책을 읽혀서 건전한 사상신앙인으로 이끄는 것이 아니라 이성을 마비시키는 말맞춤식의 교리전개와 천도식과 조상에 얽어매는 교리전개, 금산사 미륵전 건립의 설화를 조작한 포교 등이 있음. 80년대 이후에는 증산도에서 발행한 진리서적을 겉표지만 떼서 포교에 이용하거나 중요내용을 그대로 표절해서 이용하는 것이 주류를 이루었음. |
| 신앙의 목적 | 가을 개벽기에 의통성업을 집행하여 병겁을 극복하고 인류를 구원하여 후천선경을 건설함. | 도통을 해야 의통이 되고(의통에 대한 왜곡된 자작해석) 병겁에서 인류를 구원할 수 있다고 함. 따라서 도통이 신앙의 목적임. |

## 태극도와 대순진리회의 연혁

◎ 1895(乙未, 을미)년 : 조철제가 살인 강도골로 알려진 도둑골을 옆에 낀 경남 함안군 칠서면 회문리에서 출생.

◎ 1909(己酉, 기유)년 : 이해 부친을 따라 전 가족이 만주로 이주. 훗날 조철제는 만주로 가던 그 날 신의주로 가는 열차 안에 앉아 있는데 홀연히 증산 상제님이 자신에게 나타나 정산이라는 호를 주고 시루와 솥의 일체 논리를 따라 종통을 계승하라는 계시를 내렸다고 주장함.

◎ 1917(丁巳, 정사)년 : 이 해 1월 1일 새벽에 증산 상제님께서 나타나 시천주와 태을주 주문을 내리는 계시를 받았으며 다시 윤(閏) 2월 7일에 증산 상제님께서 나타나 운장주와 오주 칠성주 등의 주문을 내리는 계시가 있었다고 주장함. 그리고 다시 4월 28일 증산 상제님께서 나타나시어 고국에 돌아가라는 계시를 받았다고 주장함. 이해 조철제는 만주 생활을 정리하고 귀국하였음. 귀국 후에도 더 많은 계시를 받았다고 주장하고 있음. 태극도의 『진경』을 보면 수많은 계시가 등장함.

◎ 1918(戊午, 무오)년 : 조철제가 자칭 옥황상제로 둔갑하게 되는 첫 번째 사건 발생. 함께 수도하던 박봉운이라는 자가 수도 도중 하늘에 계신 옥황상제를 뵈었는데 그 얼굴이 조철제의 얼굴과 같다고 하며 일행에게 4배를 올리자고 말하자 조철제는 절을 받으며 이는 오직 천기(天機, 하늘의 비밀)라고 하였음.

◎ 1919(己未, 기미)년 : 종통을 합리화하기 위하여 사람을 시켜 보천교 본부에 보관되어 있던 약장과 궤를 강탈해 오다가 사람들이 뒤쫓아오므로 약장은 무거워 버려 두고 궤만 가지고 도망 함.

◎ 1921(辛酉, 신유)년 : 이해 2월 상제님의 초빈을 헤치고 성굴을 도굴하는 대패악을 감행함. 도굴한 성골을 통사동 이씨 재실에 모시고 자신은 상제님의 의자(義子)로 종통을 이어받았다고 주장하며 자신을 따르는 교인들에게 복을 받으려면 상제님 성골 앞에 성금을 헌납하라 하며 금전을 갈취함. 또 상제님의 뼈에 살이 붙어 나와 재생신함으로써 증산 상제님이 다시 출세하시는데 보천교가 무슨 소용이 있느냐며 허언을 유포하였음. 그러나 1차로 기한한 날짜에 '상제님 유골이 살아난다'는 일이 허사로 돌아가자 다시 날짜를 상제님 성탄일인 9월 19일로 연기하였고 이 또한 무산됨. 하지만 이 때 많은 돈을 모았으며 2년 전에 훔쳐온 궤와 성골을 숨기고 교단창립을 계획하였음.

◎ 1925(乙丑, 을축)년 : 구태인 도창현에서 무극도를 조직하였음.

◎ 1936(丙子, 병자)년 : 일제의 종교탄압령으로 해체

◎ 1945(乙酉, 을유)년 : 해방과 더불어 종교활동 개시

◎ 1946(丙戌, 병술)년 : 1917년에 출생한 박한경이 안상익의 인도로 조철제 교단에 가입함

◎ 1948(戊子, 무자)년 : 교명을 '태극도'로 바꿈. 이후 부산 보수동에서 감천동으로 이주하면서 신앙촌을 형성하였고 6 · 25 한국동란을 계기로 어수선한 시운을 타고 시한부 종말론과 부산이 구원의 땅이라는 말을 퍼뜨리며 세력을 신장함. 태극도의 여러 방면 중에서 박한경의 충주방면이 단연 두각을 나타내기 시작함

◎ 1955(乙未, 을미)년 : 조철제가 자칭 옥황상제로 둔갑하는 두 번째 사건이 발생. 한 신도가 조철제가 천상에서 면류관을 쓰고 곤룡포를 입고 용상에 앉아 있는 꿈을 꾼 뒤로 조철제를 지존의 위격으로 받들기 시작

◎ 1957(丁酉, 정유)년 : 조철제 드디어 평생 소원이던 옥황상제가 됨. 스스로 옥황상제의 위패를 떼고 자신의 사진을 붙임으로써 옥황상제임을 말함. 이후부터 조철제를 조성옥황상제로 받듬

◎ 1958(戊戌, 무술)년 : 조철제 사망. 태극도내에 가장 큰 세력을 형성하고 있던 박한경이 교권을 장악함. 그러나 박한경의 교권계승을 승복하지 않는 반대파와의 내분이 시작됨

◎ 1961(辛丑, 신축)년 : 5 · 16 군사혁명을 계기로 태극도촌의 비리에 대한 혁명정부의 수사시작. 박한경을 비롯한 28명이 전원 수감되었으나 막대한 양의 금품을 동원하여 관리를 매수함으로써 12월에 들어 흐지부지 되며 풀려남

◎ 1965(乙巳, 을사)년 : 부정리(夫丁里)를 부정리(扶鼎里)로 조작하고 시루와 솥의 비유에 따른 거짓 종통을 주장하는 『선도진경』이 박한경 책임 아래에 발간됨

◎ 1968(戊申, 무신)년 : 태극도내의 내분이 신파와 구파로 나뉘어 격화되자 박한경은 잠적함. 구파(지금이 태극도)는 잠시 조철제의 3남 조영래(趙永來)가 이끌다가 후일 다른 사람을 내세우며 오늘까지 명맥을 유지하고 있음

◎ 1969(己酉, 기유)년 : 신파인 박한경은 서울에 올라와 중곡동에다 태극진리회를 창립, 후에 대순진리회로 개칭하였는데 이로부터 도통 공부가 헛된 것으로 끝나고 마는 27년 헛도수가 열리기 시작함.

◎ 1974(甲寅, 갑인)년 : 『대순전경』과 『선도진경』에서 태모 고수부님의 종통계승을 나타내는 성구를 삭제하고 대신 조철제를 종통계승자로 내세워 그의 생애를 성구화하여 『전경』을 발간함. 그 주모자가 바로 서울대학교 종교학과 교수를 역임한 장병길.

◎ 1984(甲子, 갑자)년 : 이해에 개벽이 '갑자'기 된다고 하며 주부신도들을 천륜을 끊고 가출하

게 하고 성금명목으로 무수히 많은 돈을 갈취한 것이 사회문제가 되어 KBS TV「추적 60분」에 '아내의 가출' 이라는 프로로써 고발됨.

◎ 1988(戊辰, 무진)년 : 이해에 다시 도통이 나온다하여 신도들의 재물을 갈취, 개벽이 되지 않자 급기야 많은 신도들이 연동흠이란 자를 중심으로 용화일심회를 조직, 대순진리회 재단 이사장 박희규를 걸어 재산반환을 청구하고, 박한경 현 도전은 그동안의 지병(당뇨병)으로 고려대 부속병원을 전전하는 등 붕괴의 조짐을 보인바 있음. 그러나 이 위기를 극복하고는 여주와 포천과 속초에 화려한 수도장을 지으며 한국사회에 더욱 급격히 퍼져나가기 시작함.

◎ 1996(丙子, 병자)년 : 박한경이 부산의 태극도를 뛰쳐나와 서울 중곡동에 새판을 차린 이후 27년만에 대순진리회 발전 절정의 순간에서 사망함. 이해 3월 5일 MBC PD 수첩 '대순진리회를 아십니까' 가 방송되면서 사회의 큰 경각심을 불러일으킴.

◎ 1998(戊寅, 무인)년 : 교주 사망이후에도 더욱 기승을 부리는 대순진리회 신도들의 이해할 수 없는 길거리 포교행각이 MBC 시사매거진 2580 프로에서 '거리의 도인들' 이라는 제목으로 방송되며 다시 한번 전국민의 경각심을 불러일으킴.

◎ 1999(己卯, 기묘)년 : 박한경의 3년 상이 끝나면서 드디어 내부에 잠재되어 오던 주도권 쟁탈전이 시작됨. 경석규를 앞세운 양위상제파가 이유종을 우두머리로 하는 삼위상제파를 여주 본부도장에서 무력으로 몰아낸 이후 두 쪽으로 분열하기 시작함.

◎ 2000(庚辰, 경진)년 : 새천년의 시작과 더불어 대순진리회 여주 도장에서 한국 종교사상 최대의 유혈 폭력 사태가 발생하여 KBS, MBC, SBS TV를 비롯한 모든 매체를 타고 하루종일 방송됨. 이제 대순진리회 사태는 전국민의 초미의 관심사로 떠오름.

# 태극도와 대순진리회에 관련한 주요 신문기사

한국일보 1965년 3월 2일자 「폭력판치는 태극도촌」

# 暴力판치는 太極道村

## 警察에 呼訴해도 감감소식

【釜山에서 1日朴元求記者】 부산시내 감천동일대에 모여사는 소위 태극(太極道)촌에 요즈음 폭력사태가 잇달아 주민들이 공포에떨고있다。 (敎)를 떠나려는 배도자(背道者)에게는 물론이고「교」에 비협조적 동장(洞長)과 이마을을 개발해보려는 지역사회개발위원에 대해서까지 깡패를동원한「린치」·「테로」가성행— 주민들은『태극도경찰서(관할서말함)엔 아무리 호소해도 소용없다』고 실망하고있다。

## 1萬住民恐怖에떨어

### 離脫者엔 테로·린치등 처절한報復

### 洞會長도 깡패 脅迫에 못이겨

**背道者에의報復**

2천3백여 태극도신도가 모여사는 감천2동일대에는 교의 …



◇恐怖의마을 공포에 떠는부락「태극촌」—점선한 부분들이태극도본부 △표는 도주(道主) 조(趙哲濟)씨의무덤。

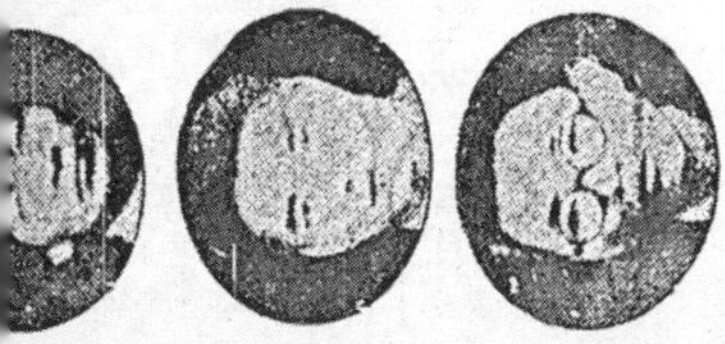

**專擔刑事가 수사중**

**被害者는 過去信者**

한국일보 1965년 3월 3일자 「태극도촌 전면수사」

# 太極道村全面수사

## 警察, 특별搜査班편성

### 朴敎 暴行

【釜山에서2日朴元求記者】
원(司正院―징계위원장)등
사건의 전모와 그배후관계
날 태극도본단으로부터 경
웅치도 캐기시작했다。

한편 부산지검(地檢) 박
(朴文緖) 차장검사는 이날
서부경찰서「함윤해」서장으
로부터 상황 보고를청취―
「단순한 폭력사건으로 다
룰것이 아니라 진상을조사
하여 범법자를 철저히 응
징하여 태극도촌의 정화를
기하도록 하라」고 경찰에
지시했는데 부산시경강력반
에서도 목자적인 진상조사
에 나섰다。

경찰에의하면수배된「신상
천」은이미구속된「이종천」
(35)등 2명의 깡패를교
사, 지난2월14일과17일 두
차례에 걸쳐 동장 김(金
聖鎬―40・甘川2洞)씨집을
찾아가「김」씨가족들을 협
박했다고 한다。「김」씨가
태극도 지령에 순응치않으
니 제거해야된다는 생각을
평소부터가져온「신」은 두
차례다 자신은 골목길에서
망을보고 깡패만 집안으로
들여보냈다는 것인데 잡힌
깡패「이」는「신」의 이름
이 새겨진 양복까지입고있
었다。경찰은「신」의고향인
충남대덕(大德)으로수배했
으나 그곳에오지않았을화
인, 부산시내에서 연고자중

## 교주등 두幹部 逃避 수배

### 수도자 申씨 수배

朴漢慶 金永河 등

### 經理帳簿도 모조리 압수

부산서부경찰서는 2일하오 태극도 교주인 박(朴漢慶=49) 도전(都典) 김(金永河=47) 사정 연행하는한편 도피중인 간부 신(申勝…=33)씨를수배—3년9월이후 거수된 태극도신도 특별 전면수사에나섰다. 정보·수사형사들을 동원하여 태극도측 특별수사반을 편성한 경찰은 이 일체압수, 치성금(致誠金) 또는 월성금(月誠金) 명목으로 교도들에게서 거둔돈과 그돈의사 수사를펴고있다.

태극도간부들은 『수 )중 폭행으로 정 되었다(가송분)』 朴…=40·박… 12동)씨에 대하여 가 정신분열증이생 고쳐주기위해 몸이 났나무로 발을때리 치명상을 입혔다고 해명하고있다. 그러나 경찰은 ⓟ이나이까지 상처가났 정도로 맞았다는사실과 ⓟ 극악을 벌였다고 주장하는 가족들말을 토대로 재수사를 시작했다. 경찰은 피해자들 비롯한 많은중인들이 보복이두려워 입을열지않을 뿐더러 형사가접촉하면 속간 그들의조직망을통해 연락하고 입을맞추고하여 수사에 적지않은지장을 받고 있다.

---

### 市場을舞臺로날뛴 4人組竊盜團잡아

서울「마포서」는 2일새벽「한풍시장」일대에서 절도와 강도짓을해온 4인조 절도단 이(李…=18·…区孔…) 등4명을 잡아갔다. 이들은 경찰에서 지난1월9일밤11시께「한풍시장」안 지(金…=36)씨의하주가게를부수고들어가「라디오」운수기등(싯가9천여원)을 강탈한것등 3회의강절도를 자백했다.

한국일보 1965년 3월 4일자 「태극도 박교주 연행문초」

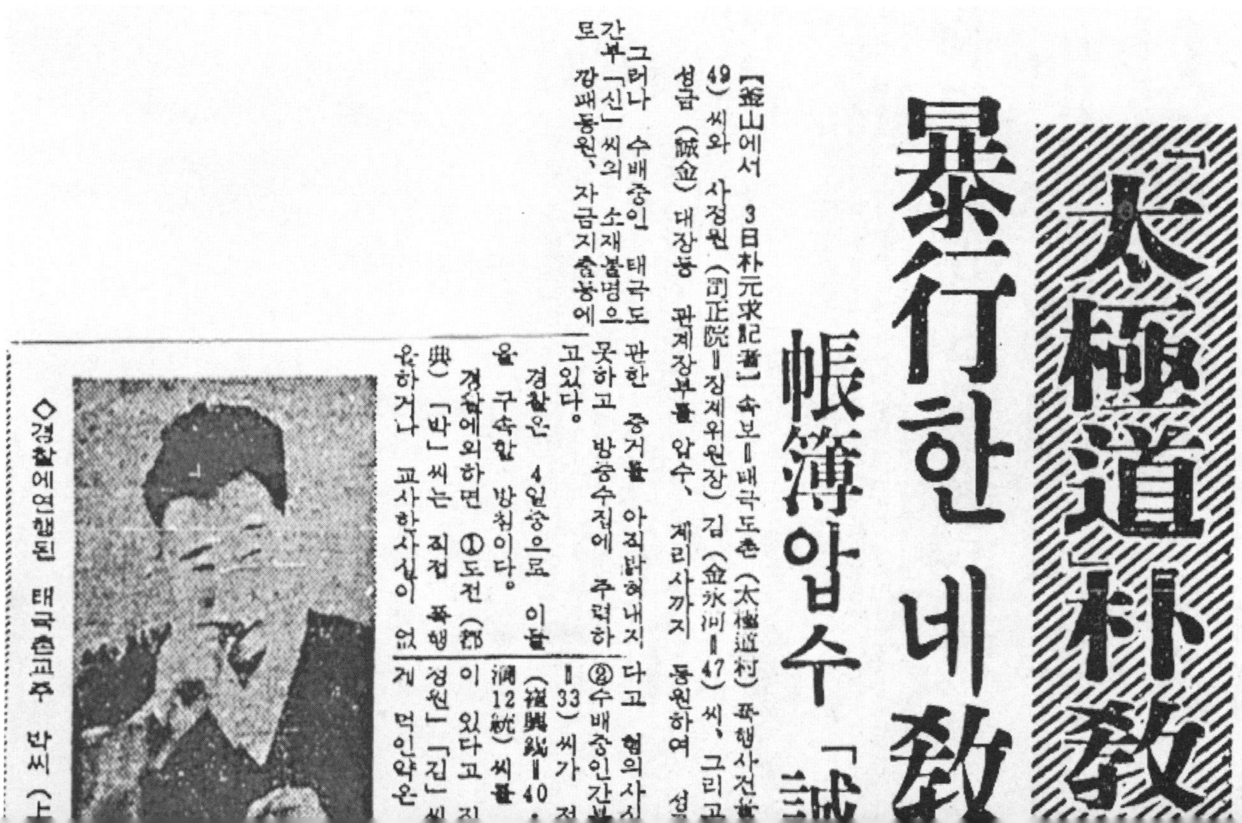

「太極道朴教
暴行한 네 敎
帳簿압수 「試

【釜山에서 3日朴元求記者】속보=태극도촌(太極道村) 폭행사건
49)씨와 사정원(司正院=징제위원장) 김(金永洲=47)씨, 그리고
성금(誠金) 대장등 관계장부를 압수, 재리사까지 동원하여 성
그러나 수배중인 태극도
간부「신」씨의 소재불명으로
토 깡패동원, 자금지출등에

관한 증거를 아직밝혀내지
못하고 방송수집에 주력하
고있다。
경찰은 4일중으로 이들
을 구속할 방침이다。
경찰에의하면 ①도전(都
典)「박」씨는 직접 폭행
을하거나 교사한사실이 없

다고 협의사
②수배중인간부
=33)씨가 전
(福興銖=40·
洞12統)씨를
이 있다고 진
정원」「김」씨
게 먹인약은

◇경찰에연행된 태극도교주 박씨 (上

# 교연행문초

# 徒도 오늘拘束할듯

# 「金」의使用處따저

…중인 부산서부경찰서는 교주인 도전(都典) 박(朴漢慶= …에 가담한 교도4명을 3일에도계속 연행 문초하는한편 사용처를 캐고있다。

…(=前洞長) 씨등이 · 당한「번치」사건은 담당경찰관입회하에 각서를교환 서로화해했다는사실이드러나고있다。

## 路上서2萬원강탈
## 두怪漢쌀장수털어

3일하오9시20분께 영…

진경제 였다고 진술했으며 ④작년9월13일 김(金武憲=37·12統) 씨를 폭행한강패는 교도가아니라 외부강패인것 같다는것이다。

그밖에 작년9월9일 김(金泳基=現洞長) 윤(尹德岡=洞明發電員) 박(朴貿洙…

…부인하고 (申鮮澈 …장이된씨 ·甘川2 … 패런일 … 고⑨「사최」씨에 … 이아니고

…정계위원장 김씨(下)

【釜山文社=館浩】

한국일보 1965년 3월 5일자 「태극도촌 실태 1 유혹의 입문」

## 班에 行動隊

### 道村暴力수사 한名拘束4名입건

(太孫祖ㅣ21) 등 5명을 폭수중 협박혐의로 입건하는 한편 그중「문」은 병역법위반혐의를 추가 구속했다。

이들은 작년9월11일 하오7시께 배도자 (裵道子) 나이꽤힌 이 (李炎植ㅣ40) 씨가 태극도촌에 전기가설을 해달라는 진정서를 만들고 있는것은 태극도해산진정서로오인—「이」씨를 죽이다고 협박했다는 것이다。한편 경찰은 태극도본부 경호반에 2백16명의 행동대가있음을 밝혀내고 대장「김진숙」(30) 씨를 수배하는한편이들의폭력혐의를 수궁중이며 교주 박(朴漢慶ㅣ49) 씨에 대해서는 수배중인 신 (申祥敝ㅣ45) 이 잡힐때까지 우선 금전관계 부정여부에 초점을두고 수사를 하고있다。

## 도 팔아치고…

이게40빼리단니씨로

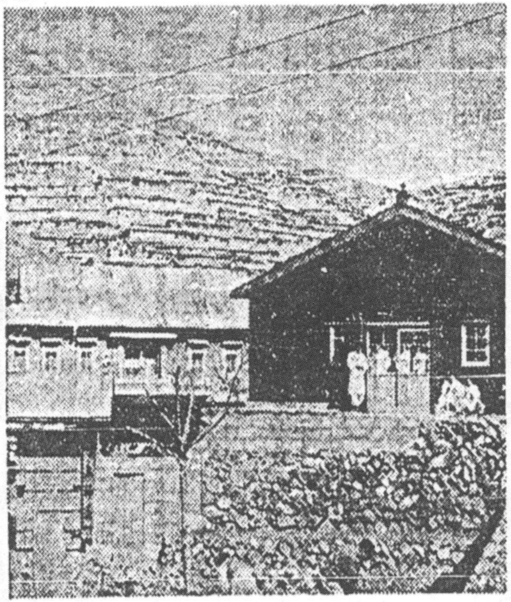

◇태극도본부—천 무명마기를 입은 교도들이 서성거리고있다。

편에게이렇게쓰아갔였다。태극도 도인수칙 (道人守則) 3조는『무자기 (無自欺) 는도인 (道人) 의옥조 (玉條) 니 양심을속입 (欺天) 을언금」하고있다。

언행과비리피려 (非理) 과하세무민 (惑世誣民) 하는 ... 그러나 지방에나간 포 ...

교들은 바로 감천(甘川)은 바로 감천(感天)과 통하여 정성만 지극하면「5만년 도통으로 극락을 얻고 유순한 농민들에게 ... [illegible]

【朴元求記者】

## 은「感天」에 통한다는 釜山의 鷄龍山

한국일보 1965년 3월 6일자 「태극도촌 실태 2 교주의 족보」

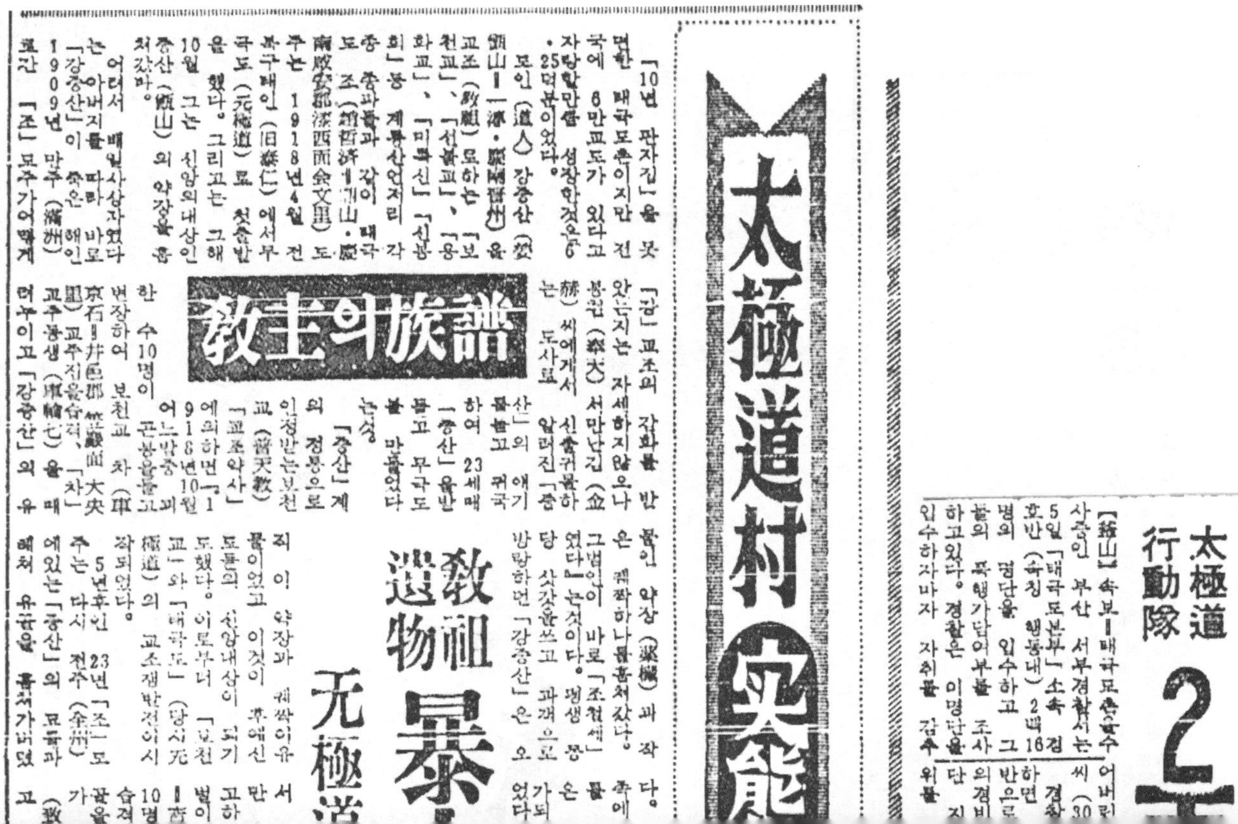

太極道村實態

教主의族譜

教祖遺物暴

无極道

「10번 판자집」을 못 면한 태극도촌이지만 전국에 6만교도가 있다고 자랑할만큼 성장한것은 6·25덕분이었다.

도인(道人) 강증산(姜甑山)을 교조(敎祖)로하는 「보천교」, 「선불교」, 「용화교」, 「미륵신」 「신봉회」등 계통산 여러 각 종 종파들과 같이 태극 도조(道祖)는 1918년4월 전북구태인(旧泰仁)에서 무극도(无極道)로 첫출발을 했다. 그리고는 그해 10월 그는 신앙의대상인 증산(甑山)의 약장을 훔쳐갔다.

어려서 배일사상자였다는 아버지를 따라 바로 「강증산」이 죽은해인 1909년 만주(滿洲)로 간 「조」 교주가 어떻게

「증」교조의 자화를 받았는지는 자세하지않으나 봉천(奉天) 서 만난 김(金赫)씨에게서 신출귀몰하는 도사로 알려진 「증산」의 얘기를 듣고 귀국하여 23세때 「증산」을 받들고 무극도를 만들었다는것.

「증산」계의 정통으로 인정받는 보천교(普天敎) 「교조약사」에 의하면

太極道 行動隊 2

## 太極道로 이어

한국일보 1965년 3월 7일자 「태극도촌 실태 3 교리」

太極道村 實態 ③

24時間呪文

秘密투성이 修道

教理

『훔치 훔치…사바하』—
태극도본부의 육중한 대
궁을 들어서면 우선남녀
교도들의 주문외는 소리
가 파성처럼 들려온다.
밤에도 불을 꺼지않은 잔
잔한「다다미」냉방에서좌
우로 혹은 전후로 몸을
흔들면서 미친사람모양주
청을 끌우어 1시간씩계
속해서 주문을 왼다.
쓰여지는「하교방」에서
오늘오늘 떨면서 끼니를
거르며 2달내지 3달
넘에 부르는 수도 (공
부라고한다) 명령은 바로
군내식—주야24시간만에교
구한다. 아무리 가난해도
수도와 (무부나기와한다)
는 갖춰야한다.
5·16전까지도「무하도
훈」(無学道通)을 교령
(教令)으로 알고 취하

욕지부해온 신도들은 이
궁에서 들들이지않고 대

하과정을마치고 또(道)
를 연는다고믿었다. 시하
(詩学) 시법(史法) 법학
(法学) 청하(哲学)외4
단계로 나뉘진 공부는 모
두 주문암송뿐—「시한」
은 한사람씩 나머지는모

두 한꺼번에 3명씩 잔
작하수모시로 들어가야한
다. 주문은 진법주(眞法
呪) 칠성주(七星)운장주
(雲長) 28수주 24절주 도
통주(道通)개벽주(開闢)
해마주(解魔) 신성주(神
聖) 태을주(太乙) 기도주
(祈禱)…등등 10여가지
마는데 아무도 그뜻을아
는교도는 없었다.
대학에 비자다는 최고
수도「청하」은 주야계속
15일간 자지않고 주문을
왼다는데 이곳에서채(
闕鍚—40·木工)씨가 정

신이상이 되었고 몽아버
린 어느 여신도는 바다
에 빠져죽었다는 소문이
다.「무하도통」을 어기
고 대학(大学)까지간 양
(梁某—20·서울工大2年
在学)군의 경우는 남마
다 어머니가 몸통이에체
보름숨겨 고개를넘고 국
민하교를 숨어다녔다고했
다. 증산(甑山)을 교
조로 섬기는 태극도지만
대강전(大降殿—佛教의大
雄殿)에는 무려「15신」
을 잡다하게 안치하고있
다.

太極道村서 죽은 76名의 死因도 糾明

한국일보 1965년 3월 9일자 「태극도촌 실태 4 조직」

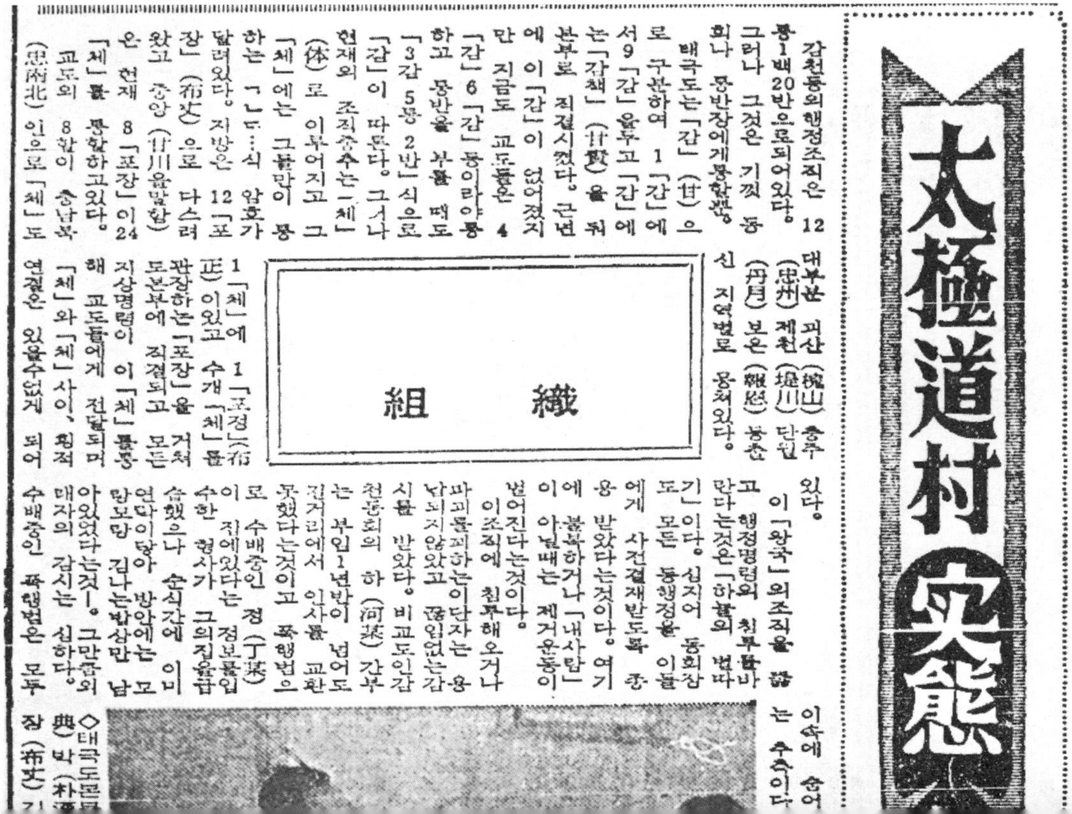

# 太極道村 實態

## 組織

감천동의행정조직은 12 통1배20반으로되어있다. 그러나 그것은 기껏 동회나 통반장에게통할뿐, 태극도는「감」(甘)으로 구분하여 1「감」에서9「감」을두고「감」에는「감채」(甘蔡)를 둬 본부로 직결시켰다. 근년에 이「감」이 없어졌지만 지금도 교도들은 4「감」6「감」등이라야 통하고 통반을 부를 때도「3감 5통 2반」식으로「감」이 따른다. 그러나 현재의 조직종수는「체」(體)로 이루어지고 그「체」에는 그들만이 통하는「ㄱㄴㄷ…식 암호가 달려있다. 지방은 12「포장」(布丈)으로 다스려왔고 중앙(甘川읍발함)은 현재 8「포장」이 24「체」를 통할하고있다.

교도의 8할이 충남북(忠南北)인으로「체」도 대부분 괴산(槐山) 충주(忠州) 제천(堤川) 단양(丹陽) 보은(報恩) 등출신 지역별로 뭉쳐있다.

1「체」에 1「포정」(布正)이있고 수개「체」를 관장하는「포장」을 거쳐 도본부에 직결되고 모든 지상명령이 이「체」를통해 교도들에게 전달되며「체」와「체」사이, 횡적 연결은 있을수없게 되어 있다.

이「왕국」의조직을 [illegible]고 행정명령의 칙부를바란다는것은「하늘의 벌따긴」이다. 심지어 동회장도 모든 동행정을 이들에게 사전결재받도록 종용 받았다는것이다. 여기에 불복하거나「내사람」이 아닐때는 제거운동이 벌어진다는것이다.

이조직에 침투해오거나 파괴를꾀하는이단자는 용납되지않았고 [illegible]없는감시를 받았다. 비교도인감천동회의 하(河某) 간부는 부임1년반이 넘어도 집거리에서 인사를 교환 못했다는것이고 폭행범으로 수배중인 정(丁某)이 집에있다는 정보를입수한 형사가 그의집을급습했으나 순식간에 이미 연락이닿아 방안에는 남모만보만 김나는밥상만 남아있었다는것.」 그만큼의대자의 감시는 심하다. 수배중인 폭행범은 모두

◇태극도본부 … 典)박(朴漢…) … 장(布丈)기…

이속에 숨어 … 는 수속이다

# 橫的連絡은 嚴禁

## 全國24「體」서 直接密令 받아

…) 앉아있는(左로부터) 도전(都典) 부전(副典) 유(柳喆珪)씨와 포…씨。

지방「포장」들은 날짜를 정해서 올라오게 했다。「도주」생존시는 대체로 21、23、25일등 월말에 가까와서 지방별로 올라오는 날짜가 정해져있었다。그것도 한사람씩 불러들였고 여기에서 금은보물을 비롯해서 각종 공납(貢納)이 올려지고 또 밀령이 내려졌다。이라

그러나 도주와 당사자 이외에 다른 포장도 알길이 없었다。당시의경리

…시장(侍從)등에 의하면 전성기였던자유당때는 월성금만 1천8백만환(구

화)에서 2천만환을 오르세웠고 그중 3분의 1이 어떤층에 갔었다는것이다。「사이비」를 범자한 입을 막기위해서였다고 한다。

지금은「도주」의 행세를「도전」(都典)이 인수받았지만 상세한것은 확인되지않았고 경찰장부조사결과 나타난 월성금은 10여만원이라한다。그러나 알맹이는 장부에 담기지 않는다는것이 교도들의 얘기다。

작년1년동안 태극도는 에서 1백45세대(579名)가 라도로、56세대(182名)가 부산시내로 떠났으나 1백9세대(484名)가 충남·북등지에서、41세대(218名)가 부산시내에서 또다시 전입해왔다。이들 대부분이 독신자들로 알몸으로 들아서는 배도자가 생기면 그만큼 또 숫자는 보충되고「유혹의 마수」는 술태작기를 계속한다。【朴元求記者】

### 組織體系

◇職系

都典—副典(宗務監) 布丈—布正—布令 體丈—體正—體令)—正級—進級—敎徒

◇24体(1体는未確認)

ㄱ1ㄱ2ㄱ3(陰城·堤川)
ㄴ(忠州)
ㄷ(丹月) )盧錫圭布丈
ㄹ1ㄹ2ㄹ3(原州·報恩)…張東燮布丈
ㅁ1ㅁ2ㅁ3(槐山)…吳炳杓·金利鉉布丈
ㅂ1ㅂ2ㅂ3(江原道)
ㅅ(槐山) )…柳漢珪布丈
ㅇ1ㅇ2ㅇ3ㅇ4(서울·大邱其他)…李中性·金海九布丈
ㅈ(金泉)
ㅊ(醴泉)
ㅋ(栄州) )…金俞次布丈
ㅍ(淸州‖解体상태)
ㅎ(延豐‖解体상태) )最近ㅌ로편입

한국일보 1965년 3월 10일자 「태극도촌 실태 5 배경과 배도」

太極道村 實態

일삼는 테ㅁ

不安에 떨어

政治의 소

背景과 背道

「태극도」뒤에는 언제나 정치 세력이 도사리고있었다。「신앙의 자유」를 악용하고 표(票)를 얻으려는 정당(政黨)의비호를 받아왔다。「사이비」를 규탄받으면서도 3·15때는 경비전화까지 도본부(本部)에 가설되었었다。

보수봉(寶水洞)에서 감천(甘川)으로 옮겨 자리잡는데 신세진것을 인연으로 이(李某)씨의 강력한 발판이되었고 서울 국회의원대을 제척처럼 나든 태극도간부들은「자유당」밖기에 선거를 이겼다。

그러다가 4·19가나자 앙신을넘고있던「민주당」정권에의해 일져이 가해져「도전」(都典)을 비롯한 10여간부가 구속되었으나 결과는 호지부지었다。「천주교의 사주를 받은 몇몇 배도자들의 그만」이었다고 지금도 간부들은 그때일을 말하고 있다。

이듬해 5·16이 나고 또다시 태극도는 간부28명이 진단구속되는 뭔서리를 맞았다。이공간을이용=탈도자(脫道者)의한 사람인 윤(尹某=共和黨 甘川洞黨)씨등은 종도교(眞道敎=敎祖山系와 趙水쨻系의聯合)의 간판을 걸고 운영권을 쥐려다가 실패하고 태극도간부들은 6개월후 호지부지 석방되고말았다。그때마다 수난이 찾은것은「천지개벽」이 가까와진 징조라고 교도들은 속더거렸다。

「인간개조」의 기치를 들고나선 5·16외거센물결도 끝내 태극도의 뿌리는 뽑아내지못했다。63년6월 사회단체등록을끝내고 그해10월「재단법인 태극도」로 등록을 마쳐「사이비」를 벗고 오늘의「합법적인종교단체」로 버젓이 행세하게된데

는부산시교육청 囚) 과경남도경 이었다는 수소 특히「공화당」아 서구(釜山

입후보해보려던 당시도경 정보 양으로 태극도 는 말은 넓게퍼 입후보등록을 년5월 각기파

보고서에의하면 운동 경남지부 막이 ①우하도

# 도사린채 감싸고

◇㊤태극도의 최고직인 도전(都典)까지 지낸 이(李九?)씨가 배도자로 쫓겨나 잔술을팔고있는 그의 천막집. ㊦배도자라고「테로」를당했던 얘기를하는 이씨.

…국민 한 예언으로 사교성이농 ③행정관부안되고 결정정 에 최고직도전(都典)까

…정보부 후하고 ②섬금갈출로 교 신없어져 동록을 반대한 지 지낸 이(李九?·48)

허무 도를 생활고는 극심하며 다고했다. 그러나 경찰과 씨가 간부들의비행을 규

교육청은 ①사교로 규정할·요건이 없고 ②「신파」(新派)의 모략으로 분규가나고 ③등록이 안되면 전국교도들 반발할 기세등 의견을붙여 합법화를주장했는가하면나중엔 정보부조차태도를 바꿔버렸다고한다. 지금도 교육청을 비롯한 관계자들은「합법적인종교」라고 주장하고있다.

도주(趙哲濟) 사망후배도자(背道者)의 숫자는 해마다 늘어가고있다. 이들 배도자를 일컬어 당국은「신파」(新派)라고 이름지었다. 도주 생존시

탄하다가 보복「테로」를 당하고 쫓겨나 지금은 옹마(甕?松?)에서 잔술장사로 명을이어갔고 작년5월 경찰의요청으로 유부녀를 뺏은 간부(李布正)의비행을녹음했던보복으로이발소문을닫아야했던 서(徐鎭?·45)씨의 경우나 원주민(甘川洞)을 내어쫓기위해 밤중에 소집ㅡ그들의 보리밭을 밟아버리라는데 외분을 느껴 돌아섰다는 신(申?·52)씨의 경우나 3·15때「민주당」후보에 찍었다고 무표장에서 신(申鮮?·수배중) 김(金永河)씨등 간부에게 협박을 당했다는 채(蔡?·51)씨의 경우나『우리가 하는 신파냐』고 여울해했다.

도주에게 지밟힌 7명의 처녀가 의현제를맺고 새출발을 했다는것은 교도들이 말하고있는 옛이야기지만『먼지마저 털고 온 고향엔 돌아갈수없는 우리들에게 보복의「테로」나마 없었으면ㅡ』하는것이 불안에떠는「배도자」들의 호소다. 【끝】

【朴元?記者】

부산일보 1968년 8월 3일자 「태극촌에 주도권 암투」

…에 主導權暗鬪

## 朴씨 金塊갖고 도주?

…이 도전(都典) 자리를둘러싸고 암투를 벌이던 가운…사에 나섰다。경찰에의하면 이주도권쟁탈전은 작년에 박목이신해 험아한분위기를 자아내고있다고한다。

암투가 본격화되자 朴도전은 지난달19일 전도전趙哲濟씨로부터 몸떠받은 유산중 금괴10여관(시가약5천만원)을빼돌며 가족과함께 행방을감추었다고 반대파는 주장하고있는데 대해 朴씨의지지파는 금괴같은것은 없었다고주장하고있다。

현재 太極道에는 영도자인 도전밑에 부전(副典)、그밑에 포장(布丈=도인5백호에대한 지도자) 12명과호장(護丈=도인을 교화감독) 6명이 주축이되어 太極道를 다스리고 있다。

◇太極道 都典 朴씨◇

도전 지지 규가 。

위해

부산일보 1968년 8월 6일자 「생신은 왜 잠적했나?」

# 生神은 왜 잠적했나?

## 또다시 物議 일으킨 太極村분

한때 유사종교라하여 세상을 떠들썩하게 했던 시내甘川동 太極道마을엔 최근 간부들간 주도권쟁탈을위한 분쟁이 일어나 또다시 물의를 일으키고 있다.

일반사람들은 그를 자 부로 알려져있어 더욱판 신의 얼굴에 먹칠을하는 심을 모으고있다。 결파하고 말하지만 분쟁 이같은 분쟁은 작년8 의 이면은 거액의 재산 월에 시작되어 거의한해 과 영도권을 둘러산 암 를넘긴지난7월19일전국10

太極道組織体系

- 都典
  - 副典(宗務監)
    - 종무원: 총무부, 선도부, 교화부, 수도부
    - 종의원: 협의회, 의사회
    - 사정원: 심사위원회, 징계위원회

만 도인을 다스리며자 산은 생신 (生神)이 라자칭하던 도전 朴漢慶(52)씨 가 10여년 을 지켜온 영도자의자 리를 마다 하고 유물 로 보관해

져함으로써 본격화했다。 간부들 주장에 의하면 문제의 금괴는 太極道창 도자인 趙哲濟씨가 지금 으로부터 30여년전 忠南 瑞山郡南면 안면島라는섬 에서광산을 경영할때 모 은것으로 太極道의 번영 을위해 희사한 것이라는 경。그러나 그금괴가 몇

돈금괴10여관을 빼돌려( 개인지 간부들조 입부간부들의 주장) 잠 히 아는사람은

## 암투는 昨

### 金塊行方등 両

충무申祥敎씨 하면 自田敎때 뜻이안맞아 이곳 離丈李윤섭(현재 삼고있다한)、布 써등 두사람이 를 맡고있었다는 8백이라고 申씨 며주더라는것뿐、 느정도믿어야될지

# 年부터 싹터
## 派가 엇갈린 聲明戰

이다。
朴도전의 처남이며 포
장의 한사람인 陳모(53)
씨등 불과 몇몇간부들째
외한 대부분의 포장 호
장등은 朴도전의 독자적
인 太極道운영에 심한반
발을 나타내기시작했다。
朴도전의반대파들은 朴
도전이 절대적인 권한을
행사하면서 자신이 바로
太極道의 생신(生神)이
라고 자칭, 우상화한것을
자 정화
없다。
에 생

장에의 도인들에게 강요했다는것
朴도전과 이다。
를 떠난 그러나 왜 朴씨가 한
彭島에 마디말도없이 10년동안이
金용회 나 지켜온 영도자의자리
금괴관리 를 버리고 갑자기 행방
13관 을 감추었는지 그직접적
게 입 인 원인은 알길이없다。
시십 어 朴도전이 잠적해버리자
모들일, 간부들은 지난달23일 협

의회를 열고 해명서를발
표, 朴도전의 비행을 들
추어 도인들에게 공개했
다。
그내용에 의하면 ①朴
도전은 작년2월께 도인
李모여인을 꾀어 밤마다
도전실에 끌어들여 추행
을했고②창도자 趙씨가물
려준 금괴10여관(총무申
씨는 13관8백이라주장)
을 착복, 치부를 누렸으
며 ③연중행사인 치성제
(致誠祭=연10회)의 경
비중 46만원을 가로챘다
는것등이다。
앞후가 계속되자 朴도
전의 지지파에서는 朴도
전을 협박, 비난, 음모해
서 추방하려는 꾸밈이라
고 주장해오다가 朴도전
이 잠적해버리자 본부를
입을 입체하지않고 교인

들을 찾아다니며 협의회
가공개한 해명서의 내용
은 사실과다르다고 설명
하고있으나 이들만으며하
는 신도들은 엄마되지않
다고 모간부는주장했다。
호장 S씨는 朴도전이
대부분의 무지한 도인들
을 이용해서 종교라는가
면을쓰고 치부를 누리며
는 속셈이 이제와서 드
러났다고 말하고 창도자
趙씨가 어째서 저런사람
을 도전자리에 앉히게되
었는지 의심스런 일이라
고 통탄했다。(鄭)

◇또 분쟁 일으킨 태극도본부◇

# 1999년 8월 12일자 경석규 측 성명서

# 종단대순진리회에서 각 방민

1. 본 종단 조정실 조회임원회의에서는 1999. 7. 17, 중앙종의회 부의장 전호덕 서울방면 교감의 주재로 도정실 조회임원회의를 개최하여 서울광진세무서에 종단 대표자로 등록된 경석규 종무원장을 **불법으로 이유종외 2명으로 바꿔치기하고, 양위 상제님 및 도전님의 유지 유법을 무시하고 타종교로 부터 도통을 얻기위해 해인(도통)굿을 한** 여주본부도장 前원장 이유종을 제명하고, 이를 수습하기 위해 수습대책위원회를 발족시키기로 결의하였습니다.

2. 그리하여 1999. 7. 21, 각 방면 수임선감 및 도정실 조회임원들이 긴급회의를 소집하여 각 방면 임원중에서 선발한 수습대책위원 25명, 자문위원 8명 그리고 기존의 도정실조회임원을  수습대책위원회로 발족시켰고, 동 수습대책위원회에서는 제명된 이유종을 비호하고, 종단의 예금통장과 제반 서류를 가지고 잠적한 재단법인 前사무국장 안 담과 여주도장 前총무부장 김진원을 각 해임하고 그 후임으로 사무국장에 문제율, 총무부장에 강만중을 각 선임하여 종단 전반을 수습하기 시작하였습니다.

3. 그런데 제명된 이유종을 비호하는 일부 방면에서 위와같이 발족된 수습대책위원회를 부정하고, 오히려 수습대책위원회가 여주본부도장을 강제로 점거하였다는 비난과 함께

1999.

**종단 대순진리회 종무원장 겸 수**

# 도인들에게 알려드립니다!

여주본부도장을 악령의 소굴등으로 지칭하다가 급기야 **1999. 8. 8. 시학, 시법공부와 수강을 일방적으로 중단시키고, 아무것도 모르는 수반들에게 공부 및 봉강식에 불참토록 유도하였을 뿐만 아니라, 중곡도장의 기도공부까지 중단시키는 배도행위를 자행하였습니다.**

그러나 수습대책위원회에서는 1999. 8. 10. 제4차 회의를 개최하여 전체 종단의 화합과 안정을 회복하기 위하여 **제명된 이유종 외에는 그 누구에게도 해인굿등에 대한 책임을 묻지 않기로 결의하고, 어떠한 경우에도 도인들의 생명과 같은 시학, 시법공부는 계속 진행하기로 결의** 하였습니다.

그러므로 각 방면 도인여러분께서는 운수자리인 시학, 시법공부는 한번 불참하게 되면 다시는 공부자리가 없다는 도법을 깊이 자각하시고, 공부만큼은 어떠한 경우에도 빠지지 마시고 참여하여 주실 것을 당부드리며, 향후 종단 운영은 도법을 준수하고 규범과 절차에 따라 처리해 나갈 것을 다짐하오니, 각 방면 임원 및 도인 여러분께서는 제명된 이유종을 비호하여 탈법, 난법에 동조하는 일이 없도록 유의 하시기 바라며, 종단 전반에 의문 사항이 있을때에는 반드시 본부도장으로 전화(0337-882-6626) 문의하시어 하루속히 종단 정상화에 참여하여 주시기를 당부드립니다.

**대책위원회 위원장 경 석 규**

## 1999년 8월 14일자 이유종 측 성명서

# 성 ㅁ

## "종단 대순진리회 만

**양위 상제님**과 **도전님**의 유지 · 유법을 받들어서 후천선경을 이룩하고자 진심갈력해온 수도인들은 지금 현 도정 현실에 참담한 심정을 금할 수가 없습니다.

우리의 진리는 상극을 해소하고 상생대도의 무한, 무량한 덕화에 힘입어 진리를 몸소 봉행하여 천지에 그 은덕(恩德)을 펴고자 함일진데, 과연 우리는 지금 어떠합니까?

양위 상제님과 도전님을 모시고 있는 신성한 여주 본부도장에 폭력이 자행되고 불신으로 인해 도인 상호간에 상극으로 치닫는 이러한 현실 속에서 수도인들은 과연 어떻게 천지에 상제님의 덕화를 펴고 뜻을 받들어 드릴 수 있단 말입니까?

여주 본부도장이 어떠한 곳입니까?

천지의 도수를 돌리는 시학 · 시법공부가 봉행되면서 일분일초도 주문이 끊이지 않던 우리의 신성한 성지요, 한사람의 도인을 만나도 방면을 초월하여 서로에게 지극한 예우로서 대하며, 상제님의 도문소자로서 소원하던 우리의 영적 보금자리가 아니었던가요?

한 사람도 빠뜨리지 않고 후천의 복록을 받을 수 있게 손잡고 참배하던 우리의 본부도장이 지금은 포정문마저 굳게 닫혀 있습니다.

양위 상제님께서 이룩하신 천지공사를 우리는 성 · 경 · 신으로 받들어 왔으며, 도주님의 유명으로 종통을 계승하신 도전님께서는 대순진리회를 창도하시어 수많은 업적을 남김으로써 민족종
크게 이루었으나 가슴 아프게도 지금은 그 근본이 흔

일부의 도인들이 불순한 의도로 방면 상호간을 이
정이 난법으로 인해 도전님의 유법이 무너지기라도
여 모두 잠든 새벽2시 기습적으로 난입 점거한 사태
로서 감히 꿈엔들 상상했겠습니까?

이러한 불법적으로 자행된 사태를 우리는 하루빨리
께서 베푸신 크나 큰 은덕 위에서 해원상생과 보은상
봉행(心修奉行)해야 할 것입니다.

**만수도인 여러분!**

어떠한 이유로서도 폭력과 폭언은 용납될 수 없는
상제님의 해원상생 대도의 길을 가는 도인에게는 두
것입니다. 양위상제님과 도전님께서 계신 도장은 절
의 도구가 될 수 없습니다. 도장을 수호하지 못하고
들지 못한 죄송스러움을 어찌 말로 형언할 수 있겠습
로 세우는데 뜻을 모아서 불법적으로 자행되는 모든
돌려잡고 도정의 정상적인 회복을 이룩하여 상제님
널리 펴 나가야 할 것입니다.

### 종단대순진리회

**●중앙종의회**

의 장 선감 안영일
부의장 교감 전호덕

선감 박두호 선감 김수남 선감 천재기 선감 백수현 선감 박동기 교감 정삼암
선감 서천석 선감 한만수 선감 김명준 보정 추성엽 선감 이순악 선감 이선규
선감 김순옥 선감 홍명자 선감 손경옥 선감 김귀학 선감 류계순 선감 염운학
선감 김공자 선감 이소희 선감 이추자 선감 박경선

**●본부도장 종무원**

재단

# 서

# :인에게 고합니다"

## 이에 우리는 만수도인 여러분께 다음과 같이 고하고자 합니다.

1. 도장을 불법적으로 점거하여 상제님의 덕화를 손상시키는 불의한 세력은 즉시 철수하라.
2. 더 이상 도장을 불법의 장소로 방치할 수 없으며, 신성한 도장을 수호하는 것은 도인의 권리이자 의무이다. 따라서 불의한 세력을 몰아내고 도정을 회복하여 도장으로서의 본 기능을 되찾는데 전 도인들은 일심단결 하자.
3. 이 사태를 획책 · 선동하는 일부세력의 불순한 의도에 현혹되지 말며 여주 도장에 머무르는 도인들은 각자 방면으로돌아가서 도전님께서 맡겨주신 책무인 포덕사업에 진심 갈력할 것을 당부한다.
4. 누구든 시비를 조장하고, 분열을 획책하는 자는 상제님의 대도에 정면으로 도전하는 행위이므로 천지에 용서를 빌 곳이 없다. 어리석음을 멀리하고 청정무구한 마음으로, 사소한 시비에 이끌려서 대도의 가르침을 망각하지 말라.
5. 도장은 사욕으로 점거되며 이용할 수 없는 영대가 모셔진 성전이다. 일부 세력의 비열한 목적에 수 많은 도인들이 선동되어 과연 무엇을 지킨다는 말인가? 우리 수도인들은 혹세무민과 비리괴려를 엄금해야 하며, 오직 상생대도의 진리를 깨달아서 지극한 정성으로 부족함을 채워나가야 할 것이다.
6. 우리는 오늘날의 불충하고 불미스런 사태에 대한 책임을 통감하고 더욱 더 해원상생을 실천하는 수도인의 자세로 돌아가 화합과 단결에 최선을 다합시다.

대순 129년 · 1999년 8월 14일

---

**●도정회복위원회**

중앙종의회 임원

위원장 선감 손창식

부위원장 선감 최기례 선감 이상훈 선감 윤창식

위 원 구본녀 김동렬 김동현 김부연 김헌기 김현무 문이순 박경예 박광훈 박길순 박수용 박용관 서숙이 송정님 신진수 양성욱 이동식 이선영 이영순 이외용 이은연 이정구 이정순 이진하 정연복 최복금

## 1999년 10월 11일자 경석규 측 성명서

# 종단 대순진리회에서 도인

새로운 천년이 시작되고 있습니다.

우리 민족은 물론이고 세계가 새로운 기운으로 용솟음치려 하고 있습니다. 바로 이러한 때에 민족과 함께 웅비하기 위해 1969년 도전님께서 민족종교 대순진리회를 창설하시고 "음양합덕(陰陽合德)·신인조화(神人調和)·해원상생(解冤相生)·도통진경(道通眞境)"을 종지로 삼고 시대적 요구에 부응하기 위해 교육사업, 의료사업, 구호자선사업을 종단 3대 기본사업으로 정하여 그동안 학교법인 대진대학교를 비롯 전국에 6개 고등학교와 대진의료재단을 설립 동두천 제생병원등 3개의 종합병원을 설립, 그중 분당제생병원을 개원하는등 날로 발전하여 왔습니다.

그러나 본종단은 최근 이러한 시대적 요구와 사명을 저버린 여주 본부도장 前원장 이유종의 종권 장악 야심에 의해 종단은 실로 어려운 국면을 맞고 있습니다.

즉 신앙적 배신과 종권장악 음모사실이 들어난 위 이유종을 1999년 7월 17일 제명처분하였으나, 이유종은 규정에 따라 불복절차를 거치지 아니하고 추종세력을 결집 종단에 항거하여 오다가 급기야 1999년 9월 24일 새벽 1시경 추석 명절을 기화로 본 종단신앙체계인 영대를 침해 훼손하고 변질된 신앙체계를 만들어 이단 종교를 개설 하였습니다. 이에 본 종단은 참담한 심정으로 향후 이유종 세력등이 선량한 국민과 도인들에게 미칠 피해를 사전에 방지하기 위해 그동안 저질러진 이유종등의 종권장악 음모와 그 실체를 밝히고자 합니다.

**첫째, 배도자 '이유종' 은 종권장악을 위해 불법으로 종무원장을 사칭하였습니다.**

본 종단의 종무원장은 임기에 제한을 두지 않는 종신직으로서, 1969년 도전님께서 종단 창설과 함께 녹명지를 소상하고 임명한 '경석규'종무원장 한분 밖에 없습니다. 그럼에도 불구하고 이유종은 1996년 1월 23일 도전님이 화천하시자 종권 장악의 야욕을 품고 도헌(道憲) 제22조 규정(도전 유고시에는 종무원장, 종의회 의장 순으로 그 직무를 대리한다)에 의거 종권 장악에 반드시 필요한 종무원장의 직위를 탈취할 목적으로 고령의 경석규 종무원장에게 "니가 종무원장이냐"라고 하는 등 패륜적인 행위를 하고 대내외적으로 종무원장을 사칭 마치 자신이 종무원장인 양 행세를 하고, 또한 이를 기정 사실화하기 위해 1999년 6월 7일 경석규 종무원장 명의의 위임장을 위조, 종단사업자등록증의 대표자를 불법으로 '경석규' 에서 '이유종외 2인'으로 변경한 범죄행위를 저질렀습니다. 이 부분은 현재 사문서위조등으로 피소되어 검찰에서 수사중에 있습니다.

**둘째, 배도자 '이유종' 은 본 종단의 신앙체계와는 전혀 관계없는 무속 신앙에 입문하여 제자가 될 것을 맹세함으로써 명백하게 본 종단의 신앙을 배신 하였습니다.**

이유종은 종권 장악에 눈이 먼 나머지 산기도를 통해 신통력을 가졌다는 특정인을 소개받아 해인(도통)굿을 하여 초능력을 얻게되면 많은 수도인들이 자기를 따를 것이라는 말을 믿고 1999년6월 초순경 서울 제기동 소재 수원방면 김순옥 포덕소에서 3천만원을 들여 해인굿단을 만들고 5백만원 상당의 제물을 마련한 뒤 2백만원짜리 금도포를 입고 태양을 집어삼킨다는 해괴망측한 해인굿(이유종은 해인고사라함)을 하여 특정 개인의 제자가 될 것을 맹세하는 등 본 종단의 신앙을 배신하였습니다.

**셋째, 배도자 '이유종' 은 종권탈취 수단으로 종단의 주요장부와 예금통장을 빼돌리고 성주·서울방면의 일부 도인들과 야합하여 도전님께서 짜놓으신 시학·시법공부를 중단시켜 종단 수도체계를 무너뜨리려고 획책하였습니다.**

해인굿 사실이 드러나 제명당한 이유종은 종권장악 야심에서 종권탈취로 그 계획을 바꾸고 종단에서 빼돌린 장부와 예금통장을 가지고 성주·서울방면을 찾아가서 그들이 주장하는 새로운 신앙체계를 받아들이는 대신 자신의 지분을 요구하는 천인공노할 합의를 하여 위 성주·서울 방면을 끌어들인 뒤 종단을 양분화시키고, 1999년 8월 7일 도인들의 생명과 같은 시학·시법공부를 일시에 중단시켜 종단의 수도체계를 무너뜨려 종단의 붕괴를 획책하였습니다.

# 여러분에게 알려드립니다

**넷째, 배도자 '이유종' 은 영대에 봉안된 신앙체계를 침해 훼손하고 신앙체계를 바꾸어 이단종교를 개설하였습니다.**

나라에 국법이 있듯이 대순진리회에는 도법이 있습니다. 그럼에도 이유종 등은 야합하여 신앙의 대상인 구천상제님의 유지와 본회 창도주인 도주님의 유법에 따라 도전님께서 봉안하신 영대의 15신위(진법주)를 침해 훼손하여 종통을 벗어나는 이단종교를 개설할 것을 계획하고, 1999년 9월 24일 새벽1시에 본 종단의 중요 성전인 중곡도장, 포천도장, 제주도장 영대에 침입하여 봉안된 석가여래의 신위를 제거하고 도전님의 신위를 봉안하고 주문과 배례법을 바꾸었는바, 영대의 침입은 바로 본종단의 종권을 침해한 행위이고 신앙체계를 바꾼 것은 이단종교 개설에 해당합니다. 그러므로 신앙체계등을 바꾼 이유종과 그 추종자들은 이제 대순진리회 도인들이 아닙니다. 따라서 이유종은 대순진리회와 관련된 어떠한 행위도 할 수 없으며 또한 자격도 없습니다.

**이와 같은 사실을 종합하여 보면 배도자 이유종은 다음과 같은 종교적 죄상을 범했습니다.**

1. 종권 탈취의 야욕을 이루기 위해 종단사업자 등록증의 대표자 명의를 불법적으로 바꿔치기 한 죄
2. 타 종교(무속신앙)로 개종하여 본 종단 신앙을 배신한 죄
3. 저지른 죄상에 대한 응분의 대가라 할 제명처분에 불복 절차를 거치지 아니하고 서울·성주 방면등 일부 도인들을 끌어들여 배도자로 만들고 종단을 분열 획책한 죄
4. 중곡도장을 불법 점거한 뒤 종무원장을 사칭하며 본종단의 시학·시법공부를 집단적으로 방해, 종단 붕괴를 획책한 죄
5. 종단의 신앙체계를 무단히 침범 훼손하고 신앙체계를 변절시켜 이단종교를 개설한 죄

**따라서 이러한 종교적 죄상을 범한 이유종과 그 추종자들은 본종단 산하 도장에서 즉각 철수할 것을 촉구합니다.**

## 당부의 말씀

도인 여러분!

그동안 본인의 부덕한 소치로 이유종과 같은 배도자가 나타나서 종단의 명예를 실추시키고 내분을 조장한 사실에 대하여 깊은 유감의 뜻을 표합니다. 특히 배도자 이유종과 그를 추종하는 방면들이 석가여래 후신이 진묵대사이고, 진묵대사 후신이 도전님이라는 조작된 낭설을 바탕으로 석가여래를 퇴위하고 도전님을 모신것은 도전님의 유훈을 저버리고 종단을 이탈한 것이므로 그들은 본종단의 도인들이 아닙니다. 그리고 그 동안 여주본부도장에서는 이유종의 공부방해 획책에도 불구하고 지금까지 한번도 시학·시법공부가 중단된 사실이 없었고, 향후 운수받는 그날까지 계속될 것이며 누구든지 도전님의 도인이라면 본부 도장의 출입이 자유로이 허용되고 공부 또한 할 수 있습니다.

본 종단은 앞으로 반드시 도전님께서 행하여 오신 대로 수도를 계속해 나갈 것이며 또한 위와 같이 조작된 낭설에 속고 있는 도인들을 위해 상제님의 참진리를 토론할 수 있는 상담창구를 마련하였습니다. 그러므로 궁금한 사항이 있는 분은 직접 방문은 물론 전화(0337-882-6626)나 우편 등으로도 언제든지 연락주시기 바라며, 특히 성주·서울·천안 방면의 수도인 여러분께서 많이 이용하여 주시기 바랍니다.

그리고 종단 운영에 있어서도 미비한 점을 보완하여 수도인 여러분의 수도활동에 불편함이 없도록 할 것이며, 종무행정도 좀더 투명하게 체계적으로 운영하도록 하겠습니다.

그러므로 수도인 여러분께서는 작금의 어려운 상황에 용기를 잃지 마시고 우공이산(愚公移山)의 정신으로 더욱 더 화합하고 단결해서 포덕 사업에 최선을 다하고 수도생활에 정성을 다하여 주실 것을 당부드립니다.

1999년 10월 16일

**종단 대순진리회 종무원장 경석규**

# 1999년 10월 14일자 이유종 측 성명서

## 대순진리회 배도자(背道者) 경석규, 정대
## 저지른 잘못을 뉘우치고 하늘을 손바닥

대순진리회는 순수 민족종교로서 국법을 준수하며 도덕을 준행하여 국민복리, 국가안보를 최우선 하는 민족웅비를 수도 덕목으로 삼고 있으며 설립자 도전님께서 때가 오실 때까지 잘 이끌어 나가라고 이유종종무원장께 분부하심으로 그 누구도 종무원장 직무를 바꾸거나 변경할 수 없으나 배도자 경석규, 정대진, 윤은도 등이 불순 폭력세력을 동원하여 이유종원장을 몰아내고 종권을 장악하기 위해 패악 무도한 폭력만행을 저지르고 있는데 대순진리회 800만 신도들은 경악하고 있다.

지금이라도 늦지 않으니 설립자 도전님의 지시로 종무원장 직무를 수행중인 이유종원장에게 용서를 빌고 참다운 수도인으로 종법수행과 종단발전 나아가 국가안위에 기여하길 바라며 훈회덕목으로 가르치신 "1. 마음을 속이지 말라 2. 은혜를 저버리지 말라 3. 남을 잘되게 하라"는 덕목의 용서를 받을 것이니 거짓과 패륜만행을 저지르며 종권장악을 시도하려는 실로 하늘을 손바닥으로 가려 보려는 어리석음을 즉시 중단하기 바란다.

배도자 경석규 일당의 행위는 대순진리회 수도인이 하는 행동 이기보다 일반 범죄집단이나 흉내낼 수 있는 범죄행위이며 배도자 일당이 종권을 탈취하기 위해 일부 세력을 규합하고 있는 부천, 부산, 안동, 공주방면 소수인들로 800만 신도중 단 1~2만명에 불과한 사실을 우리 진리회 수도인들은 다 알고 있는 사실이다.

**하나. 배도자들이 폭력으로 강제 서명 작성한 후 문서로 사용한 사직서, 확인서 등이 실정법상 형사법 소추대상인 것을 알라**

- 배도자 경석규 일당은 99. 7. 4 여주도장에서 재단사무국장, 총무부장 등을 방에 감금 폭행하고 용변을 쓰레기통에 해결하도록 강요당하면서 이유종원장 등 3인 명의로 등록된 사업자등록증을 경석규 앞으로 변경하도록 허위문서에 강제서명하여 관철시켰다.

- 배도자들은 99. 7. 6. 22:30 700여명의 불법폭력집단 세력을 이끌고 중곡도장에 난입, 71세의 노령인 추성엽 보정을 4시간동안 폭행 감금 살해위협 하면서 도장의 모든 직책에서 사직한다는 강제사직서에 서명케 했다.

- 이유종원장이 해인굿이라는 알지도 못하는 무속신앙에 입문 했다는 허위문서에 강제 서명케한 후 행동대원 윤은도 등이 "아! 이제는 이유종을 잡을 수 있다"라고 소리치고 다닌 사실을 부인할 것인가.

**둘째. 배도자 경석규, 정대진 일당이 이유종원장을 감금 구타 협박하여 강제로 사직서를 받아낸 만행은 수도인이 아닌 일반인 범죄자들도 저지르기 어려운 범법, 패륜 만행이다.**

- 배도자 경석규 일당이 99. 7. 17자 이유종원장이 종단에서 제명처분 되었다고 주장하는것은 배도자 일당이 99. 7. 4 여주도장에 500여명의 괴청년들을 동원하여 당시 영대에 봉심을 올리고 내려오시던 이유종원장님을 폭행하면서 머리채를 잡고 무자비하게 원장실로 끌고가 종무원장직에서 사직한다는 사직서를 쓰지 않으면 개스통을 폭파시켜 살해하겠다는 소름 끼치는 협박으로 사직서를 쓰라고 하는 행위는 무엇을 의미하는가.
당시 현장에 있던 토성 수도장 원장 정훈봉선감과 포천수도장 원장 진호덕 교감등도 개스통 살해 위협을 받으며 강제 사직서에 서명케한 사실을 800만 대순진리회 수도인들은 경악하고 있다.

**셋째. 패륜적인 집단폭행 만행을 저지르며 배도자들은 행위를 정당화 시키려는 음모를 중지하라.**

- 99. 7. 4일과 7.7간에 경석규 일당이 동원한 700여명이 치성중이던 여주도장, 중곡도장에 흉기를 들고 난입, 신도들을 무차별 폭행하며 76명의 신도들이 팔이 부러지고 목뼈가 골절되는 중상해를 입게했고 여신도들의 머리를 자르고 성폭행 하는등 차마 인간으로서는 하지못할 패륜 만행을 저지른 사실을 여주와 중곡도장 신도들이 눈뜨고 보지 않았는가. 이 사건이 여주지청에서
도덕목이 있음에도 통분한 수도인들이 억울함을

**넷째. 배도자 일당이 분당재생병원 강제 감사후 허**

- 배도자 일당중 윤은도, 정인식등 행동대원들이
금 의혹을 제기하며 분당병원이 마치 부정부패의
법적인 외부 감사를 하기위해 도전님의 지시가
곡도장에 난입 추성엽 보정을 감금 폭행하며 분당
를 가지고 배도자 윤은도 등 7명이 8개월동안 감사
종권장악을 위해 이유종 원장측의 비리를 캘 불순
정태, 박동기 등 3인의 감사위원이 선동적인 감사

- 98. 10. 24 배도자 일당중 최세용, 강대훈이 사직
감사를 방해하기 위해 강대훈을 사주하여 최세용
작후 경찰에 고소하는 불법행위를 정당화시키려

**다섯째. 배도자 정대진이 성금을 횡령하여 문중사**
**위를 사죄하라**

- 배도자 정대진은 경남 산청군 시천면 외공리에
물의 전도인들의 성금을 사용했다는 의혹이 제기
노하고 있다.
또한 경남 산청군 시천면 외공리 104-2번지에
자손들의 가묘까지도 조성했는데 그 자금에 대한
을 뉘우치지 못하는가.

- 배도자 일당에 가세한 공주선감 유기찬이 충남
도 진상을 밝히기 바란다.

▲ 정대진 선감 가묘

# 진 일당은 종권 장악을 위해 패륜 만행을 로 가리려는 어리석음을 즉각 중단하라

배경은 다툼이나 소송을 하지 않는 대순진리회 수
가 아닌가

**문서 위조 행위를 사죄하라.**

회관 강당 예심결산보고시에 분당재생병원 비자
처럼 허위사실을 유포하여 임원들을 선동한 뒤 불
위사실을 유표시키면서 98. 9. 10 배도자 일당이 중
위임장을 강제로 작성 서명케 했고, 강제 허위 문서
무슨 비리가 적발 되었는가.
차수된 불법 감사에서 감사에 참여했던 손창식, 이
탈퇴한 사실은 무엇을 의미하는가?

싸움을 벌여 최세용이 상해를 입자 이유종 원장이
 지시했다는 허위문서를 작성케하여 허위사실 조

**고 죽지도 않은 자신의 호화가묘를 조성한 범죄행**

 해주정씨 문중사당을 건립하는데 수십억원의 눈
화로운 사당을 건립한 사실을 800만 신도들이 분

대진 본인의 왕능 버금가는 호화 가묘를 조성하고
되고 있다. 도전님의 초라한 봉분을 보고도 죄상

면 와우리에 조성한 죽지도 않은 자신의 호화 가묘

▲ 묘비를 세웠다(좌)가 비판이 있자 비문을 삭제(우)한 모습

## 공개 질의서

대순진리회 종권을 바로 세우고 800만 도인들의 참된 모습을 온 국민앞에 보이기 위해 공개질의서를 제시하는 바이니 배도자 경석규, 정대진, 윤은도 등은 답변을 주기 바란다.

하나. 불순 세력을 규합 일몰이후 심야 새벽2시에 2400여명의 행동대원들을 동원하여 흉기소지 집단 폭력만행으로 대순진리회 종권을 불법으로 장악한 것이 정당한 것인가.

둘. 치성중인 도인들을 무차별 폭행 73명이 중상해를 입게한 여주, 중곡도장 집단폭력 행위가 정당한 것인가.

셋. 설립자 지시를 성실하게 수행중인 이유종 종무원장을 강제 사직 시키기 위해 폭행 감금, 살해 위협을 하면서 사직서를 강제 작성 서명케한 것이 정당한가.

넷. 배도자 일당이 종권장악 음모를 관철시키기 위해 종단임원들을 폭행 협박하여 강제 작성한 종무직 사퇴서와 분당병원 감사위임장이 적법한 것인가.

다섯. 이유종 종무원장을 범죄자로 매도하기 위해 배도자 일당끼리 야합하여 허위진술서 작성 인장도용등 사문서 위조 행위를 일삼고 사직기관에 고소 고발하는 무고 행위가 정당한 것인가.

여섯. 배도자 정대진, 유기찬 등이 조성한 왕릉같은 호화가묘와 비석, 문중사당 건립비용에 사용한 자금 규모와 출처를 밝혀라.

일곱. 배도자 일당이 종무직 임원들을 감금 폭행하면서 강제 작성한 사업자등록증 이전 행위가 정당한 것인가.

위와 같은 파렴치한 범죄행위는 도전님의 훈시문에 명시된 음양합덕(陰陽合德), 신인조화(神人調化), 해원상생(解冤相生)의 수도정신에서는 상상도 못할 배도(背道) 반란행위이며 형사법적 범법행위로 국가안위, 국민화합, 질서, 혜민사회를 교지덕목으로 삼는 대순진리회 800만 도인들을 왜곡 매도 하는데 도인들이 분노하고 있다.
배도자들이 훈회 교리덕목을 외면하고 법질서를 문란케하는 행위에 대해 800만 신도들의 찬성, 반대, 서명으로 심판을 받도록 제안하고자 한다.
위의 심판을 받고자 대순진리회 수칙과 훈회, 교리개요를 공개한다.

불법난입 점거자들은 모든 재판에서 자기네들이 이겼다고 많은 방면 도인들을 현혹시키고 자기들이 종법 수호하는 정당한 자들인양 호도하고 있는 음모를 세상에 밝혀서 종교인으로써의 덕목을 갖추어야 함을 천명한다.

1999. 10. 14

**대순진리회 도인 · 임원 일동**

## 1999년 10월 16일자 이유종 측 성명서

# 종단 대순진리회 민

긴 여름이 지나고 이제 가을이 익어가고 있습니다. 모든 것이 결실을 맺어 다음해를 준비하기에 바쁩니다. 이렇게 계절
그 무더운 여름에 시작된 종단의 분열사태가 아직도 계속되면서 여러가지 오해가 아직 풀리지 않았습니다. 서로의 주장
될 것입니다. 도전님께서는 〈대순지침〉에서 "내 경위만 옳고 남의 주장을 무시하는 데서 반발을 일으켜 서로 미워하다
조장하는 것이다", "자존 때문에 시비와 곡직을 판득하지도 않고 적개심을 품는다면 자신을 어둡게 만드는 것이다"라고
이에 만수도인의 올바른 판단을 위해 사실 여부를 알려드리고자 이 글을 올립니다. 정확한 분별은 깨달음이고, 그 깨달음

### 1.이유종 선감이 종무원장을 사칭하였다는 주장에 대해

이유종 선감은 도전님의 명을 받아 실질적으로 종무원장의 직책을 수행해 오셨습니다. 도전님께서는 화천하시기 4개월여 전인 1995년 8월 14일 조회임원들에게 "이제 원장을 새로 내야 되겠다"고 하시면서 이유종 선감을 여주 본부도장 종무원장에 임명하셨습니다.

이날 이후 이유종 선감께서는 기획부장, 총무부장, 교무부장, 수도부장 등 종무위원을 관할하시면서 종단의 종무를 수행해 오셨습니다. 현 사태가 있기까지 어떻게 종무가 진행되어 왔는가를 보면 더 이상의 말이 필요없을 것입니다.

부연하자면, 종무원장이라는 공적인 직위와 그 자리에 있는 사람은 구별되어야 합니다. 그 자리에 있는 사람의 자격은 논할 수 있지만, 공적인 직위는 체계와 관련된 보다 큰 문제입니다. 이를 같이 생각해서는 안될 것입니다.

### 2.이유종 선감이 다른 종교에 입문하였다는 주장에 대해

해인굿을 하여 다른 종교에 입문하였다는 주장은 이번 사태가 시작될 때부터 제기된 문제입니다. 이에 대해서는 그 주관자로 지목된 "자불"이라는 사람이 직접 부인한 바 있습니다. 이 문제를 몇사람이 계속 주장하고 있지만, 자기들의 억지 주장에 불과하고 논의할 대상이 되지 못합니다.

### 3.주요 장부와 예금통장을 빼돌렸다는 주장에 대해

여주본부도장은 주지하듯이 99. 7. 16. 02:00 난동세력에 의해 불법으로 점거되었습니다. 강식 행사도 끝나고 참배도 할 수 없는 야밤 2시에 수천여명의 집단이 불시에 도장에 몰려들어 고함을 지르고 난동을 부린 것을 어찌 일상적인 모습으로 볼 수 있겠습니까. 예고도 없는 수천명의 습격에 처하여 어느 누가 태연할 수가 있겠습니까. 항거할 수 없는 집단이 집에 들이닥치면 제일 중요한 것을 챙겨 급히 피한 것은 너무나 당연합니다. 또 예금통장의 관리는 총무부의 고유 업무입니다. 도장이 점거되는 급박한 상태에서 총무부장이 예금통장을 들고 피한것을 두고 빼돌렸다고 하면 적반하장이 아니겠습니까. 상식을 가진 만수도인의 판단에 맡기고자 합니다.

### 4. 시학 · 시법 공부를 중단한

공부는 우리 도인의 생
모든 도인들은 공부를 한
지고 있습니다. 이 공부는
매우 중요한 것으로서 상
합니다. 그런데 불법점거자
바리케이트로 가로 막고,
비표를 착용하고 공부를
표없는 도인들을 마치 죄
지품을 검사하는가 하면,
아 극심한 공포감을 조성하

또한 강식에 참여한 임원
을 받아 법적인 조건을 갖

이 즈음에 이르면 공부의
울 수 없는 것입니다. 신변
찌 성경신을 다하는 공부를
부 중단은 불법점거자들이
문에 내려진 어쩔 수 없는
이 순간도 우리는 평온하
부를 하고 싶습니다. 공부
거자들은 하루 속히 도장의

# 수도인께 고합니다

ㅓ도 우리는 지금 시련을 겪고 있습니다. 우리 종단과 만수도인들도 만물과 더불어 더욱 성숙하려는 진통일 것입니다.
달라고 제목소리를 내기에 여념이 없습니다. 해원상생이라는 우리 종단 종지의 가치로 판단하면 모두가 반성해야만
원한을 품어 척을 맺는 법이다", "자기를 반성하여 보지 않고 불만과 불평을 감정화하여 고집한다면 스스로 상극을
깨우쳐 주셨습니다. 우리 모두가 도전님의 유훈을 되새기며 자기성찰의 기회를 가져야 될 것입니다.
인격을 갖추고자 모두가 노력해야 될 것입니다.

**시유**

중요합니다.
심을 크게 가
운기를 돌리는
하여 임해야
상의 포정문을
이 알 수 있는
드나드는 비
검색하고, 소
발언을 일삼
.
하여 강제날인
습니다.
지를 바로 세
을 받으면서 어
있겠습니까. 공
공포분위기 때
었습니다. 지금
도장에서 공
있도록 불법점
되찾을 수 있

도록 노력해 주기 바랍니다.

**5. 도전님을 영대에 봉안한 데 대해**

도전님께서는 구천상제님으로부터 천부적인 종통을 계승하신 옥황상제님께 유명으로 종통을 계승하시고 종단 대순진리회를 창설하신 분이십니다. 그래서 우리는 지금까지 '양위상제님과 도전님' 이라고 입에 닳도록 불렀습니다. 어느 누구도 '양위상제님과 서가여래' 라고 호칭한 적이 없을 것입니다. 도전님께서는 종통을 이어받으신 연원이시고, 원위이십니다. 그러므로 도전님께서는 화천하시고 난 후 그 자리에 박성상제님으로 봉안한다는 것은 우리 도인의 너무나 당연한 도리입니다. 일부에서 '도전님을 영대에 봉안하고 새로운 종교를 개설하여 이단화하였다' 고 주장하지만, 대상을 마치고 난 뒤 도정실 임원회의에서 도전님을 영대에 모시자고 만장일치로 의결하고, 97. 12. 19일자로 각 방면에 공문을 발송한 바도 있습니다. 도전님을 모시는 것이 어찌 다른 종교를 만들었다고 주장할 수 있단 말입니까.우리는 도전님을 원위에 모시고 끝까지 종단 대순진리회를 지킬 것입니다.

만수도인 여러분께 다시한번 말씀드립니다.

우리는 이 땅에 후천선경을 건설할 임무를 맡고 있는 도인들입니다.음양합덕 신인조화 해원상생 도통진경의 종지를 바탕으로 성경신과 안심 안신을 다하여 경천 수도에 전념해야 할 것입니다.

그러나 안타깝게도 우리는 지금 매우 어려운 시련을 겪고 있습니다. 종단은 물론이고, 우리 모두가 겪는 것입니다. 아마도 더욱 성장하려는 아픔이라 여겨집니다.

구천상제님께서는 "나는 해마(解魔)를 위주하므로 나를 따르는 자는 먼저 복마(伏魔)의 발동이 있으니 복마의 발동을 잘 견디어야 해원하리라" 고 하셨고, 도전님께서도 "겁액을 극복하고 나아가는 데 성공이 있음을 알아야 한다." 고 하셨습니다.

우리 모두는 현재의 시련이 복마의 발동이며 성공을 위한 겁액으로 여기고 잘 이겨나가야 할 것입니다. 이기려는 대상은 상대가 아니고 바로 자신입니다. 우리는 남을 수도시키기에 앞서 자신이 먼저 수도해야만 합니다.

상제님께서는 지금의 우리를 지켜보고 계실 것입니다. 완전한 인격을 갖춘 인간을 육성하시려는 상제님의 뜻을 헤아려 우리 모두 자신의 모습을 되돌아봅시다. 해원상생의 마음으로.....

**우리 만수도인은 종단이 정상을 되찾아 수도에 전념할 수 있을 때까지 온 정성을 다하고, 서로 노력합시다.**

1999년 10월 16일

종단 대순진리회 중앙종의회 의원 일동
종단 대순진리회 종무위원 일동
종단 대순진리회 도정회복위원회 위원 일동
**종단 대순진리회 종무원장 이 유 종**

# 1999년 12월 23일자 이유종 측 성명서

성

도전님께서는 1995년 8월 경석규 전원장을 해임하시고, 새로이 이유종 종무원장을 임명하셨습니다. 그리고 도전님
책임지게 하셨습니다. 여기에 대하여는 모든 도정실 조회임원들과 시봉들이 증언하고 있으며 전체 임원과 도인들도 그
에 의해, 종단 대순진리회는 이유종 종무원장 중심체제로 운영되어 왔습니다. 또한 이유종 종무원장께서는 1996년부터
장으로서 신년사를 발표하였으며, 청와대의 초청을 받아 종무원장 자격으로 1998년 2월 25일에 거행된 김대중 대통
하였습니다. 문화관광부와 민족종교협의회에 대순진리회의 대표로서 이유종 종무원장의 이름이 등록되어 있을 뿐 아니
습니다. 전체 도인들은 이 같은 사실을 인정하고 있습니다. 그러나 도전님의 유명에 의해 종권에서 소외된 경석규 전
일 새벽 2시에 수도인으로서는 상상치도 못할 무력적인 방법을 동원하여 여주 본부도장에 집단 난입하였습니다. 그들
멋대로 종무원을 구성한 후 그들의 행위가 정당한 것처럼 대내외에 선전하면서 많은 순수한 도인들을 미혹시켜왔고,
성주방면, 천안방면, 서울방면, 목포방면, 강남방면, 옥수방면… … 등의 뜻 있는 6백만 도인들은 이들의 행위가 도전
을 촉구하였습니다. 한편 순수한 도인들을 보호하고자 이들과 대화를 통하여 상생과 화합으로 해결하고자 하였습니다.
있습니다. 이에 도전님의 유지 유법을 받드는 우리 6백만 도인들은 하나로 합심 단결할 것을 재차 다짐하고 도전님
아울러 경석규 전원장과 정대진 선감이 하루속히 반성하기를 다시 한 번 촉구하며, 그들의 술수와 음모에 의해 미혹된

**1. 도전님께서 화천하신 지금, 이유종 종무원장은 종단의 최고 책임자로서 종단을 운영해오고 있습니다.**

도전님께서는 1995년 8월 14일 경석규를 종무원장으로서의 모든 권한을 삭권하셨습니다. 그리고 새로이 이유종 옥천선감을 종무원장에 임명하셨습니다. 종무원장은 종무원의 장을 의미합니다. 종무원은 기획부, 총무부, 교무부, 수도부로 구성되어 있는 바, 4개 부서는 이유종 종무원장의 지시와 결재를 받아 종단운영에 봉사해 왔습니다. 즉, 여주 본부도장 종무원장은 대순진리회의 종무원장을 의미합니다. 이러한 명백한 사실을 부정하는 난법·난도자들이야말로 하늘을 우롱하는 큰 죄를 범하고 있음을 알아야 합니다.

**2. 도전님께서는 이유종 종무원장에게 치성집사를 보게 하셨고, 도인들 성금과 종단의 운영을 맡겼습니다.**

도전님께서는 종단의 모든 치성에 이유종 종무원장으로 하여금 집사를 보게 하셨습니다. 그리고 도인들의 모든 성금을 책임지게 하셨으며, 종단의 살림살이를 맡겼습니다. 즉, 여주 본부도장을 비롯하여 중곡도장, 포천수도장, 제주수련도장, 토성수련도장과 종단 산하의 법인인 재단법인 대순진리회, 학교법인 대진대학교, 의료법인 대진의료재단의 운영은 본부도장 이유종 종무원장의 결재하에서 자금이 집행되어 왔음은 공지의 사실입니다. 지금 이러한 자격이 없는 난법자들을 통하여 성금을 모시고 있는 사람들은 도전님의 분부를 거역하고 있는 것입니다.

**3. 여주도장을 불법점거하고 있는 사람들은 즉시 도장에서 철수하십시오.**

도장은 상제님을 모신 신성스런 장소입니다. 그리고 모든 도인들의 수도의 요람터입니다. 그러한
도장을 새벽 2시에 수천명이 폭력을 동원하
니다. 지금이라도 잘못을 뉘우치고 도장에서
용서를 받을 수 있는 유일한 길입니다. 앞으
태를 더 이상 좌시하지 않을 것이며, 난법난
있는 본부도장을 회복하여 도정을 정상화시
불법점거로 인하여 일어나는 모든 사태는 점

**4. 당국은 여주 본부도장을 불법
조속히 철수시켜 줄 것을 촉**

여주 본부도장이 경석규 전(前) 원장과 정
속에서 어쩔 수 없이 도장에서 물러 나올 수
명정대한 심판이 있기를 인내하여 왔습니다.
이렇게 참고 있는 것은 아닙니다. 결코 믿음
활해 온 대순진리회 수도인으로서 어떠한 경
사회 안녕과 질서를 흐트리는 불상사를 막기
그러나 그들이 여주 본부도장을 불법적으로
미온적인 처리로 종단의 정상화 회복에 차질
어 국가 공권력에 대한 신뢰가 무너지면 참
없는 불신이 생겨 분노로 변할 수 있음을 양지

**5. 상생과 화합으로 21세기를 맞**

서

시던 치성 집사를 이유종 종무원장에게 맡아보게 하셨으며, 심지어 도인들의 생명줄이라고 할 수 있는 성금까지
동안 수도에 정진하여 왔습니다. 1996년 1월 도전님께서 화천하신 후 지금까지 위와 같은 도전님의 유지(遺志)
종단을 대표하여 왔습니다. 1996년 12월 29일자 조선일보와 1997년 1월 15일 종교신문에 대순진리회 종무원
석하였으며, 최근 1999년 5월 18일 민족종교지도자 청와대 초청 오찬회에서도 종단 대순진리회 대표로서 참석
람들이 볼 수 있는 대한민국 정부기관 인터넷 홈페이지에 이유종 종무원장께서 대순진리회 대표로 명시되어 있
선감은 종무원장 자리가 대단한 권력기관인양 착각하고 호시탐탐 종권장악을 기도하다 급기야 1999년 7월 16
신 신성한 도장을 폭력을 동원하여 불법점거한 후, 이유종 종무원장과 종무위원을 몰아내었을 뿐만 아니라 그들
짓된 주장으로 일관함으로써 도전님의 유지 유법을 정면으로 부정하는 죄를 저지르고 있습니다. 여기에 분연한
)를 정면으로 거역하는 난법난도 행위임을 밝히고 이유종 종무원장을 정점으로 하여 도정을 정상적으로 돌릴 것
이라는 반성의 기간을 주었음에도 불구하고 경석규 전원장과 정대진 선감 등은 자기들의 잘못을 깨닫지 못하고
이유종 종무원장을 앞세워 종무를 보필하고 정상적인 도정을 회복하기 위해 심신을 다 바칠 것을 맹세합니다.
다음과 같은 사실을 알리고자 합니다.

저히 용서받을 수 없는 난법 행위입
로 돌아가는 것만이 상제님으로부터
인들은 여주 본부도장의 불법 점거상
책동에도 불구하고 그들이 점거하고
력히 천명하는 바이며, 차후로 도장
엄중히 경고합니다.

점거하고 있는 난입자들을

부터 폭력, 난입을 당하여 갖은 수모
는 반년이 넘도록 법을 존중하며 공
도인의 70%가 넘는 우리가 무력해서
습니다. 단지 그들과 우리가 같이 생
게 상처를 입혀서는 안된다는 일념과
법의 판결을 기다리고 있는 것입니다.
사실이 명백히 드러났음에도 당국의
또한 당국의 방관적인 상태가 지속되
수도해온 6백만 도인들이 결집을 수
해결을 요구하는 바입니다.

대순진리회는 상극을 상생으로 바꾸고 이 세상의 모든 원한을 풀어 천하가 한 집안이 되는 후천세계를 건설하는 위대한 진리입니다. 그러한 대순진리를 수도하고 있는 우리 도인들이 언제까지 반목과 투쟁을 계속해야 하겠습니까? 우리 모두가 본연의 양심을 회복하고 도전님의 유지를 받들면서 상생대도의 대순진리를 실천했을 때, 상제님 도주님 도전님께서 마련해주신 후천선경의 세계가 눈앞에 펼쳐질 것입니다. 그러므로 우리 수도인들은 안심·안신·경천·수도의 기본강령을 토대로 마음의 자세를 확립하여 성·경·신을 다하는 수도인의 참된 모습을 되찾읍시다. 우리는 여주 본부도장에 있는 모든 임원과 수도인들에게 상생의 길을 열어 용서하고 미워하지 않으며 다함께 하나가 되어 도화낙원이 건설될 그날까지 도우로써 수도할 자세를 가지고 있습니다.

**6. 이상은 4천여명의 상급임원들과 6백만 도인들이 뜻을 모아 이유종 종무원장이 대순진리회의 대표임을 천명하여 종단의 미래에 안녕과 질서를 회복하고 우리들의 힘으로 단결하여 일치된 뜻을 피력하는 것이오니 난법 난도자들에게 일시 미혹된 도인이나 여타 도인들은 이번 사태의 본질과 도장의 불법점거로 인하여 도정이 총체적으로 난맥상을 보이고 있는 상황, 그리고 대순진리회를 보는 사회의 시선이 어떤 것인지를 분명히 인식하시어 하루라도 빨리 모든 도인들이 여주 본부도장에 자유롭게 출입하면서 수도할 수 있도록 적극 협조해 줄 것을 강력히 촉구합니다.**

**1999년 12월 23일**

**종단 대순진리회 6백만 도인 일동**

1922년 2월 23일자 동아일보 기사

風說이 傳하는 太乙敎 (三)

「去病解寃」의 信條

신축년에 도통을 한 강일순
자칭옥황상데의 선언한 말

그때에 조선에는 정치의부패가 심하야 폭민학정으로 알을삼는 수령방백(守令方伯)이 팔도에 편만하야 인민은도탄에들고 원성이 창텬하얏스며 몃빅년이래로 고질이된반상의계급 빈부의계급은 도처에비참한현상을 이르키엇스며 한편으로 외국의침해가 시작되든때이라 이와가치 세상에 원통한긔운이 가득한것을보고 여러가지로

로심초사 하며 유교와불교와 선교(仙敎)에 관한서적을 읽어 무슨새종교를 발견코자하다가 지금으로부터 이십이년전 신축년(辛丑年)에 도통이 되엿노라하고 유교와불교와 선교를 합하야 한종교를창설하고「거병해원(去病解寃)」(병을버리고 원통한것을푼다)이라는 주의를 창도하고 자긔는텬디만물을 주재하는 옥황상데(玉皇上帝)로서 세상에탄강하얏노라 자칭하고말하되 대개하늘과 땅과만물이 일졀을집인데 그것을주재하는 무엇이잇스니 그것이 즉 옥황상데이요

옥황상데 는 곳자긔인데 이때까지 내가세상에 하강하기 이전은 선텬(先天)이요 내가세상에 하강한후는 후텬(後天)이라 그런데 선텬의원리는 상극의리치를 주장하야 불평과원한이충만하얏스되 금후부터는 내가텬디를 주장하는 생(相生)의 리치로 고 로사랑하고 서로 사람의 마음가운데잇 된욕심을 업시하야 크게 올흔사람들이 되 신상 병이업게하는동 로도병이업게하야 거 의주의를 실행하고 에빈부의차별(貧富의 약의차별(强弱의差別 차별(貴賤의差別) 남 (男女의差別)등이잇

서로원망 하야 운이텬디에가득하니 그런날이 업도록하고 치를근본뎍으로 곳치 통을풀게한다하고 다 금후로 몃해후에텬디 벽이되고 세상은꼿피 서로깃버하는 신선의 터인데 그리자면 일시 이류획하야 사람이무 터인바 가마니안젓다 쓰러져죽는 사람이잇 나의가르침을 따라주

奇異한 呪文

風雲造化를 任意로

1989년 11월 4일자 한국일보 기사

# "宗敎헌금 마련" 僞裝 강도극

## 大巡眞理會 敎領이 두 주부신도 현혹

### 남편몰래

### 손발맞춰

### 인출現金 高位교역자

신흥종교단체인 大巡眞理會지역책임자들이 주부신도들과 짜고 종교회관건립자금을 마련키위해 주부신도의집에서 위장강도극을벌이고 예금통장을 빼낸 사실이 밝혀져 큰 파문을 일으키고있다.

서울泰陵경찰서는 3일 金銀善(31·서울蘆原區下溪洞61의22) 朱玉子씨(29·蘆原區孔陵1洞596)등 주부2명과 이종파의 上鳳연락소 교령 文善愛씨(32·여)등 교역자5명을 위계에의한 공무집행방해, 특수절도혐의로 입건, 조사중이다.

경찰에 의하면 주부 金씨와 朱씨는 지난10월25일상오8시께 서울道峰區彌阿4洞42 大巡眞理會 上鳳연락소사무실에서 『上鳳회관건립자금이 필요하니 남편의 예금통장을 미리 빼내고 강도를 당한것처럼 위장하자』는 上鳳연락소교령 文씨의 제안을수락, 위장강도극을 모의했다.

이에 따라 金씨는 이틀뒤인 27일상오8시30분 5백4만원이 입금된 남편 宋모씨(32·회사원)의 예금통장과 도장을 교령 文씨에게 전해주고 집으로 돌아갔는데, 상오10시께 섭부(일선교역자) 朴武三씨(26)등 2명이 스타킹으로 복면을 하고 金씨가 열어둔 대문으로 金씨집에 침입, 金씨와 딸 宋모양(7)을 식칼로 위협한뒤 스타킹으로 팔다리를 묶고 테이프로 입을 막아 이불로

## 장 미리받고
## 에 복면침입

…달

상품등을뒤져불건려놓고달아났다. 金씨집에 들어간 인 선부 金성완씨 소기업은행 淸凉 하아가 신도金씨로 장과도장으로 5 인출해달아났다.

다음날인 28일 상오 9시께 蘆原區 孔陵1洞 수다방에서 신도 朱씨로부터 7백84만원이 입금된 남편 崔모씨(32·페인트공)의 예금통장과 도장을받은뒤 상오 9시40분께 선부 朴씨등 2명이 같은 방법으로 朱씨집에 들어가 강도극을 벌이고 곧바로 국민은행 孔陵洞지점을 찾아가 돈을 인출해 달아났다.

경찰은 피해자들로부터 강도신고를 받은뒤 수사를해오다 범인들이 예금통장과 도장만 빼앗아갔고 두 사람의 진술태도가 너무 태연한점을 수상히 여겨 이들을추궁, 위장강도극 이었음을 자백받았다.

두 통장에서 인출된 돈은 교령 文씨의 남편이며 차선감 직책을 맡고있는 具용헌씨에게 전해져 상납교역자인 선감 李규우씨에게 헌금된것 …밝혀졌다.

경찰은 大巡眞理會가 大眞대학(경기抱川) 설립인가를 받아 91년개교를 목표로 교사를 신축중인사실과 관련, 이돈이 건축공사자금으로 입금됐는지 여부도수사중이다.

한편 金씨와 朱씨는 지난 72년부터 이종교를 믿어 그동안 여러차례 부부싸움을 하기도했으나 가족몰래 계속 신앙생활을 해온 것으로 밝혀졌다.

이들은 매달 1만원씩 헌금을 해왔는데 헌금을 많이 하지 못한 죄책감으로 위장강도행각을 벌였다는것이다.

대순진리회는 현재 城東區 中谷洞에 본부를두고 서울, 경기驪州, 제주도에 수련도장을갖고있으며 회원은 1백70여만명에 이르는것으로 추산된다.

직제는 도전(교주) 선감 교감 차선감 교령 선사 교정 정리 선부 교무 평도인(신도) 등으로 돼있으며 上鳳연락소소속 신도는 1천여명인 것으로 알려졌다.●

# 증산도 주요도장 안내

## 국 내 도 장

☎ 서울

| | |
|---|---|
| 서울강남 | 02-515-1691 |
| 서울광화문 | 02-738-1690 |
| 서울동대문 | 02-2249-1691 |
| 서울번동 | 02-993-4008 |
| 서울봉천 | 02-879-1691 |
| 서울송파 | 02-420-1691 |
| 서울숭인 | 02-2253-1691 |
| 서울시흥 | 02-894-1691 |
| 서울신대방 | 02-848-1690 |
| 서울신촌 | 02-713-1691 |
| 서울양재 | 02-576-8512 |
| 서울영등포 | 02-677-6022 |
| 서울은평 | 02-359-8801 |
| 서울자양 | 02-453-1691 |
| 서울목동 | 02-697-1690 |
| 서울합정 | 02-335-7207 |
| 광명 | 02-2614-1693 |

☎ 인천 / 경기

| | |
|---|---|
| 인천부평 | 032-519-6008 |
| 인천십정 | 032-508-1691 |
| 인천율목 | 032-773-1691 |
| 인천주안 | 032-867-1691 |
| 부천심곡 | 032-612-1691 |
| 고양원당 | 031-966-0242 |
| 군포금정 | 031-453-1691 |
| 김포북변 | 031-982-1691 |
| 남양주도농 | 031-568-1691 |
| 남양주용정 | 031-528-1691 |
| 동두천생연 | 031-867-1691 |
| 성남분당 | 031-703-1691 |
| 성남태평 | 031-758-1691 |
| 수원매교 | 031-225-1691 |
| 수원우만 | 031-212-1691 |
| 안산원곡 | 031-495-1838 |
| 안성낙원 | 031-676-1691 |
| 안양만안 | 031-441-1691 |
| 여주창리 | 031-885-1691 |
| 연천전곡 | 031-835-1691 |
| 오산 | 031-376-1691 |
| 용인 | 031-322-9125 |
| 의정부 | 031-878-1691 |
| 이천중리 | 031-636-0425 |
| 파주금촌 | 031-945-1691 |
| 평택신장 | 031-611-1690 |
| 평택통복 | 031-657-1691 |
| 포천신읍 | 031-531-1691 |

☎ 태전 / 충남

| | |
|---|---|
| 태전갈마 | 042-523-1691 |
| 태전과기원 | 042-869-2089 |
| 태전괴정 | 042-525-6306 |
| 태전가양 | 042-622-3181 |
| 태전세종 | 042-823-4777~9 |
| 태전오류 | 042-523-5078 |
| 공주신관 | 041-853-1691 |
| 논산취암 | 041-732-1691 |
| 보령동대 | 041-931-1691 |
| 부여구아 | 041-835-0480 |
| 서산대산 | 041-681-7973 |
| 서산동문1 | 041-665-1691 |
| 서산동문2 | 041-667-6346 |
| 아산온천 | 041-533-1691 |
| 조치원상리 | 041-866-1691 |
| 천안성정 | 041-576-1691 |
| 태안남문 | 041-674-1691 |
| 홍성고암 | 041-631-1691 |

☎ 충북

| | |
|---|---|
| 청주봉명 | 043-262-1691 |
| 청주서문 | 043-224-1691 |
| 충주교현 | 043-842-7204 |
| 제천청전 | 043-652-1691 |
| 음성 | 043-872-1691 |

☎ 강원

| | |
|---|---|
| 강릉옥천 | 033-643-1349 |
| 동해천곡 | 033-535-2691 |
| 삼척성내 | 033-574-1691 |
| 속초조양 | 033-637-1690 |
| 원주우산 | 033-746-1691 |
| 춘천중앙 | 033-242-1691 |
| 춘천효자 | 033-262-1692 |
| 태백황지 | 033-552-9997 |
| 철원동송 | 033-455-1690 |

☎ 대구 / 경북

| | |
|---|---|
| 대구대명 | 053-628-1691 |
| 대구대현 | 053-959-1691 |
| 대구두류 | 053-621-1691 |
| 대구수성 | 053-765-3510 |
| 대구신천 | 053-421-5611 |
| 대구파동 | 053-764-1691 |
| 대구시지 | 053-793-1691 |
| 대구성서 | 053-592-1691 |
| 경주황성 | 054-774-3661 |
| 구미원평 | 054-456-1691 |
| 구미인동 | 054-472-1691 |
| 김천평화 | 054-437-1691 |
| 문경모전 | 054-554-1691 |
| 상주서성 | 054-533-1691 |
| 안동태화 | 054-852-1691 |
| 영주휴천 | 054-636-1691 |
| 영천문내 | 054-338-1691 |
| 포항덕수 | 054-241-1691 |

☎ 부산 / 경남

| | |
|---|---|
| 부산광안 | 051-755-3348 |
| 부산대연 | 051-636-2112 |
| 부산동래 | 051-867-3317 |
| 부산만덕 | 051-342-1692 |
| 부산부민 | 051-244-1691 |
| 부산서면 | 051-805-2085 |
| 부산영도 | 051-415-1690 |
| 부산장전 | 051-515-1696 |
| 부산양정 | 051-868-1691 |
| 양산북부 | 055-382-1690 |
| 거제장평 | 055-635-8528 |
| 거창중앙 | 055-943-1691 |
| 고성동외 | 055-674-3582 |
| 김해삼정 | 055-327-1691 |
| 마산중앙 | 055-243-1691 |
| 마산회원 | 055-224-5046 |
| 삼천포벌리 | 055-833-1725 |
| 울산삼산 | 052-276-1691 |
| 울산삼호 | 052-247-1692 |
| 울산자정 | 052-281-1691 |
| 진주상대 | 055-759-1691 |
| 진주인사 | 055-747-7580 |
| 진해경화 | 055-545-1740 |
| 창원중앙 | 055-267-1691 |
| 창원팔룡 | 055-256-1691 |
| 통영정량 | 055-649-1691 |
| 함양용평 | 055-962-3054 |

☎ 전주 / 전북

| | |
|---|---|
| 전주다가 | 063-285-1691 |
| 전주덕진 | 063-275-0260 |
| 전주삼천 | 063-221-1691 |
| 전주우아 | 063-241-0021 |
| 전주효자 | 063-228-1691 |
| 군산금동 | 063-446-1691 |
| 남원도통 | 063-631-1096 |
| 부안동중 | 063-581-1691 |
| 익산신동 | 063-854-5605 |
| 익산영등 | 063-836-1691 |
| 정읍시기 | 063-533-6901 |

☎ 광주 / 전남

| | |
|---|---|
| 광주신안 | 062-523-1691 |
| 보성벌교 | 061-858-1691 |
| 목포용당 | 061-279-1691 |
| 순천장천 | 061-745-1691 |
| 여수둔덕 | 061-652-1691 |
| 영광도동 | 061-352-1750 |
| 완도군내 | 061-555-1691 |
| 해남평동 | 061-534-3084 |

☎ 제주

| | |
|---|---|
| 제주이도 | 064-721-1691 |
| 제주삼도 | 064-722-1691 |
| 서귀포서홍 | 064-732-0448 |

## 해 외 도 장

☎ 북미

| | |
|---|---|
| 뉴욕 | 1-718-747-1479 |
| 로스엔젤레스 | 1-213-389-7676 |
| 달라스 | 1-972-488-8155 |
| 산호세 | 1-408-289-9228 |
| 시카고 | 1-773-388-8918 |
| 오렌지카운티 | 1-714-677-1691 |
| 아틀란타 | 1-770-319-6623 |

☎ 캐나다

| | |
|---|---|
| 토론토 | 1-416-631-6235 |

☎ 유럽

| | |
|---|---|
| (영)런던 | 44-208-715-2505 |

☎ 일본

| | |
|---|---|
| 東京도장 | 81-42-371-7606 |
| 大阪도장 | 81-6-6753-2979 |
| 神戸도장 | 81-78-871-1065 |

☎ 필리핀

| | |
|---|---|
| 마닐라 | 63-2-249-0939 |

☎ 오세아니아

| | |
|---|---|
| 뉴질랜드 크라이스트처치 | 64-3-342-3362 |

증산도 본부: 대전광역시 서구 괴정동 123-2 / (042) 525-9125 / www.jsd.or.kr